事例詳解

介護現場における苦情・ハラスメント対応の実務

弁護士・介護支援専門員
松宮 良典 著

日本加除出版株式会社

はしがき

私は，介護支援専門員の資格を有し，訪問介護・通所介護の相談員，特別養護老人ホーム等のサービスを提供する高齢者福祉施設副施設長の経験があることから，社会福祉法人の顧問・第三者委員，指定管理者選定委員，研修講師，高齢者・障がい者虐待対応の会議等への出席などをさせていただきました。これまで，少なくとも100以上の事業所，数百通以上の苦情報告書等をチェックしてきましたので，苦情報告書を読めばその施設の対応の水準はわかるようになりました。多くの施設が，苦情内容の意味を重く受け止めた上で，組織全体の課題を設定して，苦情申出者である利用者に対するサービス全体や全利用者に対するサービスの質の向上へと適切につなげることが残念ながらできていないと感じておりました。そこで，まず，ホワイトクレームへの対応によりサービスの質の向上へとつなげていくための手順をまとめた原稿を，前著（『事例詳解　介護現場における虐待・事故の予防と対応』（2019年））出版時点で完成させていました。

しかし，最近，ブラッククレームやハラスメント・強硬手段に関する相談が増えてきたこと，利用者及び家族等による職員に対するハラスメントが，職員の確保を妨げている一つの要因であるとの認識から，令和３年４月，高齢及び障がい福祉サービスについて，例えば，「パワーハラスメント指針においては，顧客等からの著しい迷惑行為（カスタマーハラスメント）の防止のために，事業主が雇用管理上の配慮として行うことが望ましい取組の例として，①相談に応じ，適切に対応するために必要な体制の整備，②被害者への配慮のための取組（メンタルヘルス不調への相談対応，行為者に対して１人で対応させない等）及び③被害防止のための取組（マニュアル作成や研修の実施等，業種・業態等の状況に応じた取組）が規定され」「介護現場では特に，利用者又はその家族等からのカスタマーハラスメントの防止が求められている」（「介護保険法施行規則第140条の63の6第1号に規定する厚生労働大臣が定める基準について」など）と明記されるようになりましたので，ブラッククレームやハラスメント等についてもまとめる必要があると思い，これらとホワイトクレームをセットで，本書を世に出すことになりました。

本書の特徴として，まず，ホワイトクレーム・ブラッククレーム・ハラスメント等について，これらに対して初動期段階で適切に評価した上で対応にできるように，現にあった例を多くのパターンに整理して，パターン別に対応方法のポイントをまとめました。ホワイトクレームとブラッククレーム等に分けて，各々に共通する対応の流れを示すとともに，各段階の対応の場面について，私の上記の経験から学んだことを反映させながら，詳しく説明しました。次に，ホワイトクレームについては，サービスの質の向上を図る出発点として，苦情内容を重く受け止めることを徹底してもらえるように，いかに重く受け止めるのかについて詳しく説明しました。さらに，ハラスメント等については，職員の尊厳を守るために，組織として毅然とした対応をするための対応手段，特に，契約解除について，考慮要素を裁判例を踏まえつつ詳しく説明しました。事例については，全体として，多くの事例をパターン別の例に盛り込み，ホワイトクレームでは，職員の非違行為による場合に備えて，懲戒処分事例（職員による経済的虐待事例）を，ハラスメント等では，利用者と家族との違いをおさえるために，利用者と家族によるハラスメント事例を取り上げました。

ハラスメントについては，本書の草稿をもとに高齢及び障がい福祉サービスの従事者に対して研修を実施しました。受講者には本書の事例を課題として事前に自分の意見をまとめ回答書を提出してもらった上で，回答に対するコメントや解説を行いました。研修をとおしてホワイトクレームとハラスメント等の区別がつけられていないこと，ハラスメント等についてもホワイトクレームと同じように対応しようという傾向が強いこと，及び組織的に対応するという視点が弱いことが課題だと感じました。そこで，本書の事例（パターン例を含む。）をもとに，個人ワーク・グループワークを行う，本書の解説をたたき台としたチームでの検討等を内容とした研修に使う，苦情・ハラスメント対応の中で，疑問や不安が生じたときに，該当箇所を参考に対応を検討する，各種マニュアル作りの参考にするなど本書を活用していただければ幸いです。それにより，職員の仕事のやりがい，サービスの質の向上，利用者の幸せにつながれば，私にとっても生きる喜びとなります（生きるエネルギーの循環）。

最後に，本書の出版にあたりお世話になった日本加除出版の星野将慶氏及び牧陽子氏には，この場を借りて，御礼を申し上げたい。

2021年4月

弁護士・介護支援専門員　松宮　良典

凡　　例

【判例表記】

最判昭和52年12月13日民集31巻7号1037頁

→最高裁昭和52年12月13日判決　最高裁判所民事判例集31巻7号1037頁

なお，判決文中の下線は筆者による。

【判決集等略語】

民集：最高裁判所民事判例集

刑集：大審院刑事判例集

高刑集：高等裁判所刑事判例集

判時：判例時報

判タ：判例タイムズ

【法令表記】

防止法：高齢者虐待の防止，高齢者の養護者に対する支援等に関する法律

介保法：介護保険法

介保基準省令：指定介護老人福祉施設の人員，設備及び運営に関する基準

介保解釈通知：指定介護老人福祉施設の人員，設備及び運営に関する基準について

老福法：老人福祉法

老福基準省令：特別養護老人ホームの人員，設備及び運営に関する基準

【略語例】

認知症自立度：認知症高齢者の日常生活自立度のことをいう。

契約書例：介護福祉施設サービス利用契約書

施設：事業者が管理する建物で，一定時間滞在する利用者に対してサービスを提供する事業所のことをいう。よって，本書では，介護保険法上の居

宅（例：通所介護）・地域密着型・施設サービスを問わずすべて施設となる。

事業所：利用者が管理する場所（自宅）で，利用者に対してサービスを提供する事業所のことをいう。よって，本書では，介護保険法上の訪問介護や訪問看護等の利用者が管理する場所（自宅）に訪問するサービスを提供する事業所をいう。

施設等：施設と事業所を含む。

特養：特別養護老人ホーム　＊老人福祉法上の名称。なお，介護保険法では介護老人福祉施設という。特養の方がなじみがあるので，特養と略している。

事業者：居宅及び施設サービスを提供する法人又は事業主のことをいう。

法人：自然人以外の存在に対して，国家により権利・義務の帰属点としての適格性（法人格）が認められたものを意味する法人というだけではなく，１つの施設だけではなく，他に直接サービスを提供する施設や法人本部も含んだものをいう場合にも使用している。

権利保護施設：苦情・事故等について真摯に対応することにより，利用者の尊厳，ひいては職員の人格をも守るとともに，サービスの質の向上を図っていく施設のことをいう。

権利侵害施設：苦情・事故等について杜撰に対応することにより，利用者の尊厳，ひいては職員の人格をも侵害してしまい，サービスの質が低下していく施設のことをいう。

苦情解決責任者等：苦情解決責任者，第三者委員，苦情解決責任者や第三者委員と連絡調整を行う本部職員等を含む。

相手方：施設等が，苦情受付後に対応する相手のことをいい，利用者又はその家族，成年後見人等を含む。

利用者又はその家族等：利用者又はその家族に，成年後見人等を含む。

苦情（相談）受付書：苦情受付担当者が，苦情解決責任者等へ報告するために，受け付けた苦情内容等を記載した書面をいう。

苦情経過記録：苦情解決責任者等が，苦情（相談）受付後の，苦情内容の事実調査・確認，苦情内容に対する評価，初期対応の方針，対応

（話合い，解決策の実施），終結までの流れを記載した書面をいう。

賠償：サービス内容が不適切な場合（故意・過失あり）に，事業者が，損害を受けた利用者に対して，その損害を補償することをいう。

補償：サービス内容が適切な場合（故意・過失なし）に，事業者が，利用者に対して，利用者の状況に応じて，補償することをいう。

セクハラ：セクシャルハラスメントをいう。

松宮：本書で参照してもらいたい前著（『事例詳解　介護現場における虐待・事故の予防と対応』）の箇所について，該当頁を挙げている。

（用語の使い方）

・苦情とクレームは同義語として使用しており，言葉の座りがよさそうな方を選んでいる。

【主要文献略語】＊本書で引用等している文献

■苦情に関して

指針：平成12年6月7日付け障第452号・社援第1352号・老発第514号・児発第575号・各都道府県知事，各指定都市市長，各中核市市長あて厚生省大臣官房障害保健福祉部長・社会・援護・老人保健福祉・児童家庭局長連名通知「社会福祉事業の経営者による福祉サービスに関する苦情解決の仕組みの指針について」　＊平成29年3月7日一部改正

池内：池内裕美「悪質クレーム対策（迷惑行為）アンケート調査分析結果～サービスする側，受ける側が共に尊重される社会をめざして～」UAゼンセン 流通部門　全国繊維化学食品流通サービス一般労働組合同盟

UA：「悪質クレームの定義とその対応に関するガイドライン」UAゼンセン流通部

H31三菱：「介護現場におけるハラスメント対策マニュアル」平成31年3月。株式会社三菱総合研究所

https://www.mhlw.go.jp/content/12305000/000532737.pdf

管理者研修三菱：「管理者向け研修のための手引き」株式会社三菱総合研究所

https://www.mhlw.go.jp/content/12305000/000629788.pdf

職員研修三菱：「職員向け研修のための手引き」株式会社三菱総合研究所
https://www.mhlw.go.jp/content/12305000/000629790.pdf
パワハラ報告：「『職場のパワーハラスメント防止対策についての検討会』報告書」平成30年3月。厚生労働省
https://www.mhlw.go.jp/file/04-Houdouhappyou-11910000-Koyoukankyoukintoukyoku-Koyoukikaikintouka/0000201236.pdf
パワハラ報告参考：「『職場のパワーハラスメント防止対策についての検討会』報告書（参考資料）」平成30年3月。厚生労働省
https://www.mhlw.go.jp/file/04-Houdouhappyou-11910000-Koyoukankyoukintoukyoku-Koyoukikaikintouka/0000201239.pdf
※参考：厚生労働省ホームページ「『職場のパワーハラスメント防止対策についての検討会』について」
https://www.no-harassment.mhlw.go.jp/foundation/report/

■契約書・重要事項説明書に関して

日弁連契約：介護福祉施設サービス利用契約書
https://www.nichibenren.or.jp/contact/information/kaigohoken.html

■支援内容に関して

笑顔：「福祉サービスにおける危機管理（リスクマネジメント）に関する取り組み指針～利用者の笑顔と満足を求めて～」平成14年3月28日。福祉サービスにおける危機管理に関する検討会
初任者Ⅰ：黒澤貞夫他『介護職員初任者研修テキスト【第1巻】全文ふりがな付き』（中央法規出版，2017）
初任者Ⅱ：黒澤貞夫他『介護職員初任者研修テキスト【第2巻】全文ふりがな付き』（中央法規出版，2017）

■虐待に関して

R1虐待調査結果：「令和元年度「高齢者虐待の防止，高齢者の養護者に対する支援等に関する法律」に基づく対応状況等に関する調査結果」厚生労働省
https://www.mhlw.go.jp/content/12304250/000708459.pdf

R1 虐待調査結果添付資料：「令和元年度『高齢者虐待の防止，高齢者の養護者に対する支援等に関する法律』に基づく対応状況等に関する調査結果（添付資料）」厚生労働省

https://www.mhlw.go.jp/content/12304250/000708460.pdf

H 30 マニュアル：「市町村・都道府県における 高齢者虐待への対応と養護者支援について」平成 30 年 3 月。厚生労働省老健局

https://www.mhlw.go.jp/stf/seisakunitsuite/bunya/0000200478.html

■意思決定支援

R 2 ガイド：「意思決定支援を踏まえた後見事務のガイドライン」2020 年（令和 2 年）10 月 30 日。意思決定支援ワーキング・グループ

https://www.jacsw.or.jp/12_seinenkoken/files/guideline/shiketteishien.pdf

【本書では直接引用していないが，参考にしたい文献】

■意思決定支援

「認知症の人の日常生活・社会生活における意思決定支援ガイドライン」平成 30 年 6 月。厚生労働省

https://www.mhlw.go.jp/file/06-Seisakujouhou-12300000-Roukenkyoku/0000212396.pdf

■人生の最終段階における医療

「人生の最終段階における医療・ケアの決定プロセスに関するガイドライン」平成 30 年 3 月改訂。厚生労働省

https://www.mhlw.go.jp/stf/houdou/0000197665.html

「身寄りがない人の入院及び医療に係る意思決定が困難な人への支援に関するガイドライン」令和元年 6 月 3 日。厚生労働省（「医療現場における成年後見制度への理解及び病院が身元保証人に求める役割等の実態把握に関する研究」班）

https://www.mhlw.go.jp/content/000516181.pdf

■組織的課題の改善

「より良い職場・サービスのために今日からできること（業務改善の手引き）」厚生労働省老健局

https://www.mhlw.go.jp/content/12300000/000679148.pdf

【記号例】

O：法人の運営をチェックする職員又は弁護士等の専門職

X：法人

Y：施設・事業所

甲，乙，丙：担当職員

P：その他の職員

A：利用者

a,b：要件

α，β，γ，δ，ε

目　次

第1章　総　論

第2章　サービスの質の向上につながる苦情（ホワイトクレーム）

第3章　サービスの質の低下につながる苦情（悪質クレーム・ハラスメント）

第3　事例の解説 ―――――――――――――――― 245

第1章

総論

第1　苦情について

1　苦情とは

(1)　広義の苦情

本章でいう苦情とは，広義の苦情をいう。広義の苦情とは，狭義の苦情と要望を含めたものをいう。

なお，「苦情とクレームは，厳密にはその意味は若干異なる。例えば苦情（complaint）は『不快感や不信感といった負の感情の処理に関する要求』（中森・竹内，1999），クレーム（claim）は「消費者や顧客の不満に基づく企業側に対する何らかの要求行為」（森山，2002）といえる。しかし，日常的には混同して用いられることも多いことから，本報告（筆者注：池内論文）においても苦情とクレームを同義として扱うことにする。」（池内4頁脚注2）のように，本書でも苦情とクレームを同義として扱う。

- ハインリッヒの法則の視点を活用する

重大な事故1件が発生する背後には，29件もの軽微な事故が発生し，さらにその背後には300件もの傷害のない事故，すなわち，ヒヤリハットが発生しているというものであるが，これに対応させて，苦情のうち，重大な事故に匹敵するのは，利用者に対する重大な人権を侵害したと認められるもの，軽微な事故に匹敵するのは，通常の苦情，ヒヤリハットに匹敵するのが，要望である。よって，施設が通常の苦情や要望に対して誠実に対応するのは，利用者に対する重大な人権侵害を防止するためである。苦情には様々なものがあるが，苦情の中には，人権侵害という重要なリスクが潜んでいるので，これを見逃してはならない。

(2)　狭義の苦情とは

狭義の苦情とは，大辞林によると，他から害や不利益などを被っていることに対する不平・不満，又は，それを表した言葉をいう。又は，被害を受けたり，不公平な扱いをされたり，迷惑を受けたりしたことに対する，不満・不快な気持ち。また，それを述べた言葉をいう。

福祉サービス（ケア，相談援助等を含む。）に関していうと，狭義の苦情とは，福祉サービスを利用した利用者又はその家族が，福祉サービスの提供時，福祉サービスの利用に至る過程，及び福祉サービス終了後に生じた不平・不満を福祉サービス提供者に対して，来訪・電話・郵送などの手段によって申し出ることを意味することになる。

上記のような不平・不満が何らかの形で，利用者又はその家族から発せられた場合には，その場で即時に解決したとしても狭義の苦情に当たる。

⑶　要望

また，本章では，要望も広義の苦情の中に含めて考えている。なぜなら，要望に対する福祉サービス提供者の対応の仕方によっては，苦情に発展しかねないからである。また，要望をしっかりと捉え，要望を実現するための取組みを強めていくことで，利用者の満足度アップにつなげるというメリットもあるからである。

ここで，要望とは，物事の実現を強く求めることをいう。福祉サービス（ケア，相談援助等を含む。）に関していうと，要望とは，福祉サービスを利用した利用者又はその家族が，福祉サービスの提供時，福祉サービスの利用に至る過程，及び福祉サービス終了後に関して，よりよいサービス内容の実現を求めて，福祉サービス提供者に対して，来訪・電話・郵送などの手段によって申し出ることを意味する。

2　苦情対応の目的・基本方針

⑴　苦情対応の目的

苦情対応の目的は，利用者個人の権利を擁護（権利侵害の未然防止，侵害された権利の回復，権利の実質的保障）する点にある。特に，ハインリッヒの視点でみると，苦情対応の目的は，施設が，利用者に対する重大な人権侵害を防止するためともいえよう。早期に適切に対応することにより，サービスに対する利用者の満足度を高めたり，利用者の施設に対するより強固な信頼を得ることにある。また，苦情は，サービスに対する利用者又はその家族の評価であるので，施設が，利用者等の評価・意向等を把握していくための重要な情報でもある。

これらを踏まえて，権利保護施設では，利用者の人権を含めた権利を守るために，利用者又はその家族の苦情を，よりよいサービスの質の向上，施設運営の改善改革に向けた積極的な提案として捉えているはずである。苦情に適切に対応するには，利用者及びその家族等が，真に望んでいることを的確に把握し，迅速かつ適切に対応し解決を図ることをとおして，利用者が安心して生活できる環境を整え，生きる意欲を高め，最期まで自分らしく生活していくためのサービスの提供につながるからである。苦情をマイナスに捉えて，対応が不十分である場合には，折角，将来のサービスの質を向上させるチャンスを与えてもらったのに，そのチャンスを棒に振ってしまうことにつながる。そこで，折角のチャンスは活かすべきである。

権利保護施設としては，苦情をとおして，利用者のいかなる人権をどの程度侵害しているのかを客観的に捉えることにより，虐待の未然防止・早期発見，事故防止につなげていくとともに，利用者と施設との間の情報の非対称性や利用者側の能力の不十分性さを考慮して，利用者の自己決定権の尊重や意思決定支援につなげていくために，真摯に対応することが求められる。

(2)　施設経営の安定化につなげる

上記のように苦情対応は，施設による，虐待，事故等による利用者の権利侵害を未然に防止し，さらに，サービスの質の向上を図ることによって，利用者の権利の実質的保障をも目的とするものである。これにより，利用者のサービスに対する満足度を高めることにより，サービス利用の継続につながる。また，苦情に対する適切な対応により，職員の資質向上にもつながるので，成長できる職場として，人材確保も可能となる。さらに，施設に対する信頼が高まれば，新規利用者の獲得にもつながっていくはずである。

このように，苦情に対して適切に対応していくことにより，施設経営の安定化につなげていく必要がある。

⑶　法令上の定めについて

平成12年，社会福祉法の改正により，福祉サービスにおける苦情解決については，次のとおり定められている。特に，社会福祉法82条を受けて，厚生労働省は，苦情解決に取り組む際の参考として，経営者あてに「社会福祉事業の経営者による福祉サービスに関する苦情解決の仕組みの指針」（以下「指針」という。）を通知している。指針では，苦情解決の体制と，その役割等について示されている。以下，順にみていく（下線は筆者による）。

（参考）社会福祉法

（福祉サービス利用援助事業の実施に当たっての配慮）
第80条　福祉サービス利用援助事業を行う者は，当該事業を行うに当たっては，利用者の意向を十分に尊重するとともに，利用者の立場に立って公正かつ適切な方法により行わなければならない。

（都道府県社会福祉協議会の行う福祉サービス利用援助事業等）
第81条　都道府県社会福祉協議会は，第110条第1項各号に掲げる事業を行うほか，福祉サービス利用援助事業を行う市町村社会福祉協議会その他の者と協力して都道府県の区域内においてあまねく福祉サービス利用援助事業が実施されるために必要な事業を行うとともに，これと併せて，当該事業に従事する者の資質の向上のための事業並びに福祉サービス利用援助事業に関する普及及び啓発を行うものとする。

（社会福祉事業の経営者による苦情の解決）
第82条　社会福祉事業の経営者は，常に，その提供する福祉サービスについて，利用者等からの苦情の適切な解決に努めなければならない。

（運営適正化委員会）
第83条　都道府県の区域内において，福祉サービス利用援助事業の適正な運営を確保するとともに，福祉サービスに関する利用者等からの苦情を適切に解決するため，都道府県社会福祉協議会に，人格が高潔であって，社会福祉に関する識見を有し，かつ，社会福祉，法律又は医療に関し学識経験を有する者で構成される運営適正化委員会を置くものとする。

（運営適正化委員会の行う福祉サービス利用援助事業に関する助言等）

第84条　運営適正化委員会は，第81条の規定により行われる福祉サービス利用援助事業の適正な運営を確保するために必要があると認めるときは，当該福祉サービス利用援助事業を行う者に対して必要な助言又は勧告をすることができる。

2　福祉サービス利用援助事業を行う者は，前項の勧告を受けたときは，これを尊重しなければならない。

（運営適正化委員会の行う苦情の解決のための相談等）

第85条　運営適正化委員会は，福祉サービスに関する苦情について解決の申出があったときは，その相談に応じ，申出人に必要な助言をし，当該苦情に係る事情を調査するものとする。

2　運営適正化委員会は，前項の申出人及び当該申出人に対し福祉サービスを提供した者の同意を得て，苦情の解決のあっせんを行うことができる。

（運営適正化委員会から都道府県知事への通知）

第86条　運営適正化委員会は，苦情の解決に当たり，当該苦情に係る福祉サービスの利用者の処遇につき不当な行為が行われているおそれがあると認めるときは，都道府県知事に対し，速やかに，その旨を通知しなければならない。

⑷　苦情解決の仕組みの指針

指針は，次のように定めている。

〈苦情解決の仕組みの目的〉

① 自ら提供するサービスから生じた苦情について，自ら適切な対応を行うことは，社会福祉事業の経営者の重要な責務である。

② このような認識に立てば，苦情への適切な対応は，自ら提供する福祉サービスの検証・改善や利用者の満足感の向上，虐待防止・権利擁護の取組の強化など，福祉サービスの質の向上に寄与するものであり，こうした対応の積み重ねが社会福祉事業を経営する者の社会的信頼性の向上にもつながる。

③ 苦情を密室化せず，社会性や客観性を確保し，一定のルールに沿った方法で解決を進めることにより，円滑・円満な解決の促進や事業者の信頼や適正性の確保を図ることが重要である。

苦情解決の仕組みづくりの上で，まず，②で，目的を明確にし，③で，目的を達成するための手段，ここでは対応・解決の方法の側面について，指摘している。このように，苦情対応にあたっては，目的と手段を意識して，適切に対応していく必要がある。

⑸　基本方針

ア　権利擁護の視点

利用者の権利擁護を施設の最高価値と考え，利用者又はその家族からの苦情に対して，利用者の権利を最大限尊重した対応を行う。

苦情を受け付けると，それを聴いている職員は，自分が責められていると受け取ってしまいがちであるので，苦情に対して真摯に対応することができなくなってしまう。苦情対応で心掛けなければならないのは，利用者の権利を最大限尊重するために，苦情内容の中に利用者に対する権利侵害が潜んでいるのではないかと考えながら，冷静に対応することである。

イ　公平性の視点

利用者又はその家族によって分け隔てなく，公平の視点から，誠実な対応を行う。

利用者の権利を最大限尊重するという点では，人によって，対応に差別があってはならない。同じ内容の苦情に対しては同じように対応すべきであり，公平に対応しなければならないのはいうまでもない。

ウ　組織的対応の視点

利用者又はその家族からの苦情は，施設全体に向けられたものと理解し，当該苦情の解決に至るまで，組織的に責任のある対応を行う。

権利侵害施設は，苦情の対象となった職員個人の責任として，その職員個人を指導・処分すればよいと考えがちであるが，権利保護施設としては，個人の問題に矮小化することなく，組織全体の問題として，組織的に対応すべきである。そのためには，苦情対応のルールを決めて，ルールに沿って公正に対応していくことにより適切に解決していくことが必要となる。

また，苦情対応は，案件によっては組織の信用を失墜させたり，評価を低めたり，大きな打撃を受ける可能性がある。したがって，苦情等があった際には報告・連絡・相談をしっかり行い，組織的に対応することが求められる。

エ　早期解決の視点

利用者又はその家族は，速やかに利用者の権利が守られ（又は回復され），安心して生活したいと望んでいるはずであるので，当該サービスを提供した施設が，利用者又はその家族からの苦情に対して，迅速かつ適切に対応することにより，利用者又はその家族との話合いにより早期に解決することが望ましい。利用者又はその家族が，施設に苦情を申し出るのは，施設のことを信頼しているとともに，施設の迅速かつ適切な対応を期待しているからである。施設としては，利用者又はその家族からの信頼を損なわないように早期解決を図るべきである。

オ　共有化の視点

利用者又はその家族からの苦情は，より質の高いサービスを提供するための貴重な情報として真摯に受け止め，苦情内容・原因・改善策等を全職員で共有して，他の利用者をも含めて幅広くサービス改善を行うことにより，施設全体として，サービスの質の向上につなげていくべきである。

苦情内容を職員全員で共有化せずに，苦情内容を一部の職員のみの共有にとどめて秘匿してしまう施設がある。しかし，苦情対応の目的が，より質の高いサービスを提供するためである以上，職員全員で共有すべきである。

さらに，利用者又はその家族からの苦情は，施設だけでなく法人全体に向けられたものと理解し，当該苦情及び対応の経過に関する事実を積極的に収集し，分析・評価を加え，法人としての課題を明確にし，組織的な改善に向けた対策を講じることをとおして，人材の質的向上及びサービスの質の向上を図っていくことが必要である。分析・評価や対策については，業務マニュアルに反映させたり，職員研修の資料にするなど，法人全体で共有すべきである。

カ　合理的配慮（自己決定権保障）の視点

施設は，利用者又はその家族に配慮して，提供されたサービスの内容やその根拠，及び今後提供できるサービスのメリット，デメリット等を懇切丁寧にわかりやすく説明すべきである。

利用者及びその家族と施設との間には，施設が提供するサービスに関する知識，経験等の情報量に格段の差があること，さらに，特に利用者については，判断能力が低下している場合が多いことから，説明の場面においては，圧倒的に，施設の方が優位に立っていることを踏まえて，権利保護施設は，利用者又はその家族に対して，十分に配慮することにより，利用者の意思決定を支援するとともに，表明された意思を実現していくことにより，自己決定権を保障すべきである。

キ　個人情報保護の視点

利用者は，何らかの形で精神的・身体的に障がいがある場合が多く，介護サービスを受けている利用者は，施設に対して苦情を言いにくい立場の人が多く，施設に苦情を訴えたことを誰にも知られたくないと思っている場合も多い。利用者又はその家族が苦情を訴えたことを秘匿することを望んでいる場合には，訴えたことを一部の管理・監督者のみの共有にとどめて，利用者又はその家族を保護することも必要である。

3　苦情の類型

まず，苦情は，その内容と方法に区別できる。

(1)　内容について

内容については，対応することによりサービスの質の向上につながっていくもの（ホワイトクレーム）と，対応しすぎることによってかえって職員が疲弊しサービスの質の悪化につながってしまうもの（ブラッククレーム）とがある。ブラッククレームについて言われるままに対応してしまうと，苦情申出者の要望は際限なく範囲が拡大していく場合がある。どこかの時点で施設がその要望を拒否したときにモンスター化してしまうことがある。できる限り早い段階で，施設が提供しなければならないサービスの範囲，サービスの質・量について，懇切丁寧に説明すべきである。

(2)　方法について

方法については，来訪・電話・郵送などの手段によって平穏に申し出る方法（平穏手段）と来訪・電話・郵送などの手段をとる際に，暴力的・威圧的・脅迫的な言動，職員の人格を否定する言動など違法な手段で申し出る方法（強硬手段）とがある。強硬手段の場合も，対応することでかえって職員が疲弊しサービスの質の悪化につながってしまうことがある。強硬手段をとらなくても施設としてはホワイトクレームとして真摯に対応していくにもかかわらず，苦情申出者に強硬手段をとったから対応してもらったとの誤解を抱かせると，強硬手段をとれば施設は対応してくれるとの意識が根付いてしまい，強硬手段が繰り返されることになってしまう。

(3)　内容と方法の掛け合わせ

ホワイトクレームの場合には，基本的には，苦情内容を十分に把握して真摯に対応していくべきである。ただ，強硬手段の場合には，施設としても，警告文を出す，警察に通報するなどの手段を講じて，苦情申出者に対して，強硬手段は違法の可能性があること，強硬手段をとらなくても，施設としては，真摯に対応していく意思があることを理解してもらえるようにしていく必要がある。施設側に苦情内容を生じさせた点について非があるとしても，強硬手段を甘受する必要はない。もっとも，苦情申出者が強硬手段をとっていたとしても，苦情内容によって利用者の権利や生活が侵害されている可能性があるので，改善策は実施すべきである。

ブラッククレームの場合には，基本的には，施設では苦情申出者が求める内容を実施することはできないので，できない理由を懇切丁寧に説明することになる。苦情申出者が平穏手段をとっている場合には，繰り返し粘り強く説明すべきである。ただ，数回繰り返し粘り強く説明したにもかかわらず，強硬手段をとる場合には，話合いを切り上げて，今後対応・実施できない理由を書いた回答文を送るようにすればよい。他には警告文の発送，警察への通報，契約の解除をも検討することにならざるをえない。

【表1】

内容	方法		
ホワイトクレーム	平穏手段	対応することでサービスの質の向上につながる。	良質クレーム
	強硬手段	• 内容と方法を区別する。 • 内容については改善策を粛々と実施する。 • 強硬手段に対して，対応しすぎることでサービスの質の悪化につながりかねないので，毅然とした対応をとる。	悪質クレーム
ブラッククレーム	平穏手段	• 内容に対して対応しすぎることでサービスの質の悪化につながるので，できない理由を懇切丁寧に説明する。 • 繰り返し粘り強く説明する。	
	強硬手段	• 内容に対して対応しすぎることでサービスの質の悪化につながるので，できない理由を懇切丁寧に説明する。 • 強硬手段に対して，対応しすぎることでサービスの質の悪化につながりかねないので，毅然とした対応をとる。	

⑷　サービスクレームと人物クレーム

「商品の不具合に対する怒りを販売員に向けるためか，あるいは，接客を通して一緒にいる時間が長くなるためか，商品クレームが人物クレーム（接客態度や販売員自体に対するクレーム）に転化しやすい点も自由記述では頻出している」（池内８頁）との指摘のとおり，福祉サービスは，人的支援が大半であるため，商品の販売以上に，利用者又はその家族と職員との関係は濃密かつ継続的であるため，人物クレームに至る危険性は高まる。

人物クレームに至った場合には，福祉サービスの利用にあたって，利用者と法人との間で契約していること，福祉サービスは法人全体が組織として提供していることから，クレーム対応を，人物クレームの対象となった特定の職員に直接的に対応させるべきではない。基本的には，苦情申出者とその特定の職員との間で話合いをさせるべきではなく，苦情受付担当者又は上長が苦情申出者と話合いを行い，その特定の職員に対する指導が必要であれば法人が行うのであり，苦情申出者により指導をしてもらうものではない。

第２　具体的な苦情例

１　パターン別苦情例

(1)　サービスの質の向上につながる苦情

苦情のパターンの整理は様々であろうが，次に，いくつかのパターンごとに例を挙げておく。

ア　虐待等の人権侵害が発生していることに対する苦情

虐待としては，職員から，失禁した利用者に対して，「おしっこたれて」「うんこくっさー」などと言われて傷ついた，などの苦情がある。

自己決定権の侵害としては，通所介護（又は，特別養護老人ホーム）等で，花見に行く企画のあった当日，職員が，当日の体温は平熱であったが，前日 37℃の熱があった利用者（認知症自立度Ⅱａ）について，本人の意思を確認することなく，花見に連れていってもらえなかった，などの苦情がある。

個人情報の流出については，母が施設に入居していることを誰にも教えていなかったのに母の氏名と顔写真入りの施設作成の広報誌が地域に配布されていた，などの苦情がある。

イ　被害・損害が発生していることに対する苦情

衣類や所持品の紛失，洗濯で服が破れていた，などの苦情がある。

ウ　要望したことを実施してもらえないことに対する苦情

車いすに長時間座っていると姿勢が崩れるので購入して持っていったクッションを使ってほしいと言ったが使ってくれなかった，などの苦情がある。

エ　アセスメント・計画の不十分さに対する苦情

アセスメント不足（父はむせ込み等があるのに嚥下状態に問題なしと言われ

た。），計画の不適切さ（母は入浴中体調不良になることがあるのに見守りがサービス内容に書いていなかった。），などの苦情がある。

オ　サービスの質の低さに対する苦情

介護保険法令上提供可能なサービスを利用させてくれない，職員の技術・能力不足（補装具の装着の仕方が不適切である。），職員による放置（入浴の後，髪を乾かしてもらいたかったが職員が「少し待っててね。」と言ったきり結局放置された。），などの苦情がある。

カ　サービス量の不足に対する苦情

介護老人福祉施設で，１週間に２回の入浴のはずなのに１回になっている，夜間は２時間に１回の訪室をしてくれていない，などの苦情がある。

キ　職員の態度等（態度・服装・マナー・言葉遣いなどがなっていないなど）に対する苦情

職員の態度に対する不満（家族が職員に挨拶しても無視される。），職員の配慮不足（面会に行ったときに家族が立ったまま利用者と話をしていたのに職員がいすなどを用意してくれない。），職員の言葉遣いの悪さ（職員に電話をしたとき「あっ，そう。」などと言われた，職員が利用者のことを「○○ちゃん」と呼んでいた。），などの苦情がある。なお，これらの苦情は内容によっては虐待に当たりうる。

ク　情報不足・説明不足に対する苦情

サービス内容は適切であったことを前提に，契約内容の説明不足（利用者が入院したので家族が着替え等を部屋に取りにいったとき他の人が部屋を使っており，説明もなく所持品は倉庫に置いてあった。），利用者の心身の状況の変化に対する連絡・説明不足（38℃の熱があったのに連絡してくれない，右足に内出血があったが説明してくれない。），事故に対する説明不足（転倒事故により骨折したのにその経緯を説明してくれない。），などの苦情がある。

ケ　利用料に対する苦情

通所介護で入浴介助に使用するバスタオル代を請求された，短期入所生活介護で朝食後に退所したのに退所した日の昼食・夕食も含めて食事代を請求された，などの苦情がある。

コ　職員間の連携及び情報共有不足に対する苦情

ショートステイで今回から薬の変更があったのでその旨を迎えにきた職員に伝えたが服薬されていなかった，などの苦情がある。

サ　不適切な記録に対する苦情

介護記録の不適切さ（通所介護の連絡帳に「便汚染」と書いてあった。），事故記録の不十分さ（誤嚥事故により病院へ緊急搬送されたが事故記録には30分間の空白があった。），などの苦情がある。

シ　苦情に対する対応の不適切さに対する苦情

苦情を職員に伝えた際に「後で検討して速やかに連絡します。」と言いながら１週間経過しても連絡がない，苦情を伝えた後，「調査して事実確認をした後で連絡します。」と言ったのに後日調査は済んだか尋ねたら「まだ調査中です。」ということが３回繰り返されたなどの苦情がある。

⑵　サービスの質の悪化につながる苦情

苦情に対して，誠実に対応したり，苦情内容について実現していくことにより，かえって職員が疲弊しサービスの質の悪化につながってしまうことになる場合がある。このような苦情に対して，参考になるのが，H 31三菱である。「介護現場では，利用者や家族等による介護職員への身体的暴力や精神的暴力，セクシュアルハラスメントなどが少なからず発生している」という実態を踏まえて，「ハラスメントは介護職員への影響だけでなく，利用者自身の継続的で円滑な介護サービス利用の支障にもなり得」ることを指摘している。権利保護施設としては，「介護現場で働く職員の安全を確保し，安心して働き続けられる労働環境を築く」ことが必要である（H 31三菱１頁）。

これについては，第３章で述べる。

2　苦情対応の手順

苦情対応の流れとしては，利用者及びその家族に対する相談窓口等の周知を前提に，ⅰ 苦情受付→ ⅱ 苦情解決責任者等への報告→ ⅲ 初動期対応の方針の決定→ ⅳ 事実関係の調査・確認→ ⅴ 苦情内容・方法に対する評価→ ⅵ 対応方針の決定→ ⅶ 報告と解決に向けての話合い→ ⅷ 第三者委員の活用→ ⅸ 解決策の実施→ ⅹ 改善策の実施状況の把握及びその評価→ ⅺ 終結→ ⅻ 記録・集約・共有・公表になると思われる。

第２章で，上記対応手順に沿って説明する。

【苦情対応の手順フロー】

基本方針	〈Point〉 • 権利擁護，公平性，組織的対応，早期解決，共有化，合理的配慮（自己決定権保障），個人情報保護の視点	解説8頁～

前提　利用者及びその家族に対する相談窓口等の周知	解説30頁～

i　苦情受付	〈Point〉 • 初動期対応が重要 • そのために，事実関係，苦情の背景事情，要望等を具体的に聴取	解説30頁～ 事例94頁～

ii　苦情解決責任者への報告	〈Point〉 • 原則，受け付けた苦情は全て報告 • 苦情（相談）受付票の作成／緊急の場合の口頭報告	解説42頁～ 事例98頁～

iii　初動期対応の方針の決定	〈Point〉 ホワイト・ブラッククレーム，平穏・強硬手段の区別を行う。 以下は，ホワイトクレームの流れ	解説11頁～
	〈Point〉 • 初動期対応が重要 • 苦情内容の評価が重要。苦情内容を重く受け止める。 • 施設理念，事業目的・方針，利用者の支援目的，苦情申出者の真の要望等を踏まえた初動期対応の方針決定。苦情のパターン別のポイントを参照。	解説43頁～ 事例98頁～

iv　事実関係の調査・確認	〈Point〉 • 最善の努力をすることが望ましい。 • 苦情内容の特定の程度，苦情の深刻さ・重大性に比例した程度で，調査・確認を行う。 • 苦情内容に応じて，法令のチェック，契約書・重要事項説明書・サービス計画書等の各種記録の	解説68頁～ 事例105頁～

	チェック，担当職員・他の職員・苦情申出利用者・その他の利用者からの聴取りなどを行う。	
v　苦情内容・方法に対する評価	〈Point〉 • 多職種で組織的に検討する。 (1)　事実の有無の判断（事実認定） • 総合的に判断することにより広く認定する。 • 認定した事実に基づいた権利侵害の内容，程度の評価 (2)苦情方法の評価	解説85頁～ 事例109頁～
vi　対応方針の決定	〈Point〉 • 謝罪：謝罪対象を特定・明確にする。 • 改善策：サービス担当者会議を開催する等して，改善内容を個別支援計画書等に書面化する。代替案を提案する。 • 損害賠償・補償：損害賠償・補償を行う場合は根拠を明確にする。 • 再発防止策：組織的課題につなげる。マニュアルの改訂，指導，研修の実施，サービス計画書への反映等を行う。	解説87頁～ 事例111頁～
vii　報告と解決に向けての話合い	〈Point〉 • 事実の調査方法，調査の順番，調査結果に基づき確認できた事実の内容，認定した事実を懇切丁寧に説明する。 • 決めた対応方針について，制度，事業の目的，性格，運営方針等に基づいて粘り強く説明する。 • 苦情方法が強硬手段に当たる場合には，事前に警察に相談する等の特別の対策を講じておく。	解説87頁～ 事例117頁～
viii　第三者委員の活用	〈Point〉 • 円滑・円満な苦情解決につなげるために，第三者委員を積極的に活用する。	解説90頁～
ix　解決策の実施	〈Point〉 • 期限を決めて解決策を実施する。	解説91頁～ 事例117頁～

x　改善策の実施状況の把握及びその評価	〈Point〉 ・決められたとおりに解決策が実施されているかを把握する。 ・解決策の実施により，利用者の権利侵害や不利益な状況は改善されたのか否かについて評価する。	解説91頁～ 事例117頁～
xi　終結	〈Point〉 ・苦情解決責任者は終結の判断をする。	解説91頁～ 事例118頁～
xii　記録・集約・共有・公表	〈Point〉 ・苦情経過記録の作成により組織的検討を行う。 ・苦情事例の集約・共有により組織的取組みにつなげる。 ・公表により信頼を得る。	解説92頁～ 事例118頁

【悪質クレーム・ハラスメント対応の手順フロー】

職員に対する安全配慮義務	〈Point〉 ・組織として適切に対策を講じることにより，快適で働きやすく，職員自らの力を十分に発揮でき，自らの成長や存在価値を感じることができる職場環境の整備につなげていく。	解説126頁～

↓

基本的な考え方	〈Point〉 ・強硬手段及びハラスメントは，職員に対する権利侵害である。 ・毅然とした態度を示すこと，及びそのための体制を整備する。 ・事前の啓蒙・教育を行う。 ・他の外部資源を活用する。	解説139頁～

↓

体制整備	〈Point〉 ・基本方針の決定 ・迅速な情報共有 ・本部体制の確立 ・他の外部資源との連携 ・現場の職場環境の整備	解説144頁～

↓

事前の抑止策	〈Point〉 (1)　職員に対して ・職員研修・マニュアルの作成 ブラッククレーム，強硬手段及びハラスメントの内容を理解して，これらを早期に発見する。 組織的な対応の流れについて決めておく。 ・職員が相談・報告等しやすい環境整備 現場の職員に早期の相談を促す。 (2)　利用者又はその家族等に対して ・普段から，契約書・重要事項説明書等を整備して，利用者又はその家族等に，これらの内容を，懇切丁寧に説明する。 ・普段から，利用者又はその家族等のサービスの利用目的・動機等を踏まえて，サービス内容を，懇切丁寧に説明する。	解説146頁～

	•普段から，利用者又はその家族等に，利用者に生じることが想定されるリスクを，懇切丁寧に説明する。 •普段から，利用者又はその家族等に，居宅・施設サービス計画等に基づきサービス内容を，懇切丁寧に説明する。 •利用者又はその家族等に対して，ブラッククレーム，強硬手段及びハラスメントの内容を周知する。	

i　悪質クレーム等受付・対応	〈Point〉 •初動期対応が重要 •そのために，事実関係，苦情の背景事情，要望等を具体的に聴取 •要求内容の特定・明確化 •強硬手段等に対しては，録音等の証拠化，職員の応援，話合いの打ち切り，警察への通報 •パターン別のポイントを参照	解説153頁～ 解説155頁～

ii　本部・施設長・管理・監督者への報告時の留意点	〈Point〉 •上長は，職員が相談したこと自体に対して感謝し，受容・傾聴や共感を大切にしながら，職員を十分に労いつつ，事実を聴取する。	解説154頁～ 事例2・254頁～

iii　初動期の評価（見極め）	〈Point〉 ブラッククレーム，ハラスメント，強硬手段の見極めを早期に行う。	解説155頁～ 事例2・255頁～

iv　悪質クレームやハラスメントに至った要因分析	〈Point〉 (1)　利用者に関する要因分析 •サービスの範囲に対する理解不足，ハラスメント・強硬手段に当たることへの無自覚，病気や障がい等，BPSD，生活歴の観点から要因を分析する。 (2)　家族らに関する要因分析 •(1)＋「利用者のため」という強い思い，利用者の現状に対する認識不足の観点から要因を分析する。	解説187頁～ 事例1・121頁～ 事例2・256頁～

v　初動期の対応手段の検討	〈Point〉 • 多職種で組織的に検討する。 • パターン別のポイントを参照 (1)　ブラッククレームについて • 利用者又はその家族等の要望を断る合理的理由の説明が尽くされているか否かをチェックする。尽くされていなければ，合理的理由を検討する。 • 代替案について適切に説明できているか否かをチェックする。説明できていなければ，代替案を検討する。 • 今後想定されるリスク及びそのリスクの軽減策を検討する。 • サービス担当者会議等の会議の開催を検討する。 (2)　ブラッククレーム，強硬手段及びハラスメントについて（共通） • 対応内容については，警告，交渉窓口の変更，身元引受人等のキーパーソンの変更，家族等の立入禁止，契約解除の予告・契約解除の中から検討する。 • 方法については，口頭・書面のいずれで対応するかを検討する。	解説155頁～ 解説192頁～ 事例1・122頁～ 事例2・256頁～

vi　事実関係の調査・確認	第2章参照	解説68頁～ 事例1・121頁～ 事例2・123頁～

vii　苦情内容・方法に対する評価	第2章参照 ＋上記iii　初動期の評価，iv　要因分析	解説85頁～ 事例2・254頁～

viii　初動期の対応方針の決定	第2章参照 ＋上記v　初動期の対応手段の検討	解説87頁～ 事例1・245頁～ 事例2・256頁～

ix　初動期の対応策の実施	第2章参照	解説91頁～ 事例1・249頁～ 事例2・257頁～

x ①対応策の実施状況の把握及びその評価	iii　初動期の評価・対応～ix　初動期の対応策の実施参照	事例117頁～ 事例1・122頁～，249頁～ 事例2・261頁～
⇒②対応期の対応方針の検討・決定		事例1・251頁～ 事例2・262頁～
⇒③対応策の実施		事例1・254頁～ 事例2・263頁～
⇒…以降上記①～③の繰返し		

xi　終結	〈Point〉 ・苦情解決責任者は終結の判断をする。	解説91頁～ 事例1・254頁～ 事例2・263頁～

xii　記録・集約・共有（・公表）	〈Point〉 • 苦情経過記録の作成により組織的検討を行う。 • 苦情事例の集約・共有により組織的取組みにつなげる。 （＊公表は要検討）	解説92頁～

第 2 章

サービスの質の向上につながる苦情（ホワイトクレーム）

X法人のY施設（特別養護老人ホーム，訪問介護，居宅介護支援事業，地域包括支援センターなどを運営）の施設長Zから，苦情解決責任者兼理事長Oに対して次のような苦情報告があった。

OとしてはZらに対してどのように助言すればよいか。

事例 ● 経済的虐待の例

■利用者情報等

A：80歳，男性，要介護4，障害高齢者日常生活自立度（寝たきり度）B1，認知症高齢者日常生活自立度Ⅲa

■苦情

Aの家族Bから，苦情受付担当者甲に対して，電話で，次のような苦情があった。○年10月15日に，Aの通帳を記帳して，引出状況を確認したら，今年の1月5日から10月10日までに，合計840万円が引き出されている。この間に，1回につき20万円が，42回にわたって引き出されている。A宅の近所の方の話によると，Y施設のヘルパーが，活動時間前の午前8時や活動時間後の午後7時などに来ているとのことであった。Bとしては，疑いたくはないが，ヘルパーがお金を盗っているのではないかとのことであった。

甲はBに対して，施設としても真相解明をさせていただきたいことを伝えて，翌日の10月16日午前10時に施設で詳しい事情を聴くことになった。甲はBに対して，その際に，通帳を持ってきてもらうように説明した。

■サービス

Aは，Xとの間で，昨年12月10日に，訪問介護，通所介護，居宅介護支援事業の契約を締結しており，Xは地域包括支援センターも担当していた。

担当ヘルパーはQらであった。訪問介護のサービス担当責任者はP，ケアマネジャーはR，地域包括支援センターの担当者はSであった。

通所介護は火・金曜日の週2回，ヘルパーの活動時間は，毎日午後5時から午後6時，通所介護に行かない日は，午前11時から12時までであった。

【解　　説】

第1　苦情対応の手順

1　苦情解決体制

(1)　指針

指針は，苦情解決体制について，次のように，①苦情解決責任者，②苦情受付担当者，③第三者委員の設置を求めている。

①苦情解決責任者

苦情解決の責任主体を明確にするため，施設長，理事等を苦情解決責任者とする。

②苦情受付担当者

○　サービス利用者が苦情の申出をしやすい環境を整えるため，職員の中から苦情受付担当者を任命する。

○　苦情受付担当者は以下の職務を行う。

ア　利用者からの苦情の受付

イ　苦情内容，利用者の意向等の確認と記録

ウ　受け付けた苦情及びその改善状況等の苦情解決責任者及び第三者委員への報告

③第三者委員

苦情解決に社会性や客観性を確保し，利用者の立場や特性に配慮した適切な対応を推進するため，第三者委員を設置する。

○　設置形態

ア　事業者は，自らが経営する全ての事業所・施設の利用者が第三者委員を活用できる体制を整備する。

イ　苦情解決の実効性が確保され客観性が増すのであれば，複数事業所や複数法人が共同で設置することも可能である。

○　第三者委員の要件

ア　苦情解決を円滑・円満に図ることができる者であること。

イ　世間からの信頼性を有する者であること。

○　職務

ア　苦情受付担当者からの受け付けた苦情内容の報告聴取

イ　苦情内容の報告を受けた旨の苦情申出人への通知

ウ　利用者からの苦情の直接受付

エ　苦情申出人への助言

オ　事業者への助言

カ　苦情申出人と苦情解決責任者の話し合いへの立会い，助言

キ　苦情解決責任者からの苦情に係る事案の改善状況等の報告聴取

ク　日常的な状況把握と意見聴取

⑵　苦情解決責任者

苦情解決責任者は，事業所における苦情解決の仕組みの管理責任者であるので，事業の実施状況や全体を総括できる立場の者が就任することが求められる。一定の事業規模を超える法人は，法人のガバナンスを確保するために，理事会が，内部管理体制を整備することが求められている（社会福祉法45条の13第４項５号及び５項）ことを考慮すると，理事長又は理事が就任する方がよいであろう。

苦情解決責任者は，苦情解決の仕組みが効果的に機能しているかを適宜確認するとともに，苦情対応が迅速かつ適切に行われることにより，苦情解決に至るように，苦情受付担当者等の職員に対して指導・助言すべきである。苦情解決責任者は，苦情対応結果について，最終的な責任を負うのであるから，苦情受付担当者等の職員任せにせず，苦情解決に至るまで，責任を持って積極的に関与すべきである。

⑶　苦情受付担当者

苦情受付担当者は，文字どおり苦情の受付窓口である。苦情受付は，苦情対応の出発点であり，この段階での対応の適切さがその後の迅速かつ円滑な苦情解決ができるか否かのポイントであるので，施設にとって，苦情

受付担当者の選任は重要である。次のような資質を備えている職員を選任すべきである。後記３記載のとおり，①苦情受付の際には，相手方の気持ちや要望を受け止めるため，傾聴・受容・共感等の相談援助技術を有する職員，②苦情内容を正確に理解したり，苦情のほとんどはその場で解決できることが多いので，事業やサービス内容をよく把握しており，ある程度の判断ができる職員を，複数人選任すべきである。

2　利用者及びその家族に対する相談窓口等の周知

指針では，「施設内への掲示，パンフレットの配布等により，苦情解決責任者は，利用者に対して，苦情解決責任者，苦情受付担当者及び第三者委員の氏名・連絡先や苦情の仕組みについて周知する。」ことになっている。

これら以外では，重要事項説明書等に記載して契約時に説明する，ホームページ等での掲載も含めて広く周知すべきである。第三者委員については，氏名だけではなく，社会福祉士，民生委員・児童委員，大学教授，弁護士等の記載，相手方が第三者委員に直接相談できる連絡先を明示すべきである。

3　苦情受付

苦情対応を適切に行うには，初動期対応が重要である。とりわけ，苦情受付の段階で，事実関係，苦情の背景事情，要望等をいかに具体的に聴取できるかが，ポイントとなる。

そこで，苦情受付の段階で，苦情受付担当者が，苦情内容となる具体的な事実関係，望んでいること，今後の解決方法，今後の連絡先などを聴取するために，下記のことを参考にするとよいであろう。

苦情受付担当者ではない職員は，利用者又はその家族から苦情の申出があった場合に，その職員が自らの権限でその場で判断して解決できる内容ではない場合には，内容を詳細に聴く前に，速やかに苦情受付担当者に引き継ぐべきである。

(1)　指針

○　苦情受付担当者は，利用者等からの苦情を随時受け付ける。なお，第三者委員も直接苦情を受け付けることができる。

○　苦情受付担当者は，利用者からの苦情受付に際し，次の事項を書面に記録し，その内容について苦情申出人に確認する。

ア　苦情の内容

イ　苦情申出人の希望等

ウ　第三者委員への報告の要否

エ　苦情申出人と苦情解決責任者の話し合いへの第三者委員の助言，立会いの要否

○　ウ及びエが不要な場合は，苦情申出人と苦情解決責任者の話し合いにより解決を図る。

⑵　受付時の聴取事項

ア　聴取する事実関係に関する事項

苦情内容となる具体的な事実関係として，①誰が（苦情内容となる出来事を行った職員），②いつ頃，③誰に対して，あるいは何に対して（損害や被害の対象が物のこともある。），④どのような状況・場面において，⑤どこで，⑥どのサービスで（施設が提供しているサービス内容の特定は必要である。サービスの内容によっては利用者又はその家族が望むことを実現することができない場合があるからである。），⑦どのようなことがあったのか（何があったのかは非常に重要であるので詳細に聴き取る必要がある。），⑧それによってどのようなことが生じたか（被害や損害が発生していない場合もあるが，発生している場合には，具体的に聴取する必要がある。）の各項目に沿って主な事柄を確認することが必要である。

イ　望んでいること及び今後の解決方法

⑨利用者及びその家族（以下「相手方」という。）が最終的に望んでいることは何か（調査・説明，回答，改善，謝罪，補償等），⑩どのような根拠や証拠に基づいているか（相手方が改善を要求している根拠・証拠について，確認できるのであれば，確認しておくべきである。），⑪相手方の苦情を訴えるに至った動機・目的（相手方が苦情を職員に伝えるに至った背景には，相手方の各自の思いがあるので，その思いを丁寧に聴取することも必要である。このような動機や目的を理解した上で対応するとスムーズに解決に至ることがある。），⑫相手方のクレームに至るまでの経緯（相手方は，苦情を職員に伝えるには，それま

での経緯があると思うので，今回の苦情に至るまでの経緯も丁寧に聴取することが必要である。これまでの経緯の方を相手方が重視している場合もある。），⑬どのような手段・方法で解決するか（相手方が望む手段で苦情解決に至るのが望ましいので，解決手段・方法を具体的に聴取する必要がある。相手方は改善されればよいということではない場合もある。相手方は，解決に至る手段・方法をも重視している場合もある。）についても，具体的に聴取する必要がある。

ウ　今後の連絡先

⑭相手方の氏名，電話番号，住所，連絡先，⑮相手方に対する連絡方法，都合のよい連絡時間，⑯相手方の生活状況，職業（あまりプライベートなことは個人情報保護の観点から，聴き取る必要はないが，相手方に対して合理的配慮を行う必要があるので，聴き取れそうであれば聴き取る。），⑰相手方の相談者（これも聴き取れそうであれば聴き取る。）について，聴取する必要がある。

（以上，升田純ほか『モンスタークレーマー対策の実務と法』（民事法研究会，2009）193，194頁一部改訂）

(3)　苦情受付担当者の職務

ア　事実関係の具体的な聴取

苦情受付担当者は，施設の言い分け，反論をする等の考えを捨象して，相手方の立場に立って（相手方の受け止め方を想像して），できる限り事態を重く受け止めるように努めるべきである。また，施設サービスによって，利用者の人権を侵害しているかもしれないという見地に立って，無批判的に，上記(2)アの①～⑧の各項目を具体的に聴取するべきである。さらに，基本的には，苦情について適切に対応していくことにより，施設サービスの質の向上につながっていくのであるから，相手方から，施設が改善していくべき課題を教えてもらっているという意識を持って，素直に聴く必要がある。まずは，相手方から，苦情内容について，十分に聴取する必要がある。

次に，施設としては，相手方が主張する事実関係が真実か否かを公正な立場で確認していく必要がある。そのためには，苦情の対象となっている職員が簡単に事実を否認できないようにする，及び真実を明らかにするために，事実を具体的に聴取する必要がある。そこで，相手方の説明で，主観的な説明や，曖昧であったり抽象的である事実関係，特に，上記④どのような状況・場面において，⑦どのようなことがあったのか，という項目について，相手方から詳しく教えてもらいたいという姿勢を示して，苦情受付担当者が相手方に対して質問をしながら，事実を具体化していく必要がある。苦情の対象となった言動等が映像として思い浮かべることができる程度に聴取する必要がある。

イ　証拠関係の確認・整理

今後の事実確認（調査）を，迅速かつ公正に進めていくために，相手方の証言以外に，第三者（他の利用者，家族，関係機関，職員）の証言が得られる可能性や，録音データ，書類等も確認する。事実を確認していく上で有力な証拠を把握することが重要である。

ウ　苦情の趣旨の確認及び具体的内容の聴取

上記(2)イの⑨，⑪～⑬の各項目を具体的に聴取するべきである。上記⑨については，苦情（相談）受付書等の記録に，調査してその結果を説明してほしい，回答してほしい，改善してほしい，謝罪してほしい，補償してほしい，話を聴いてほしい（相手方によっては，話だけを聴いてほしい場合もある。）等，の記載ができるチェックボックスを作成し，該当するものにチェックする。相手方に確認しながらチェックする方がよい。

苦情解決のためには，相手方が求めている内容を正確に把握して，対応する必要があるので，これらの具体的内容（誰に，いつから，どこで，どのサービスについて，どのように，改善してほしいのか）を聴取しておくべきである。

また，相手方から，上記⑨の対応の期限を聴くとよい。

エ　苦情申出者の観察

苦情申出者の声の大きさ，語調，顔の表情，体の動き等を総合的にみて怒りの程度を判断することも重要である。また，これらの情報から，相手方の真意を把握するように努めることも必要である。

さらに，制度等の理解度，理解力，判断力なども観察すべきである。これらの能力に応じて，説明方法等を配慮すべきだからである。

オ　苦情内容に対する説明・謝罪・解決策の提案

苦情内容に対する説明や謝罪については，松宮 71 頁参照。

解決策の提案については，苦情受付担当者が判断できる範囲内で，その場で，解決策を提案することもありうる。ただ，その場で解決策を提案する場合には，相手方の言うがままに対応することを約束してしまうことが多くなり，後で，施設運営上支障が生じることが判明した場合には，約束したことを反故にすることになり，相手方との信頼関係を破壊することにもつながりかねない。

そこで，管理・監督者にも報告し，その後，解決策を提案する方がよいと思われる。

カ　解決の仕方の説明

相手方が望む解決の形と解決をするための手続も具体的に聴取する必要がある。苦情申出者の人柄，言動等から，意向を推測することも必要となる。

解決の手続については，施設から複数の手段を事前に用意して示す必要がある。また，今後の流れについても十分に説明しておく必要がある。

キ　今後の予定の説明

基本的には，相手方の苦情内容等に関する説明を 30 分程度傾聴した後，苦情受付担当者から，相手方の主張する事実関係を確定するために，適宜質問をして，調査・確認すべき事実関係を明確にする。なお，30 分間は無批判的にしっかりと傾聴することに重点があるので，30 分程度経過したら，聴き取りを切り上げるという趣旨ではない。

次に，事実関係の調査・確認の方法などを伝えるとともに，いつ頃までに，調査・確認を終えることができるかを伝える。その上で，組織として，回答内容が決定するまでの流れやこれらに要する時間等を説明する。

その上で，相手方から，上記⑵イの⑨の対応の期限を聴き取り，上記のことを踏まえて，苦情受付担当者が期限を決めて，相手方に説明する。

苦情受付担当者がその場で，回答期限を説明できない場合には，保留した上で，速やかに管理・監督者から回答期限を連絡すべきである。回答期限を決めておかないと施設の対応が遅くなってしまったり，苦情申出者に「対応が遅い」という主観で怒りを増幅させることにつながるからである。

ク　苦情（相談）受付書等の作成

苦情（相談）受付書等の書類を作成する。後日のトラブルを防ぐために，苦情受付時に，苦情（相談）受付書の，受付日，苦情申出者（表記は「相談者」とする方がよい。）（連絡先も含む。），利用者との関係，苦情（相談）内容，苦情（相談）の趣旨や希望，対応期限，第三者委員への報告の要否，苦情（相談）受付書の作成者，等を記載して，その内容を相手方に対して読み上げ，内容を確認してもらい，複写した苦情（相談）受付書の書類を渡しておくのもよいと思われる。この場合には，苦情（相談）受付書に記載する項目は，相手方に交付してもよい内容に限定すべきである。なお，相手方に渡すのであれば，「苦情」受付書よりも「相談」受付書という表記の方がよいであろう。

⑷　苦情・クレーム対応の留意点

苦情・クレームは一般的にはマイナスのイメージで捉えられているが，繰り返しになるが，苦情は，サービスの質の向上へつなげる機会，利用者やその家族等との信頼関係を深める機会となる。ただし，苦情・クレームは計画的にあるものではなく，突然発生するものであり，その時の対応により，問題がこじれたりもする。

また，受付の段階で，利用者に対する二次被害を防止するという観点も忘れてはならない。傾聴する，共感することをとおして，相手方の存在を認め，尊重しているという姿勢が十分に伝わるように努める必要がある。くれぐれも苦情の受付の段階で，相手方の心情等を害さないように配慮すべきである。

意識面はもちろんであるが，苦情・クレームがあっても常に慌てないよう，基本的なノウハウはあらかじめ身につけておく必要がある。苦情・クレーム対応の上で，留意すべき点は以下のとおりである。

ア　まずは沈静化させる，冷静に傾聴する

(ア)　遮らずに無批判的に30分程度は傾聴する

苦情・クレームを訴える相手方は，大抵の場合はカッカして怒っている場合が多い。そのときに苦情受付担当者が，それに合わせて，同じように怒ってしまい対応したのでは収拾がつかなくなり，「火に油を注ぐ」ことになりかねない。苦情・クレームの訴えが始まったときは，まず，相手方の怒りを鎮めることを念頭に置きながら，傾聴すべきである。仮に，苦情・クレームの内容が正当とは思われない場合であっても，相手方の話に対して反論・説得したり，怒ったりせず，冷静に，30分程度を目途に聴く方がよい。おおむね30分程度傾聴すれば，相手方の怒りは沈静化していくと思われる。決して，結論を急ぐ余り，相手方の話を遮って，割り込んだり，施設側の言い訳をせずに，一通りの話が終わるまで（30分程度）待つことが必要である。また，苦情受付担当者は，服装や身だしなみにも気を配る必要がある。

相手方が怒っていない場合には，相手方が気持ちを抑えている場合もあるので，苦情に至った経緯や動機等を聴取することにより，怒りや悲しみ等の感情の表出の手伝いをすることが必要な場合もある。苦情受付後，後になってから，怒りを増幅させて再度の苦情に至る場合もあるし，利用者やその家族等の精神的ケアが必要な場合もあるからである。

(イ)　共感・謝罪する

まず，相手方の怒りの沈静化のために，相手方を怒らせたことや不愉快にさせたことに対して謝罪する，施設のミス等があれば，「○○ができておらず，すみません。」などと，本来実施すべきことができていなかった点を指摘して謝罪することも必要である。

前者については，相手方の怒りの心情等を推察して，その心情を共感するという立場で，苦情受付担当者は，推察した，その心情に対して共感したり，怒らせたこと等に対して謝罪することは効果的であると思われる。共感といっても「○○さんの気持ちはわかります。」などと冒頭で言ってしまうのは禁物である。相手方に，「何も話を聴いていないのだから，私の気持ちがわかるはずがない。」と思わせてしまい，かえって怒らせることになりかねないからである。

後者については，例えば，苦情受付担当者が，とりあえず「すみません。」などと謝ることで，かえって，相手方の怒りを増幅させてしまうことがある。これは，施設側が，苦情内容を理解しないうちに，施設が施設側の問題点をわかろうともせずに，謝って早く終わらせたいという意図が透けて見えるからであろう。そこで，謝罪の対象を明示して謝ることに効果がある場合もある。もっとも，謝罪すべき点が，相手方の意図と異なると，施設側が相手方の意図を理解しようとしていないとの理由でやはり怒りを増幅させることもある。このように，謝罪は意外に難しい。謝罪によってかえって相手方を不快にさせた場合には，苦情受付担当者は，謝罪の真意，すなわち，自分としては，事実関係の調査・確認，原因分析，改善等により，利用者の権利を守っていきたいと真剣に考えているが，今回は，それができていなかったので申し訳なく思っていることなどを，繰り返し伝えることで，施設サイドとしてもサービスの質の向上により相手方との信頼関係を築いていきたいという思いを理解してもらうように懸命に説明するとよい。

通常，苦情のほとんどは，その場その場で，短時間で対応することが多いと思われるが，そのようなときにも，謝罪には気をつけておくべきことがある。例えば，通所介護で，２月のある日，午前９時に迎えに行く予定であったところ，午前９時30分に，家族から「まだ，迎えに来てもらっていない。早く迎えに来てください。」と言われたような場合に，午前９時45分に迎えに行った職員が，単に「遅れてすみませんでした。」と言うだけでは，心がないと思われてしまう危険性がある。遅れたことを謝るのは当たり前だからである。プラス α が必要である。それは利用者に対する職員の思いやりである。遅れたことにより利用者が抱いた気持ちや被害に思いを寄せて，迎え時にはあまり時間がとれない中でも，少なくとも，「○○さんには，不安な思いをさせてしまって申し訳ございませんでした。長時間寒い中待たせてしまって申し訳ございませんでした。」などと謝罪すべきである。これで終わってもいけない。このように対応に時間がとれない場合には，後で，施設が今回のことをいかに受け止めたのか（下記㈤参照），原因や改善策も併せて説明すべきである。

筆者の経験では，苦情申出者は，今回の苦情内容がきっかけにすぎず，その奥には，日々の不満や不安等の感情がある場合が多い。具体的には，福祉サービスにおける苦情の奥にある感情は，家族はこれまで利用者のことを一番に考え，「利用者のため」と思い，自分なりにいろいろと尽くしてきたのに，施設等職員が家族のその思いをそもそも理解してくれていない（誰にも自分の思いを理解してもらえず悔しい，悲しい，孤独感等），施設等のサービスは自分が実施してきた内容と比較するとレベルが低いと思い込んでいることから生じる，この施設等の利用を継続して大丈夫かという不安や自分が他の家族から責められるのではないかという不安等，自分のところだけサービスの質が低いのではないかという不安等（自分のところだけと思ってしまう背景には，障がい，病気や経済的貧困等，自分の努力ではいかんともしがたい社会的問題が横たわっている場合もある。）である。要は，根底には「利用者のため」という強い思いがあり，苦情申出者がいろいろな情報等に惑わされて，施設等サービスに対して適切に評価できていない場合がある。苦情受付担当者としては，苦情申出者の「利用者のため」という強い思いが背景にあることを想定して，苦情申出者の「利用者のため」という思いに共感していくことが重要である。施設等としても「利用者のため」という強い思いのもと，いかなるサービスを提供しているのかや，誰に対しても分け隔てなくサービスを提供していることについて，懇切丁寧に説明していくことが必要である。

㈦　感謝する

謝罪は，意外に難しいので，相手方の怒りの感情等を沈静化させるために，感謝の気持ちを伝えることが効果的である場合がある。「ご指摘しにくい点を，施設サービスの質の向上のために，ご指摘をいただき，ありがとうございました。」などと伝える。相手方に，今回の苦情の訴えが決して相手方の利用者だけのために指摘したのではなく，他の利用者のためや施設のために指摘してもらった旨を伝えることで，相手方としては，人の役に立っているという気持ちが生じて，やや嬉しさを感じることもあるからである。

㈾　苦情を重く受け止める

さらに，怒りの沈静化のためには，相手方の苦情を重く受け止めるという視点も重要である。相手方が考えている以上に，施設側が苦情内容を重く受け止めて，その受け止めた評価を相手方に伝えることは，施設が利用者のことを真剣に考えていることを，相手方に理解してもらえるからだ。いかに重く受け止めるかについては，本書43頁・５⑴参照。

㈴　場所を変える，人を代える（又は増やす）

30分程度傾聴しても，相手方の怒り等が沈静化しないような場合には，苦情受付担当者を交替するか，１人以上増やしたり，場所を相談室等に変更する等して，仕切り直してもよいと思われる。

いずれにしても，まずは，沈静化を図るとともに，施設としては，相手方の訴えを真摯に傾聴する用意があることを理解してもらえるよう，丁寧に説明をして，事実関係を正確に把握できるように努めるべきである。

イ　話は最後まで正確に聴く

仮にどんなに不当な内容であっても，苦情・クレームの受付の初回は，相手方が訴えている苦情内容を最後まで聴き，正確に事実関係を把握するようにする。

相手方が，苦情・クレームを，重要事項説明書等で明示している苦情受付担当者に訴えずに，現場の職員に訴える場合もある。現場の職員が，最後まで苦情内容を聴取するのに時間を要する場合には，現場職員が，他の利用者に対する支援を実施することができなくなるので，気持ちが焦ってしまい，話を冷静に最後まで聴取することが困難であると感じたときは，その職員又は他の職員が，苦情受付担当者等を呼んで交代してもらうことが必要である。

苦情・クレームを訴える相手方は，えてして感情的で，支離滅裂になり，何を訴えたいのかわからない場合も想定される。そのような状況であっても，苦情受付担当者は，話を最後まで聴き，冷静に受付時の聴取事項を正確に把握する必要がある。そのために，途中でタイミングをみながら，「～ということを仰っているのですね」と，相手方が主張したい事実関係を整理して，意図的に伝えると，相手は伝わったことを確認でき，効果的であり，その後の話が展開しやすくなることもある。

また，苦情・クレームの解決の前提条件は，正確に相手方の要求を把握することでもある。要求についても，「○○様が，希望されていることは，～ということでよろしいでしょうか。」と確認してもよい。

ウ　相手方が訴えたい内容やこだわっていることは何かを考える

相手方の話を冷静に傾聴するための方法の一つとして，相手の立場に立って，善意に理解しようと努めるとともに，一番訴えたいことは何かなどを考えながら話を傾聴すると，冷静になることができる。特に苦情受付担当者は，普段から，自分は何に腹が立つのか，その理由は何かを自覚して，その怒りをコントロールするための対策を検討しておくとよいであろう。詳しくは，松宮 67 ～ 71 頁を参照。

エ　相手方の受け取り方を重視する

苦情・クレームの中で最も多い内容の一つが「言った，言わなかった」「約束した，約束していない」「できるのか，できないのか」「そんなつもりで言ったのではない」等，言葉のやり取りでの誤解である。人の言葉の受け取り方は様々であるといえる。同じ内容，同じ語調，同じニュアンスで伝えても受け取り方は相手によって千差万別である。職員が配慮して話をしたのだから，相手方の受け止め方がおかしいなどとはいえない。

職員自身には，悪気がなくても，人によってはそのことで傷ついたり，腹を立てたりすることもある。苦情受付担当者は，自分がどのような意図をもって伝えたかではなく，相手方にどのように受け取られるかを重視し，常に相手方の表情，仕草，声の大きさ・口調等をも観察しつつ，相手方の受け取り方を想像しながら，相手方に配慮して対応すべきである。

なお，相手方に，結果的に誤解して受け取られた場合は，自分の意思がどうであれ，誤解を与えたことについては謝罪するとともに，発した言葉の意図や真意を丁寧に説明すべきである。

オ　その他

苦情受付担当者は，自分では判断できないとの理由で，相手方に対して，再度，上長や第三者委員へ説明・相談するように促して，相手方の怒りを増長させたり（たらい回しはしない→責任をもって聴取して報告する。），事実関係の調査・確認を経てないのに，そのような事実はない（又は，あるはずがない。）と否定したり，その場で事実を認めてしまった後否定して，相手方の怒りを増長させたり（安易に事実を肯定・否定しない→事実関係の調査・確認を経た上で事実認定を行う。），よく知らないのにその場で説明して，誤った情報により相手方に不利益を被らせたり（誤った情報を伝えない→調査の上で確実な情報を伝える。），自らに権限がないのに独断で，できると回答して，相手方に過大な期待を抱かせて結果的に裏切ることになったり（無責任な回答をしない→組織的に判断した上で回答する。），組織的な検討を経ないで，できませんなどと回答して，相手方を失望させること（安易に回答しない→組織的に判断した上で回答する。）などがないように留意すべきである。もっとも，制度上又は契約上等によりできないことが明白な場合には，検討すると伝えることにより，相手方に対して過度な期待を抱かせることになるので，できない根拠とともに，懇切丁寧に説明すべきである。自らの施設のサービスでは対応できない場合には，どのようにすれば，相手方の希望が実現できるかについて，ともに他の実現方法を考えるという姿勢が重要である。

苦情受付担当者を変更せざるを得ない場合には，相手方に変更になることについて謝罪するとともに，その理由を懇切丁寧に説明すべきである。

他には，電話や書面だけで対応方針を決めるのは避けるべきである。できる限り，自宅等に出張するなどして，直接苦情内容等を聴取すべきである。顔の表情，体の動き等から，相手方に施設側の趣旨が伝わっていないことに気付いて，その場で，施設側の趣旨を説明することにより，新たな誤解を招かないように，信頼関係を築き上げるチャンスが増えるからである。

相談場所は，プライバシーが確保できる個室とし，机には一輪の花を置く，など相手方が落ち着きやすい場所を用意することも必要である。

4　報告

(1)　指針

○　苦情受付担当者は，受け付けた苦情は全て苦情解決責任者及び第三者委員に報告する。ただし，苦情申出人が第三者委員への報告を明確に拒否する意思表示をした場合を除く。

○　投書など匿名の苦情については，第三者委員に報告し，必要な対応を行う。

○　第三者委員は，苦情受付担当者から苦情内容の報告を受けた場合は，内容を確認するとともに，苦情申出人に対して報告を受けた旨を通知する。

(2)　留意点

ア　苦情（相談）受付書について

苦情（相談）受付書の，受付日，利用者本人，苦情申出者（相談者）（連絡先も含む。），利用者との関係，苦情（相談）の趣旨や希望のチェックボックスへの記載は，相手方に書いてもらってもよい。

苦情（相談）内容は，苦情受付担当者が，一旦，事実関係をメモに記載してから，時系列順に整理して，事実関係を記載する。事実関係については，相手方が説明した内容を，いつ，どこで，誰が，誰に対して，何を，どのように行ったのか等の項目に整理してわかりやすく記載する。（松宮110頁参照）。これらの事実関係の根拠も書くべきである。施設が事実確認・調査を迅速に行うために，例えば，相手方自ら苦情内容となる場面を目撃したのか，利用者が直接体験した内容をその家族が聴いたのか，相手方が他の人からまたぎきした内容なのか等を区別して書くとよい（松宮112頁参照）。

苦情（相談）の趣旨や希望の具体的内容は，相手方の言葉をできる限りそのまま書く方がよい。

対応期限，第三者委員への報告の要否，苦情（相談）受付書の作成者等は，苦情受付担当者が記載する。

イ　報告について

まず，緊急性を要する場合には，記録作成よりも口頭での報告を優先すべきである。

苦情解決責任者及び第三者委員に報告する場合には，誰が，何について，どのような苦情を申し出て，どのような要望を持っているのかを把握の上，「苦情（相談）受付書」などを記入し，報告する。その際，感情的にならず，相手方が発した言葉をそのまま伝えることが重要である（どのような言い方をしたかは，基本的には問題ではない。例：「偉そうだった」など。）。また，苦情受付担当者が汲み取った相手方の真意については，主観的情報ではあるが，説明した方がよい。相手方の苦情に至った思いを理解することは，重要だからである（下記５参照）。

5　初動期対応の方針の決定

苦情解決責任者等は，施設理念，事業目的・方針，利用者の支援目的，苦情申出者の真の要望等を踏まえて，初動期対応の方針を決める必要がある。

⑴　初動期の段階では，苦情内容を重く受け止めるのが鉄則

利用者等が望んでいることを具体的に把握する，苦情の問題点が持つ意

味を具体的に理解する，利用者等の意思を踏まえて，苦情内容が人権侵害につながっているか否かを検討する，ことが必要である。初動期の段階で，苦情内容を軽視して安易に対応してしまうことにより，問題が深刻化したり，長期化することもあるからである。

ア　人権について理解する上で重要な３つの視点

苦情を訴える者は，施設に対して，いろいろと言わなくても，苦情の真意を十分に理解してもらえることを期待しているものである。その期待に応えることができなければ，相手方の施設に対する信頼を損なうことになってしまう。

そこで，初動期の段階で，苦情に至った真の理由を分析することが重要である。そのためには，苦情に至った職員の言動が，①利用者の存在を無視していたのではないか，②利用者の存在を蔑視していたのではないか，③利用者が生きていく上でのこだわりを軽視したのではないかという３つの観点から分析することが大切である。

イ　①利用者の存在を認める

第１に，利用者の存在を認めるということである。人間にとって，もっとも精神的に苦痛なことは，自分の存在が誰からも認められず，自分の居場所を失うことである。

例えば，利用者が職員に対して「○○さん，おはようございます」などと，挨拶をしているのに，職員がそもそも挨拶をしない。挨拶を返してくれたとしても，「おはよう」などと，利用者の氏名を言わない。利用者がケアコールで職員に訪室してほしい旨を伝えているのに，一晩中全く訪室してもらえない等，自分の存在を無視するような接し方をされた場合には，誰も自分の存在に目を向けてくれていないと感じ，非常に寂しくなり，自分などこの世にいなくなってもいいんだというような孤独感に陥れることにつながってしまう。

我々であれば，仮に，職場で誰も挨拶をしてくれなかったとしても好きな場所に移動して友人等と過ごしたり，家に帰れば家族等に挨拶をしてもらうことでき，どこかの場面で人とのつながりを実感し，孤独感から解放される。また，新たな人間関係を形成することも可能である。

しかし，利用者の場合には，いつでも自由に移動して場所を変えることは困難であるので，同じ場所にとどまり，孤独感から解放されない時間が長期間にも及ぶ危険性が高い。また，職員のみしか人間関係を形成できていない利用者も多いことから，新たに人間関係を形成して孤独感から解放されることも困難である。

よって，利用者にとっては，孤独感を感じるか否かは，職員の接し方に依存しているし，接し方一つで孤独感の程度は大きく変化するという点を肝に銘じるべきであろう。

職員の接し方いかんによっては，精神的虐待にも当たりうると捉えるべきである。

ウ　②利用者の存在に対し，尊敬する

第２に，利用者の存在に対し，尊敬するということである。自分の存在を認められたとしても，誰からも尊敬されないのでは，結局，自分自身の価値を否定されたことにつながり，生きる意欲も湧いてこず，精神的には死んでいる状態に等しくなってしまうからである。

例えば，ある利用者がヘルパー活動時に居眠りをしていたときに，「顔を覗き込まれたあげく，目の前でグーパーされた」，職員が，認知症の利用者に対し「○○ちゃん」と呼ぶ等，１人の成人として尊敬の念をもって接しているとはおよそいえない場合には，そのような仕打ちを受けた利用者が，自分のことを馬鹿にしている，自分なんて生きていても無価値である等，自分自身の価値を否定してしまうことは容易に想像できる。

特に，利用者の心理面を強く意識する必要がある。利用者の心理面をよく表している文章として，筆者が学生時代に読んだ，大石邦子『この胸に光は消えず』（講談社，1978）６頁の中に次のような文章がある。

「どんなに迷惑をかけたくないとねがっても，私の命がある限り，どうしても迷惑がかかってしまう。自分ばかりでなく人まで苦しめてしまう。こんな生き方は二度としたくない。（略）

迷惑をかけられてもみたい。頼られて生きてもみたい。人のためにともに苦しみ，ともに働けるような人間に生まれてきたい。人に迷惑をかけられる事もない，頼られる事もないこんな寂しさにまさる寂しさがあるだろうか。」

この文章が示すように，利用者は，できれば自分のことは自分で行うのはもちろん，人の役に立ちたいという気持ちを強く持っている。しかしながら，心身の機能低下に伴い人の世話にならければならないつらさ，寂しさ等の精神的葛藤の中で，なお最期まで生を全うしようとしている。私たちが感動を覚えるのは，その人なりに今の精神的・身体的・社会的条件の中で，自分なりに自分の能力を最大限活用しようとするその真摯な生き様に触れたときである。感動を覚えたとき，心から「この人はすごい」と思い，尊敬できると思う。

なお，尊厳の理解の詳細は松宮 64 頁参照。

エ　③利用者が生きていく上でのこだわりを大事にする

最後に，利用者が生きていく上でのこだわりを大事にするということである。

こだわりを実現していくことこそが，自分が今この世に生きているのだという証となり，生きようとする意欲を高めることにつながるのであり，こだわりを実現できないと自分がこの世に生きているという証を失い，ひいては精神的な死を意味することにつながってしまう。

特に，上記①及び②についての検討も忘れずに確実に行うべきである。現場の苦情経過記録においては，上記①及び②の理解が弱いと思われる例が，散見されるので，気を付けてもらいたい。

それでは，具体的な苦情事例を基に，以下，検討してみる。

⑵　いくつかの事例で苦情内容を重く受けてみる

ア　上記①の例

苦情内容

通所介護で，利用者から普段は，午前 11 時 30 分までに入浴するところ，11時45分頃，「お風呂に入るように呼ばれてないんだけど。もういいです。忘れられているんだと，カーときて角生えてるの。時間を過ぎて，今から，私だけに用意してもらうのも悪いから，もうこれでいいです。」と言われる。

苦情に関する相手方の感情の部分は，人権について，上記3つの視点から，苦情の意味を理解するのに，本当に参考になる。

「忘れられているんだと，カーときて角生えてるの。」との部分は，他の利用者は入浴の誘導を受けたにもかかわらず，自分だけが忘れられて，入浴の案内がなかったのである。利用者の存在を無視したことに対する利用者の気持ちが端的に表れている。

他に，ありがちな例として，通所介護の迎え忘れの例がある。1年間利用していたある利用者は，毎週1回木曜日が利用日になっているのに，ある2月の木曜日に自宅に迎えがなかった。翌日家族から「昨日デイの迎えがなかったようです。母は，デイに行くのを唯一の楽しみにしており，昨日も，前日の水曜日からデイの準備をして，当日は，迎えの午前9時前に自宅前の道路で立って待っていたらしいのですが，結局迎えが来なかったと。母は施設のことが好きだったのに，施設に見捨てられたとショックを受けて寝込んでしまいました」との連絡があった。施設としては，ちょっとした送迎ミスなのかもしれないが，利用者にとっては，かけがえのない居場所であるのに，その施設から存在を無視されたのだから，精神的ショックの大きさは計りしれない。この利用者は，このことがきっかけで通所介護を利用しなくなった。

イ　上記②の例

苦情内容

通所介護で「入浴の際に下着の着替えができていなかった」と家族より電話があった。

このような苦情に対して，単に「下着の着替えができておらず，すみません。次回からは，下着の着替えを間違えないようにします」と対応するのは，よくない。

このような対応には，利用者に対する屈辱を施設が十分に理解していることが伝わらないからである。いわゆる苦情対応に「心がない」からである。

苦情の意味の重たさを理解するには，通常の人であればどうであるかを考えるとよい。通常誰でもできていることをしてもらえないときに，人は自分が人として接してもらえていないと感じ，非常に悲しくなるものである。

この事例では，入浴後に入浴前の下着を履く人はめったにいない。当り前のことさえ守られないと人として接してもらっているのかという疑問が生じ悲しくなる。このように考えると，人としての尊厳を傷つける行為であることがわかる。

場合によっては，他人の汚れた下着を履かされている場合もある。これはもっと悲しい。

着替えができていなかったというのは施設としては単純なミスだと受け止めがちであるが，利用者の立場に立つと，その意味の重さがわかる。

このような心情を理解するヒントを与えてくれる例として，次のようなものがある。

通所介護で「他利用者の靴下を履いて帰ってきた」と家族より電話があった。その家族から，「他人の肌着を着るということは誰でも嫌だと思います。本人は間違っていると言えないのでその大事さをわかっていただけたら。」と言われたのである。本当に，家族の指摘のとおりである。人として当り前のことさえきちんとケアしてもらえないと，本当に人として接してもらっているのかと悲しくなる。苦情の意味・理由をよく考えて，今後のケアの在り方を見直していく必要性がわかると思う。

ウ　職員が仕事の重みを理解できた例

訪問介護の仕事をしていたとき，当時リーダーであった筆者は，部下の職員甲がホームヘルパーの連絡調整を怠った結果，決められた日時に派遣できなかったことがあった際に，直ちに利用者Aの自宅に訪問しようとしないその職員に，直ちに訪問するように指示をした。

当日の予定として午後0時から午後1時まで食事介助等の身体介護，午後3時から午後3時30分までオムツ交換等の身体介護，午後5時30分頃に同居の家族Bが帰宅という場合に，そのときサービス提供できなかったのは，午後3時から午後3時30分までのオムツ交換等の身体介護であった。Bが帰宅したところ，Aのパジャマ・布団等が尿で濡れているので，同時間帯のホームヘルパー派遣をしてもらったのかという問い合わせがBから甲に電話連絡があった。そこで，甲は自分の調整ミスに気付いたので，筆者に報告があった。これを聞いたときに，午後1時以降午後5時30分頃までのうち数時間程度，Aは尿でパジャマ・布団等が濡れた状態で放置されていたのであるから，問題が大きすぎると思った。当時は防止法施行前であったが，施行後であればネグレクトに当たりうるであろう。しかし，甲は直ちに自宅に行こうともしない。利用者には本当に申し訳ないが，甲が仕事の重みを理解するチャンスであると思った。そこで，筆者は，甲に直ちに自宅に行くように指示した。甲は泣いて事務所に帰ってきたのであった。甲の様子を確認したり，濡れたパジャマ・布団等を見たとき，ようやく利用者Aに対して酷いことをしたことを本当に理解したのであった。20年程度経過した今でも甲と会うが，自分の仕事の重みを理解して，これ以降同種のミスは一切していないとのことである。

介護というのは，利用者が快適な日常生活を送る上で必要不可欠なサービスである。そのサービスが上記のように提供されないということは，利用者が快適な日常生活を送ることができないことを意味し，人として当たり前の生活さえ否定されたことにつながってしまう。このように，苦情等があれば，その苦情等の内容に，利用者に対する人権侵害や虐待等が潜んでいないかを常にチェックし，これらの重みを十分に理解していくことが重要である。

⑶　初動期段階の評価

ア　総論

㈠　初動期段階の評価の必要性

苦情受理後，苦情解決責任者や本部に報告があった場合，苦情について，重く受け止めた上で，苦情の重大性，相手方に対する受付時の聴取事項⑨〜⑬，即時対応の必要性・可能性などを考慮して，初動期段階での評価を行うことが望ましい。

また，苦情の受付内容に関する事実関係の確認，苦情の背景事情，最終的な解決の意向等を的確に把握して，ある程度の見込みを立てるとともに，苦情申出者に対して今後とりうる手段も考慮して，今後の対応方針を立てる必要がある。

㈡　苦情受付担当者が一応終結したと判断した場合

苦情受付担当者が苦情を受理した段階で相手方が納得して一応解決したと思われる場合には，苦情解決責任者等は，苦情受付担当者からの報告を受けて，そのまま終結させてよいのか，後日，施設長等の管理・監督者がフォロー（説明，回答，謝罪等）した方がよいのかについて，苦情内容を重く受け止めた上で，評価すべきである。苦情受付担当者レベルでは解決したと思っていても，相手方が実はそのように捉えていない場合には，相手方は，苦情解決に至っていないにもかかわらず，その後無視され続けたという思いを抱くことになってしまう。よって，苦情解決責任者が客観的な立場で報告内容を評価したときに，いまだ解決していないと評価した場合には，次項のように対応すべきである。

㈢　苦情受付担当者が終結したと判断していない場合

苦情受付担当者が，その場での解決に至らず，相手方に対して，今後の対応の流れや回答期限等について説明していた場合には，苦情解決責任者は，その説明が適切か否かを評価して，適切でなければ，速やかに相手方に対して，謝罪とともに変更理由について懇切丁寧に説明すべきである。

まず，苦情解決責任者は，苦情の趣旨が施設内で解決できる事項か否か，苦情内容が相手方の理解不足や誤解等によるものか否かについて判断すべきである。前者の制度や契約外の内容など，施設内で解決（対応）できない事項であれば，解決（対応）できない根拠を調査して，解決（対応）できないという結論とその根拠を速やかに懇切丁寧に説明すべきである。後者については，相手方に正しく理解してもらうために，説明時のわかりやすい資料等を収集して，正しい内容を懇切丁寧に説明すべきである。

解決（対応）できる事項であり，かつ相手方の苦情内容の理解に誤り等がない場合には，調査・確認，苦情内容に至った原因分析，改善策，補償などの検討を行う必要がある。

調査に要する期間は長くても１週間程度とする。各種記録の収集は１～２日以内，聴き取り調査は，日時，調査担当者，調査対象者，聴取事項，聴取する順番などを決めて集中的に行うべきである。

イ　苦情のパターン別のポイント

苦情内容は，多岐にわたるため，全て迅速かつ適切に対応するのは困難であるが，苦情のパターンを整理することにより，パターンの特徴やポイントを押さえておくことで，ある程度迅速に対応できると思われる。

㋐　虐待等の人権侵害が発生していることに対する苦情

ⅰ　虐待

職員から，失禁した利用者に対して，「おしっこたれて」「うんこくっさー」などと言われて傷ついた，などの苦情は，精神的虐待等に該当する可能性が十分に認められる。苦情解決責任者らは，苦情報告内容を検討して，まず，H 30 マニュアルなどで，虐待の具体例を見ながら，苦情内容が，虐待に該当する可能性があるか否かについて，検討すべきである。虐待事案の場合には，事実認定が肝である。

そこで，虐待に該当する可能性がある場合には，通常，職員が虐待の事実を素直に認める可能性は低いと思われることから，虐待に該当する可能性のある事実を具体的に把握することが重要となってくるので，苦情（相談）受付書の内容が不十分である場合には，聴取内容を決めて，速やかに相手方からの聴取を行うべきである。

その上で，事実関係の調査・確認を徹底して実施すべきである。アセスメント記録，居宅・施設サービス計画，サービス担当者会議録，モニタリング会議録介護記録，生活相談記録，看護記録，診療記録，処方箋等の各種記録の検討，管理者層・他の職員・苦情内容の事実行為を行ったとされる職員からの聴取り，さらに必要に応じて，家族等による苦情の場合は，利用者からも聴取すべきである。詳しくは，松宮 8 ～ 20 頁を参照。他には，必要に応じて，契約書・重要事項説明書，介護保険法令等のチェック等も必要である（71 ～ 85 頁・(3)参照）。

調査・確認の結果，虐待に該当する可能性が高い場合には，管轄の市区町村に通報するとともに，利用者の安全確保及び支援の実施，再発防止策の検討・実施を行うべきである。詳しくは，松宮 20 ～ 23 頁を参照。

さらに，虐待に該当する事実が認められれば，虐待があったことを素直に認めて，謝罪を誠実に行うべきである。また，謝罪をするのであれば，信頼確保の観点からは，できる限り早い方がよいことから，虐待に該当する可能性のある場合には，特に速やかに虐待に該当する事実の有無を判断すべきである。賠償・補償については，本書 56 ～ 59 頁・(イ)参照。なお，この項の記載は，以下の各苦情のパターンにも当てはまるので，適宜参照していただきたい。各苦情のパターンに特有の点があれば，各苦情のパターンの項で補足していく。

ii　自己決定権の侵害

通所介護（又は，特別養護老人ホーム）等で，花見に行く企画のあった当日，職員が，当日の体温は平熱であったが，前日37℃の熱があった利用者（認知症自立度Ⅱa）について，本人の意思を確認することなく，花見に連れていかなかった。その後，利用者は，花見に行くのを心待ちにしていたこともあり，精神的ショックが大きく，その後，通所介護に行くのを止めてしまったり，体調が悪化するなどの被害が発生した，などの苦情がある。

利用者本人が望んでいたことが実現できなかったことは，明らかである場合が多いので，実現できなかった経緯，特に，誰が，どこで，どのような説明をして，利用者の意思を確認したのかについて，事実関係の調査・確認を行うべきである。

利用者の意思を確認しなかった，又は，意思確認が不十分であった場合の原因には，利用者の意思決定支援に対する職員の理解不足が根底にあると思われる。苦情（相談）受付書・苦情経過記録や事故報告書を読んでいると，職員によって，認知症高齢者の意思決定能力が安易に否定され，本人の意思に反して，本人の日々の自由よりも安全（第三者の安心）重視の価値判断等に基づいて，本人の意思確認をしない，又は，表明された意思を実現しない事案が散見される。安易に認知症高齢者の意思決定能力を否定することは，個人の尊厳の否定につながることを肝に銘じるべきである。また，認知症高齢者も，当然のことであるが，最期まで個人の尊厳が護られるべき存在であるという視点に立って，職員は，本人の意思決定を支援するとともに，表明された意思を実現していくべきである。特に，メリットとデメリットとを比較して，本人が最終的に，意思決定できるように意思決定支援がなされ，決定された意思は，他者の人権を侵害しない限り，積極的に実現されるべきである。権利保護施設としては，このような取組みを進めていく必要がある。

原因分析については，利用者の意思に反したサービスを提供した経緯やその理由について，そのサービスを提供した職員から具体的に聴取し，聴取内容から組織的な問題点（課題）を明らかにしていく必要がある。詳しくは，松宮 124 ～ 125 頁を参照。さらに，利用者の意思確認の経過や理由については掘り下げて聴取すべきである。利用者の意思確認については，下記【表２】及び【表３】（R２ガイド 11 ～ 12 頁）のポイントを踏まえて，問題点（課題）を明確にすべきである。

【表２】意思形成支援におけるポイント

□支援者らの価値判断が先行していないか？
▶判断の前に本人の希望に着目し，できる限り「開かれた質問」* で尋ねる。
□本人の「理解」と支援者らの「理解」に相違はないか？
▶本人に説明してもらう。同じ趣旨の質問を，時間をおいて，違う角度から行ってみる。
▶説明された内容を忘れてしまうことがあるため，その都度説明する。
▶本人に体験してもらうことによって本人の理解を深める。
□選択肢を提示する際の工夫ができているか？
▶比較のポイント，重要なポイントを分かりやすく示す。
▶文字にする。図や表を使う。ホワイトボードなども活用する。
□他者からの「不当な影響」はないか？

＊「開かれた質問」とは，「はい」「いいえ」では答えられない自由な答えを求める質問のこと。「どうして？」「どんな点が？」など。

【表３】意思表明支援におけるポイント

□決断を迫るあまり，本人を焦らせていないか？
▶時間をかけてコミュニケーションを取る。
▶重要な意思決定の場合には，時間をおいて，再度，意思を確認する。
▶時間の経過や置かれた状況，同席者の影響によって意思は変わり得ることを許容する。
▶本人の意思決定を強いるものではない（本人がむしろ支援者らに判断を任せたいという意思を持つこともあり得る。）。
□本人の表明した意思が，これまでの本人の生活歴や価値観等から見て整合性があるか？
▶これまでと異なる判断の場合には，より慎重に本人の意思を吟味する。

▶表面上の言葉にとらわれず，本人の心からの希望を探求する。
☐意思を表明しにくい要因や他者からの「不当な影響」はないか？
▶支援者らの態度，人的・物的環境に配慮する。時には，いつものメンバーとは異なる支援者が意思を確認してみることも必要。

改善策については，このパターンの場合，職員が自己決定権尊重の重要性や，利用者に対する意思決定支援の重要性を理解していないことが多いと思われる。そこで，人権について理解する上で重要な３つの視点（44～47頁・ア～エ）の理解を深めたり，上記【表２】及び【表３】（R２ガイド11～12頁）のポイントを参考に，意思決定支援に関するマニュアル等を作成・改訂したり，研修等を実施するとともに，アセスメント記録，居宅・施設サービス計画の作成・変更を行うべきである。

ⅲ　個人情報の流出

通所介護（又は，特別養護老人ホーム）等で，受け取った封筒の中身を確認したら，利用者Ｂの家族が，利用者Ａの個別支援計画書，利用者Ａの様子を示した記録などの他の利用者名の書類が，利用者Ｂの書類と一緒に入っていた，個人情報に関する取扱いが適切にできていない施設は信用できない，などの苦情がある。

このように，個人情報の取扱いに関する苦情は，第三者に情報が流出した事案が多く，流出した事実は明らかである場合が多いので，まずは，個人情報の流出による被害を最小限にとどめるべく迅速に動く必要がある。

個人情報，特にプライバシー権の重要性について，ここで触れておく。人は，個人の重要な私的事項（人種，信条，社会的身分，病歴，前科，犯罪被害の事実等）を自らがコントロールすることによって，人間関係・社会関係を形成している。それにもかかわらず，自己の意思に反して個人の重要な私的事項が暴露されてしまうと，これまで形成してきた人間関係・社会関係が破壊されてしまい，これまで送ってきた生活を維持できなくなってしまうという重大な不利益を被ることになる。また，流出された個人情報が悪用されることにより，詐欺等の被害に遭うことも考えられる。個人情報は流出後，時間の経過とともに被害が拡大していくという特徴があるので，流出した個人情報を記載した書面等の速やかな回収と，利用者に今後生じる危険性をも伝えて被害の防止に努める必要がある。上記の例では，苦情申出者の利用者Ｂに謝罪等するだけではなく，利用者Ａに対しても謝罪するとともに，危険性等を伝えるべきである。

㈠　被害・損害が発生していることに対する苦情

衣類や所持品の紛失，洗濯で服が破れていた，などの苦情がある。

通常，相手方から，被害・損害の内容についての説明があるので，被害・損害の具体的内容を把握するのは容易である。もっとも，本日，通所介護に行くときに，１万円札を財布に入れて持っていったが，自宅に帰ってきたら，財布に１万円札がなかったというような場合，そもそも１万円札を現実に施設に持ってきたのかが不明であることもある。このような場合には，１万円札を持ってきたか否かについて，前日までのお金の動き等を聴取することになる。被害・損害の具体的内容が把握できれば，施設としては，その損害を金銭的に評価して，弁償する，又は，同種の物を購入することを検討することになろう。

もっとも，損害賠償を行う場合については，次のことを慎重に検討すべきである。悪質クレームへの発展の経過には，利用者又はその家族が，施設等に損害を請求したら，特に事実確認や調査を経ることもなく，簡単に賠償してくれたということが，一つの成功体験となり，徐々にエスカレートしていくパターンがあるからである。施設等がモンスタークレーマーを育ててしまうこともあるからである。

まず，条文を確認する（丸数字と【　】は筆者挿入）。民法709条は職員個人が責任を負う場合の要件である。法人が責任を負うのは，民法715条１項の要件も満たす必要があるが，民法709条により職員個人が責任を負う場合には，法人も責任を負う場合が多いので，ここでは省略する。

（不法行為による損害賠償）民法709条
【要件】　②故意又は過失によって　①他人の権利又は法律上保護される利益を侵害した者は，④これによって　③生じた損害を
【効果】　賠償する責任を負う。

要件は，①利用者の権利又は法律上保護される利益が侵害されたこと，②①について，施設等職員に，故意があること，又は過失があることを基礎づける事実があること，③利用者に損害が発生したこと及びその額，④②の行為と③との間に因果関係があることが必要となる。

これらについては，○年○月○日，職員甲が廊下をモップで水拭き中に，他の職員に呼ばれたので，そのまま廊下を濡れたままで放置していたところ，利用者A（施設での転倒歴なし）がその廊下を歩いたときに，いまだ廊下が滑りやすい状態であったため，滑って転んで，右大腿部を骨折して２か月間入院した（全治２か月，後遺症なしとする。）という事故について，利用者Aの家族Bが施設に治療費８万円余り，入院慰謝料101万円を請求した事案で説明する。

思考の手順としては，まず，利用者又はその家族が侵害されたと主張している，又は，施設として侵害したと認められる，まず，①の侵害された利用者の権利・利益を出発点として，侵害した職員の行為（不作為も含む。不作為の場合には，なすべきであった作為義務）を想定する。これを踏まえて，②その職員の行為（不作為の場合には，なすべきであった作為義務をしなかったこと）に過失が認められるかを検討する。次に，利用者又はその家族が請求している③（仮の）損害を施設として金銭的に評価する。最後に，利用者又はその家族が請求している③（仮の）損害と上記②との間に④因果関係があるかを検討する。

①の権利・利益とは，利用者の生命・身体，所有権等の財産権などをいい，上記の例では，右大腿部を骨折しているので，身体の侵害ということになる。

次に，②の過失については，ⅰ事業者に事故の予見可能性があったか，ⅱ結果発生回避のための対策をとっていたか，及びⅲ結果拡大回避のための対策をとっていたかどうか，といった，三段階に分けて検討することになる。詳しくは，松宮 90 ～ 93 頁を参照。②を検討する前提として，利用者の権利・利益を侵害した加害行為を想定する。加害行為には作為だけではなく不作為も含む。ここでは，○年○月○日，職員甲が，廊下をモップで水拭きした後，乾拭きをしなかったことが想起される。すなわち，職員甲は，利用者が滑って転倒することがないように，乾拭きをしなかったことということになる。職員甲は，廊下を濡れたままで放置すれば，利用者がその廊下を歩いたときに，まだ廊下が滑りやすい状態であるため，滑って転倒することを予見できたのに，乾拭きをする等して，転倒事故等の発生を回避すべきであったのに，その義務を怠ったといえるので，職員甲に過失がある。

③の損害とは，加害行為がなかったならばあるべき利益状態と，加害がなされた現在の利益状態との差をいい，「損害」の項目として，治療費，入院費，逸失利益，慰謝料などが挙げられる。本事案では，利用者Ａが転倒したことにより，右大腿部を骨折して２か月間入院となったことにより，損害は，治療費が８万円余り，入院慰謝料 101 万円であった。ここでは，家族Ｂの請求額は妥当な範囲であるので，これらを損害としてよいとする。なお，右大腿部骨折という利用者Ａに対する権利侵害を，いかに損害の額として金銭的に評価するかという問題があり，家族Ｂの請求が不当に高額な場合もあるので，損害の範囲は，保険会社や弁護士に相談した方がよい。

④の因果関係は，平たくいえば，②と③の関連性・結びつきが，社会通念上相当といえるほど強ければ認められる。ここでは，②廊下を

モップで水拭きした後，乾拭きをせず，床が滑りやすい状態で放置していたという職員甲の過失行為と，③利用者Ａが転倒により右大腿部を骨折したこととの結びつきは強いといえるので，④因果関係は認められる。

⑼　要望したことを実施してもらえないことに対する苦情

車いすに長時間座っていると姿勢が崩れるので購入して持っていったクッションを使ってほしいと言ったが使ってくれなかった，などの苦情がある。

要望したことを実施してもらえないことに対する苦情の場合，要望は今実施していないことを将来的に実施するように求めるものであるので，苦情内容についての過去の事実関係の調査・確認よりも要望の内容が，利用者の希望や心身の状況に合っているか否か，要望を実現することにより，利用者にとっていかなるメリット・デメリットがあるかを検討する必要があるので，利用者の希望や心身の状況，現在のサービスの実施状況の調査・確認の方が重要となろう。

要望したことを実施してもらえないことに対する苦情の場合，要望の内容が，サービスの性格に応じた，法令上のサービス内容や量の範囲を超えている場合があるので，その判断を早期に行う必要がある。老人福祉法や介護保険法等の関係法令，運営規程，重要事項説明書，契約書，各計画書等を確認する必要がある。

要望の内容が，法令上のサービス内容や量の範囲内であれば，対応しないことがネグレクトにつながる可能性があるので，迅速にサービスを提供すべきである。他方，要望の内容が，法令上のサービス内容や量の範囲外であれば，相手方の制度に対する理解不足が苦情に至った原因であるので，サービスの性格，契約書，重要事項説明書などに基づいて対応できない理由を懇切丁寧にわかりやすく説明すべきである。

次に，要望の内容について，計画段階（アセスメント・計画の不十分さに対する苦情），サービスの実施段階（サービスの質の低さ及び量の不足に対する苦情）に分けて，以下検討する。

(エ)　アセスメント・計画の不十分さに対する苦情

アセスメント不足（父はむせ込み等があるのに嚥下状態に問題なしと言われた。），計画の不適切さ（母は入浴中体調不良になることがあるのに見守りがサービス内容に書いていなかった。），などの苦情がある。

これらは，利用者の心身の状況に応じた適切な計画に基づいてサービスが実施されていなければ，重大な事故が発生したり，ネグレクトに当たる可能性が高まるので，利用者の心身の状況について，適切にアセスメントを行い，適切なサービス計画の作成へとつなげるべきである。そもそもアセスメントが不十分で計画が不適切であれば，不適切な計画に基づきサービスが実施されることになるので，提供されたサービスも不適切にならざるをえない。よって，利用者の希望や心身の状況の調査・確認を行うとともに，アセスメントシートや各計画書をチェックすべきである。

計画に盛り込むべきサービス内容は，介護保険法令上のサービスを利用する場合には，法令上定められているサービスの範囲内にとどめるべきであろう。なお，範囲を超えるサービスは自費負担となることを説明すべきである。

よって，相手方が要望する内容を計画に盛り込むことが法令上できなかったり，利用者の希望や心身の状況等に照らして，不要であると判断したのであれば，その根拠を具体的に説明することになる。

(オ)　サービスの質の低さに対する苦情

ⅰ　いくつかのパターン

①介護保険法令上提供可能なサービスを利用させてくれない，②職員の技術・能力不足（パッドの当て方や補装具の装着の仕方が不適切である。），③手順の不順守（清拭のとき，顔から始まり……足指→下腿→大腿，最後に陰部を行うことになっていたが，足指→下腿→大腿の後に，顔の順で行った。），④職員による放置（入浴の後，髪を乾かしてもらいたかったところ，職員が「少し待っててね。」と言ったきり結局放置された。），⑤サー

ビス提供時の職員の配慮不足（入浴後着衣前にトイレに行きたくなったのでトイレに誘導してもらったが，用が終わったら便座に座ったままでトイレ内で着衣をするように言われて衣類籠をトイレ内に置いていった。），などの苦情がある。

ⅱ　事実関係の調査・確認について

上記①の事実関係の調査・確認は，現実にサービスを提供しているか否かの確認であるので，容易である。上記②ないし⑤については，苦情受付の段階で，できる限りサービス提供の日時，場所，方法を具体的に聴取するとともに，提供した職員を特定する（明確に特定できなければ性別，服装，身長等の身体的特徴を聴き取る。）必要がある。事実関係の調査・確認では，職員の特定ができなければ，日時，場所，特徴等から職員を特定する。また，職員の特定ができれば，職員に問題となっているサービスを再現してもらう，当時の状況を聴取するなどする必要がある。

ⅲ　①の改善策の実施

このパターンの苦情の場合には，まず，指摘されているサービス内容が，法令上定められているサービスの範囲内であることを確認すべきである。上記①のように，本来法令の範囲内（介護保険法令上認められべきサービス内容）であるにもかかわらず，提供していない場合には，運営基準等の法令違反であるので，直ちにサービスを実施すべきである。併せて在宅又は施設サービス計画書の変更も行うべきである。

ⅳ　②〜⑤の改善策の実施

次に，契約書，重要事項説明書，在宅又は施設サービス計画書に基づくサービス内容（上記の変更も含める。）の場合，ケアの専門家としての標準的な水準に基づき，適切にサービスが提供されるべきであるのに，上記②ないし⑤のような苦情内容を放置すれば，重大な事故が発生したり，ネグレクト，債務不履行に当たる可能性が高まるので，迅速に適切にサービスを実施すべきである。職員が，標準的な水準のサービスを確実に提供できるように，研修や指導体制等の検討が必要となる。

ⅴ　②〜⑤の原因に関する調査・確認

また，なぜ，適切にサービスを提供できなかったのかを検討すべきである。②職員の技術・能力不足は，職員に対する研修，OJT等の教育の在り方をも検討すべきである。

③手順の不順守は，職員の技術・能力があることを前提に（職員の技術・能力不足であれば上記②の問題となる。），なぜ，手順どおりに実施できなかったのかについて，職員から原因や事情を聴取して分析すべきである。③から⑤の原因分析については，プロセスレコードを活用したり，６つのステップに沿って検討を行うとよい。

①本人の心身の状況を踏まえ，事故時にマニュアル等により実施するように決めていた，又は（マニュアル等がなければ）本来実施すべきであった一連の支援方法（環境面も含む）の明確化
②事故時の一連の支援方法（環境面も含む）の明確化
③両者の違いの明確化
④①のとおり実施しなかった（できなかった）理由（原因・背景）の把握
⑤①のとおり実施しなかった（できなかった）理由が合理的といえるかの検討
⑥①のとおり実施しなかった（できなかった）理由の問題点の分析

プロセスレコードと６つのステップの詳細については，松宮115〜116頁，137〜143頁を参照。

④職員による放置についても，なぜ，サービスをタイムリーに実施できなかったのかについて，職員から原因や事情を聴取して分析すべきである。

⑤職員の配慮不足については，なぜ，利用者に対する配慮ができなかったのかについて，職員から原因や事情を聴取して分析すべきである。

(カ)　サービス量の不足に対する苦情

①1週間に2回の入浴のはずなのに1回になっている，②夜間は30分間に1回の訪室をしてくれていない，などの苦情がある。

これらについては，サービスの性格，契約書，重要事項説明書などから，提供すべき量の範囲内である場合には，重大な事故が発生したり，ネグレクト，債務不履行に当たる可能性が高まるので，迅速に適切にサービスを実施すべきである。例えば，上記①の場合，介護老人福祉施設では，法令上1週間に2回の入浴が定められているのに，特段の事情がないにもかかわらず，週1回になっていたのであれば，運営基準等の法令違反であるとともに，ネグレクトや債務不履行に当たる可能性が高い。

ただ，サービス量に対する苦情は，サービス内容が範囲外か否かの区別とは異なり，実施するか否かの線引きが難しい。例えば，上記②のように，夜間は30分間に1回の訪室をしてくれていないというのは，転倒事故の危険性の高い利用者に対する夜間の訪室は実施すべきであろうともいえるが，通常，利用者全員に対して夜間に30分間に1回の訪室は無理であろう。このような場合，重要事項説明書を用いて人員体制及び利用者数等を説明して，全ての利用者に対して公平にサービスの提供を行う観点からできないことはできない旨の説明をすることになろう。

(キ)　職員の態度等（態度・服装・マナー・言葉遣いなどがなっていないなど）に対する苦情

職員の態度に対する不満（家族が職員に挨拶しても無視される。），職員の配慮不足（面会に行ったときに家族が立ったまま利用者と話をしていたのに職員がいすなどを用意してくれない。），職員の言葉遣いの悪さ（職員に電話をしたとき「あっ，そう。」などと言われた，職員が利用者のことを「○○ちゃん」と呼んでいた。），などの苦情がある。

まず，職員の態度等（態度・服装・マナー・言葉遣いなどがなっていないなど）が，虐待等の人権侵害に該当する可能性があるか否かの判断が必要である。虐待と思われる場合には，本書51～52頁・(ア)ⅰ参照。

また，職員の態度等（態度・服装・マナー・言葉遣いなどがなっていないなど）の苦情は，職員と利用者又はその家族間の信頼関係を損なうことになるので，職員の態度等に問題があると認められた場合には，改善すべきである。特に，虐待行為に至ってしまう職員の中には，普段から服装・マナー・言葉遣いなどが適切ではない職員も散見されるので，施設としては適切に対応していく必要がある。介護等のサービスを提供する上でふさわしい服装や身なりを定めた就業規則等の規則（ダメージ加工のジーンズ着用の禁止，アクセサリー装着の禁止など）に反している場合には，指導や何らかの懲戒処分が必要な場合もある。

職員の態度等に対する苦情は，サービスの内容や量とは異なり，利用者やその家族の主観的な捉え方という側面が強いので，利用者やその家族の捉え方が特異な場合もある。特に，「上から目線」ほどわかりにくいものはない。よって，職員の態度等に対する苦情は，まず，苦情受付段階で，「上から目線」などと相手方が感じたときの具体的な職員の態度等（態度・服装・マナー・言葉遣いなどがなっていないなど）について，具体的に聴取する必要がある。

その後，当時対応した職員から事情を聴取する等，事実関係の調査・確認をした結果，利用者又はその家族の誤解によるものであると判明した場合には，当時対応した職員の真意を懇切丁寧に説明すべきである。

(ク)　情報不足・説明不足に対する苦情

サービス内容は適切であったことを前提に，契約内容の説明不足（利用者が入院したので家族が着替え等を部屋に取りにいったとき他の人が部屋を使っており説明もなく所持品は倉庫に置いてあった。），利用者の心身の状況の変化に対する連絡・説明不足（38℃の熱があったのに連絡してくれない，右足に内出血があったが説明してくれない。），事故に対する説明不足（転倒事故により骨折したのにその経緯を説明してくれない。），などの苦情がある。

これらも職員の態度等に対する苦情と同様に，いつ，どこで，誰が，誰に対して，何を，どのような方法で，どのように説明したのかを，苦情受付時に，具体的に聴取した上で，担当職員から，事実関係を聴取すべきである。ただ，通常であれば，適切に説明していたと認められた場合であっても，利用者又はその家族に対する合理的配慮が必要な場合があるので，どのような配慮をすべきであったのかについて検討すべきである。

(ケ)　利用料に対する苦情

①介護保険法令上請求できない利用料の請求（通所介護で入浴介助に使用するバスタオル代を請求された，特別養護老人ホームで雑誌を読んでいないのに全員一律にリビングに置いている雑誌代を請求された。），②法律上利用料の請求はできるが，契約をしていない場合（訪問介護で，介護保険外の大掃除等のサービス提供を受けたところ，10割負担分の利用料を請求された。），③契約上利用料の請求はできるが，説明不足の場合，④自施設のサービス以外の利用料の請求（特別養護老人ホームで歯の治療費代が請求されたが何の説明も受けていない）などの苦情のパターンがある。

上記①については，介護保険法令上請求できるか否かを，介護保険法令や集団資料等の資料で確認したり，管轄の保険者である市区町村に問い合わせるなどして，調査・確認すべきである。請求できない場合には，速やかに全額返金すべきである。雑誌代等のその他利用料は，利用者に対して一律に徴収することは許されておらず，利用者又はその家族の自由の選択・希望に基づいて当該サービスを提供した場合にのみ請求できる。施設が利用者に対してその他利用料を請求するには，重要事項説明書に，その他利用料の具体的な名目（曖昧な名目によるその他利用料の徴収は許されていない。）とその具体的な金額を明示するとともに，利用者が希望してサービスの利用を受けた場合に，当該サービスの利用料を支払うことに同意する旨の記載をして，署名・押印を受けて同意を得る必要がある。別途他のサービス内容及びその利用料を明示した書面に，署名・押印を受けて同意を得てもよい。

上記②については，サービス内容とその対価である利用料の額を具体的に示した契約書等の書面の有無，書面の署名・押印などを確認して，契約書がないなどの不備があれば，速やかに全額返金すべきであろう。

上記③については，説明不足の内容が，利用料の額を具体的に示した契約書等の書面を示しながら，サービス内容とその対価である利用料の具体的な金額を端的に説明していないなど，説明が不十分であるとの事実が判明した場合には，苦情を受けて以降，端的に説明した日より前の利用料については，既に受け取った金額は返還する，まだ受け取っていない分は請求しない方が，無難であろう。説明に問題がなかったと認められる場合には，その旨を説明して，返金等の対応はしない。

上記④は，契約の当事者ではない施設が利用料の徴収をしている場合である。契約当事者ではないので，施設が徴収する必要はないのだが，仮に施設がこのような対応をしている場合について，付言しておく。契約上の当時者は，利用者と歯科医院等の法人等であるので，施設は第三者であることから，歯科医院等の法人等が，利用料の請求，明細書の発行，診療内容の説明などを，利用者に行うべきである。施設が，歯科医院等の法人等に苦情内容に関する回答を聞いて利用者又はその家族に説明するのは，絶対に避けるべきである。歯科医院等の法人等が，利用者等と直接やり取りをすべきである。

㈽　職員間の連携及び情報共有不足に対する苦情

ショートステイで，今回から薬の変更があったのでその旨を迎えにきた職員に伝えたが服薬されていなかったなどの苦情の場合には，最初に情報を受け取った職員がその後どのようにして情報を伝達していたかの調査・確認をした上で，なぜ，職員間で適切に情報共有できなかったのかについて，情報共有の過程に関与する担当職員から，情報共有の経緯を聴取すべきである。このような原因分析を踏まえた上で，今後，確実に情報共有するための手順を検討すべきである。職員間の連携及び共有不足は，サービスの質や量に関わるので，本書60頁・(オ)，63頁・(カ)参照。

(サ)　不適切な記録に対する苦情

①介護記録の不適切さ（通所介護の連絡帳に「便汚染」と書いてあった。），②事故記録の不十分さ（誤嚥事故により病院へ緊急搬送されたが事故記録には30分間の空白があった。），などの苦情がある。

上記①については，なぜ，相手方にとって不愉快な言葉を記録に記載したのかの調査・確認をした上で，このような不適切な記載をした理由について，担当職員から聴取すべきである。このような苦情は虐待に当たる可能性があるので，本書51～52頁・(ア)ⅰ参照。

上記②については，まず，真実として30分間の空白があったのか否かについての調査・確認をすべきである。真実は適切に対応しているのに，記録上は実際に行ったことを記載していない場合が多く見受けられる。30分間の空白はなく，対応した事実の記載をしていなかったことが判明した場合には，なぜ，真実とは異なった情報を提供したのかについて，担当職員から経緯を詳細に聴取すべきである。その後，施設等の職員が，相手方に対して，真実は適切に対応していた旨の説明を行うことになるが，相手方は記録と異なることに対して不信感を抱いていると思われるので，異なった情報を提供したことに対する謝罪とともに，その経緯や原因について懇切丁寧に説明すべきである。

(シ)　苦情に対する対応の不適切さに対する苦情

苦情を職員に伝えた際に「後で検討して速やかに連絡します」と言いながら1週間経過しても連絡がない，苦情を伝えた後，「調査して事実確認をした後で連絡します」と言ったのに後日調査は済んだか尋ねたら「まだ調査中です」ということが3回繰り返された，などの苦情がある。

まず，最初の苦情受付後の対応経過についての調査・確認をすべきである。予定されている対応のうち，何をどこまで行い，何がなぜできていないのかを詳細に聴取すべきである。相手方は最初の苦情受付後の対応について不信感を抱いていると思われるので，苦情に対する対応の不適切さに対する謝罪とともに，行ったこと，これから行うこと，それに要する時間の見込み，これから行うことができていない理由，途中経過であっても報告できていなかった理由などについて懇切丁寧に説明すべきだからである。

⑺　誤った情報提供に対する苦情

サービスを提供していないのに提供したと説明していたなど，誤った情報提供に対する苦情の場合には，情報提供の内容が誤っていたか否かの調査・確認をした上で，なぜ，誤った情報を提供したのかについて，誤った情報を提供した職員にその経緯を聴取すべきである。

特に注意すべきは，介護保険法令上受けられるサービスであったのに，受けられないと誤った情報を提供していたなどの場合には，誤った情報提供によって，利用者がサービスを受ける権利又は機会を侵害したことになるので，利用者が，介護保険法令上のサービスを受けられないことにより被った損害についての賠償を検討する必要がある。

6　事実関係の調査・確認

苦情についての事実関係の調査・確認にあたっては，最善の努力をすることが望ましい。調査・確認の程度は，受付時に聴取した苦情内容の特定の程度，苦情の深刻さ・重大性に比例して行うべきである。

⑴　調査対象

ア　苦情内容の真実性

まず，苦情受付段階で聴取した事項，すなわち，①誰が（苦情内容となる出来事を行った職員），②いつ頃，③誰に対して，④どのような状況・場面において，⑤どこで，⑥どのサービスによって，⑦どのようなことがあったのか，⑧それによってどのようなことが生じたか，の各項目について，調査・確認する必要がある。

また，受付時の聴取事項の⑫相手方のクレームに至るまでの経緯（相手方は，苦情を職員に伝えるには，それまでの経緯があると思うので，今回の苦情に至るまでの経緯も丁寧に聴取することが必要である。）を踏まえて，今回，直接訴えの対象となった苦情内容だけではなく，それ以外の不満等の対象となっている事実についても，事実関係の調査・確認をすべき場合もある。今回の直接訴えの対象となった苦情内容は単なる苦情を訴えようと思った動機にすぎず，実は，最も訴えたかったのは，今回の苦情内容以外の不満等の対象となっている事実の場合もあるからである。

イ　苦情内容が発生した原因・経緯

調査によって，苦情内容の事実関係が明らかになった場合には，その事実関係が発生した原因についても調査すべきである。

原因分析は，本書 62 頁・ｖ参照。

⑵　事実関係の調査・確認によって明らかにすべき事実

ア　①「誰が」

事実関係の調査・確認においては，まず，利用者が誰から不利益な取扱い等を受けたのかを確認する必要がある。

苦情を訴えた利用者等が，不利益取扱い等を行った職員を特定していない場合には，他の②ないし⑧の事実から推測せざるをえない。そこで，利用者に対する事実確認（家族から訴えがあった場合），不利益取扱い等が行われた時間，場面，場所にいたと思われる他の職員や利用者等からの聴き取り，勤務表や介護記録（苦情を訴えた利用者に対して，どの職員が，いつ，どこで，どのような支援をしていたか等を確認）の書面などをも確認する必要がある。

不利益な取扱い等を行った職員は１人とは限らない。複数の職員が行っている可能性が認められる場合には，上記のことを参考に，事実調査・確認をすべきである。

イ　②「いつ頃」，⑤「どこで」

事実確認においては，不利益な取扱い等が行われた日時や場所について確認する必要がある。苦情を訴えた利用者等が，おおよその日時や場所しか明らかにできない等，不利益取扱い等のあった日時や場所を特定していない場合には，上記アと同様，上記のことを参考に，特定されている他の事実について，事実調査・確認をすべきである。

ウ　③「誰に対して」，⑥「どのサービス」

利用者及び家族が苦情を訴えている場合には，不利益取扱い等を受けた利用者が誰であるかについては，特定されていることがほとんどであろう。利用者が特定できれば，その利用者が利用していたサービスも特定できる。

ただ，不利益取扱い等を受けていた利用者は１人であるとは限らない。権利保護施設としては，今回の苦情をきっかけに，利用者全員に対するサービスの質の向上を図る必要がある。利用者の中には，不利益取扱い等を受けていたとしても，苦情を訴えるとは限らないのである。そこで，権利保護施設としては，今回の苦情と同じように，不利益取扱い等を受けている利用者をも調査する必要がある。

エ　④「どのような状況・場面において」，⑦「どのようなことがあったのか」

事実確認では，どのような状況・場面において，利用者に対してどのようなことが行われたのかを確認する必要がある。そこで，特定した職員だけでなく，不利益な取扱い等が行われた時間，場所にいたと思われる，他の職員や利用者等からの聴き取り，介護記録等の書面などをも調査・確認する必要がある。

オ　⑧「どのようなことが生じたか」

「どのようなことが生じたか」については，特定した日時のときだけではなく，その後の経過も重要である。通所介護の迎え忘れの例（47頁）では，⑦は迎えが来なかったため，利用者が午前９時前後に自宅前の道路で立ったまま待っていたことであるが，その後，⑧利用者がショックを受けて寝込んでしまい，通所介護サービスを利用しなくなったというように，苦情の対象となった事実があった日時から，利用者の心身の状況の悪化等が時間を置いて発生することもあるので，⑧「どのようなことが生じたか」についても調査・確認しておく必要がある。そこで，特定した日時に「どのようなことが生じたか」について，上記エと同様，特定した職員，他の職員や利用者等からの聴き取り，介護・看護記録等の書面などの調査・確認をするだけではなく，その後の経過について，利用者および介護・看護職員からの聴き取り，施設や通院先の医師の見解，介護・看護記録等の書面などの調査・確認をする必要がある。

⑶　調査方法

ア　概要

施設全体の様子観察，各種記録のチェック，管理・監督者層・他の職員からの聴き取り，不利益取扱い等を行ったとされる職員からの聴き取りは，本書８～10頁・⑸イ～オ参照。聴き取りを行う職員は，基本的には，苦情の対象となっている事実に関与した全ての職員である。

本書８～10頁・⑸イ～オに補足する点は，以下のとおりである。

イ　法令のチェック

㋐　介護保険法

例えば，介護保険法では，いわゆる施設サービスにおいて，次のように定義している。

- 特養：「介護老人福祉施設」とは，老人福祉法第20条の５に規定する特別養護老人ホーム（入所定員が30人以上であるものに限る。以下この項において同じ。）であって，当該特別養護老人ホームに入所する要介護者に対し，施設サービス計画に基づいて，入浴，排せつ，食事等の介護その他の日常生活上の世話，機能訓練，健康管理及び療養上の世話を行うことを目的とする施設をいい，「介護福祉施設サービス」とは，介護老人福祉施設に入所する要介護者に対し，施設サービス計画に基づいて行われる入浴，排せつ，食事等の介護その他の日常生活上の世話，機能訓練，健康管理及び療養上の世話をいう。
- 老健：「介護老人保健施設」とは，要介護者であって，主としてその心身の機能の維持回復を図り，居宅における生活を営むことができるようにするための支援が必要である者（その治療の必要の程度につき厚生労働省令で定めるものに限る。以下この項において単に「要介護者」という。）に対し，施設サービス計画に基づいて，看護，医学的管理の下における介護及び機能訓練その他必要な医療並びに日常生活上の世話を行うことを目的とする施設として，第94条第1項の都道府県知事の許可を受けたものをいい，「介護保健施設サービス」とは，介護老人保健施設に入所する要介護者に対し，施設サービス計画に基づいて行われる看護，医学的管理の下における介護及び機能訓練その他必要な医療並びに日常生活上の世話をいう。

- 「介護医療院」とは，要介護者であって，主として長期にわたり療養が必要である者（その治療の必要の程度につき厚生労働省令で定めるものに限る。以下この項において単に「要介護者」という。）に対し，施設サービス計画に基づいて，療養上の管理，看護，医学的管理の下における介護及び機能訓練その他必要な医療並びに日常生活上の世話を行うことを目的とする施設として，第107条第1項の都道府県知事の許可を受けたものをいい，「介護医療院サービス」とは，介護医療院に入所する要介護者に対し，施設サービス計画に基づいて行われる療養上の管理，看護，医学的管理の下における介護及び機能訓練その他必要な医療並びに日常生活上の世話をいう。

上記のように，特養の定義には，老健や介護医療院とは異なり，「看護」や「医療」という文言は入っていない。それゆえ，下記の【表4】のとおり，特養は，他の老健や介護医療院とは異なり，医師は常勤配置ではなく（特養では，週1，2回程度，1回当たり数時間程度医師が診察を行っていると思われる。平成21年度老人保健健康増進等事業「介護施設における医療提供に関する調査研究」によると，医師による定期的な診察回数は，1か月のうち3回未満である割合が，特養では6割とされている。），看護職員も，例えば，利用者数105名の場合，老健であれば，看護職員10名，介護職員25名に対して，特養の場合，看護職員３名，介護職員32名となり，看護職員の配置人数も少ない。しかも，特養は，24時間看護師が常駐していない施設が多いことから，医療依存度の高い高齢者（抗生剤の投与等常時点滴が必要な場合等）については，介護保険上，介護サービスが主体の施設である特養ではなく，医療サービスを受けられる老健や介護医療院を利用すべきということになる。

(イ)　保健師助産師看護師法

ここで看護師の業務内容について確認しておく。「『看護師』とは，厚生労働大臣の免許を受けて，傷病者若しくはじょく婦に対する療養上の世話又は診療の補助を行うことを業とする者」とされている（保健師助産師看護師法５条）。

まず，「療養上の世話」とは，利用者の症状等の観察，環境整備，食事の世話，清拭及び排せつの介助，生活指導などをいう。これが，看護師の本来的業務である。次に，「診療の補助」とは，身体的侵襲の比較的軽微な医療行為の一部について補助するもので，比較的単純なものから，採血，静脈注射，点滴，医療機器の操作，処置など多岐にわたっている。「看護師又は准看護師は，主治の医師又は歯科医師の指示があつた場合を除くほか，診療機械を使用し，医薬品を授与し，医薬品について指示をしその他医師又は歯科医師が行うのでなければ衛生上危害を生ずるおそれのある行為をしてはならない。」と定められている（なお，「ただし，臨時応急の手当をし，又は助産師がへその緒を切り，浣腸を施しその他助産師の業務に当然に付随する行為をする場合は，この限りでない。」）（保健師助産師看護師法37条）ことから，「療養上の世話」が看護師の主体的判断による看護師の本来的業務であるのに対し，「診療の補助」は，本来的には医師が行うべき医行為の一部につき「医師の指示に基づく」という条件付きで，看護師も例外的に行うことができるといえよう。

(ウ)　特養の場合

それゆえ，特養の場合，医師が常勤で配置されているものではないことから，利用者の状態が変化した場合には，基本的には，施設内での看護師による「診療の補助」は，「医師の指示」なしに行うことはできない。

この点では，利用者又はその家族等が，病院の看護師は，常勤の医師からいつでも指示を受けることが可能であるので，臨機応変に看護師が「診療の補助」を行うことができるので，同じ看護師という根拠に基づき，特養の看護師にも同様に「診療の補助」の実施を当然のように施設に要求する場合が散見されるが，施設としては，利用者又はその家族等に対して，上記(ア)及び(イ)について，説明をして理解を求める必要がある。松宮160頁参照。

【表４】

<table>
<tr><th colspan="2">施設類型</th><th>概要</th><th>医師</th><th>看護職員</th><th>介護職員</th></tr>
<tr><td colspan="2">特養</td><td>要介護者のための生活施設</td><td>必要数
（非常勤可）</td><td colspan="2">３対１
（うち看護職員は次のとおり。利用者が30人以下→看護師１名以上，30人超50人以下→２名以上，50人超130人以下３名以上）</td></tr>
<tr><td colspan="2">老健</td><td>要介護者にリハビリ等を提供し，在宅復帰を目指す施設</td><td>100対１
（常勤１名以上）</td><td colspan="2">３対１
（うち看護職員を２／７程度を標準）</td></tr>
<tr><td colspan="2">介護療養病床</td><td>長期療養を必要とする要介護者に対し，医学的管理の下における介護，必要な医療を提供するもの</td><td>48対１
（３名以上）</td><td>６対１</td><td>６対１</td></tr>
<tr><td rowspan="2">介護医療院</td><td>Ⅰ</td><td>要介護高齢者の長期療養・生活施設
重篤な身体疾患を有する者及び身体合併症を有する認知症高齢者等を対象</td><td>48対１
（３名以上）</td><td>６対１</td><td>６対１</td></tr>
<tr><td>Ⅱ</td><td>要介護高齢者の長期療養・生活施設
上記と比べて，容体は比較的安定した者を対象</td><td>100対１
（常勤１名以上）</td><td colspan="2">３対１
（うち看護職員を２／７程度を標準）</td></tr>
</table>

（社保審―介護給付費分科会　第144回（H29.8.4）参考資料３を整理したもの）

ウ　契約書や重要事項説明書のチェック

顧問先から苦情相談を受けると，苦情内容に関する介護記録等は，送付してもらえるが，契約書や重要事項説明書（及びサービス計画書）を送付するのを忘れている例が多い。苦情のうち，サービスの範囲，質，量，利用料等に関するものについては，契約の問題であるという視点が弱いと思われる。サービスの範囲，質，量，利用料等に関する苦情について対応をする際には，契約書や重要事項説明書（及びサービス計画書）の確認は必須である。

契約書や重要事項説明書（及びサービス計画書）には，施設サービスの性格，施設サービスの範囲（提供できるサービス内容），人員配置，利用者の義務や禁止事項等が記載されている。

契約書や重要事項説明書の内容に反する苦情については，契約書や重要事項説明書の内容を懇切丁寧に説明して，相手方に理解してもらうべきである。

また，居宅・施設サービス計画書の内容とは異なる苦情については，サービス担当者会議を開催して，契約書や重要事項説明書に記載されているサービスの範囲内で，居宅・施設サービス計画を変更していくべきである。

エ　各種記録のチェック

(ア)　具体的なサービス内容が決まるまでの流れ

サービスの内容や量に関する苦情についての対応を検討するにあたっては，施設として，具体的なサービス内容や量について把握する必要がある。そこで，まず，具体的なサービス内容や量が決まるまでの流れについてみておく。

i　明示されたサービス内容

【表5】サービス内容の全体図

<table>
<tr><th></th><th>在宅</th><th>施設</th></tr>
<tr><td>契約書・重要事項説明書</td><td colspan="2">利用料とサービスの種類を明記。サービス内容の具体的な内容は決まっていない。</td></tr>
<tr><td rowspan="2">明示されたサービス内容</td><td>介護支援専門員が作成する居宅サービス計画書</td><td rowspan="2">施設サービス計画書</td></tr>
<tr><td>各サービス提供機関が作成するサービス計画書</td></tr>
<tr><td rowspan="2">書かれざるサービス内容</td><td colspan="2">安全配慮義務
＊安全配慮義務の内容が明示されている場合もある。</td></tr>
<tr><td colspan="2">利用者又はその家族がサービス内容として求めており，施設等がそのサービスを提供することを約束していたのに，上記各計画書に書いていないサービス等</td></tr>
</table>

在宅又は施設サービス利用契約の場合，契約書や重要事項説明書のみでは，施設の利用者に対する在宅又は施設サービスの具体的内容は明確ではなく，また，その対価である利用料についても特定できないので，これらの契約は，サービス内容等について，白地性を有する契約類型となっている。そこで，在宅又は施設サービスの内容及び対価を具体的に特定し，明確にするのが，在宅又は施設サービス計画である。もっとも，施設サービスの場合は，個別のサービスではなく，個々のサービスを包括的に捉えて，要介護度に応じて，利用料が決まってくるので，施設サービスについては，利用料はほぼ決まっている。また，在宅サービスの計画については，居宅介護支援事業所の介護支援専門員が作成する居宅サービス計画書に沿う必要がある（80～81頁）。

施設サービスの場合，施設サービス計画に基づいて，介護等のサービスを提供することになっている。計画担当作成者が，利用者の心身の状況等について的確なアセスメントを行った上で，利用者の要介護状態の軽減又は悪化の防止に資するとともに，自立した日常生活ができるように，解決すべき課題を把握し，他の施設従事者と協議をして，その課題を解決する達成時期，課題解決のための適切な介護等のサービス内容，サービス提供上の留意点を盛り込んだ施設サービス計画を作成し，利用者の自己決定権を保障するために，利用者又はその家族に説明し，文書で同意を得なければならない。この同意として，施設サービス計画書⑴（82頁）の下部に署名をしてもらうことになっている。

また，利用者の心身の状況等について継続的に的確なアセスメントを行った中で，解決すべき課題の変更があり，サービス内容を変更する必要がある場合には，上記と同じ手続を履践しなければならない。

それゆえ，在宅又は施設サービス計画書に記載されている内容は，極めて重要である。

ⅱ　書かれざるサービス内容

もっとも，在宅又は施設サービス計画書に記載されていない内容であっても，利用者又はその家族の意思，利用者の心身状態等から，導かれるサービス内容については，在宅又は施設サービスそのものの一内容に含まれる，又は，在宅又は施設サービスの本来的なサービス内容に付随する安全配慮義務の一内容となる場合があることに留意すべきである。

安全配慮義務とは，利用者の生命及び健康等を危険から保護するよう配慮すべき義務をいい，安全配慮義務の内容として，ａ物的環境の整備，ｂ人的環境の整備が挙げられる。具体的には，例えば，ａ物的環境の整備として，①施設内の危険個所に安全装置を設ける義務，②施設内の危険な場所に入ることができないように安全装置を設置する義務，③介助用の道具・器具として，安全なものを選択する義務，などが挙げられる。ｂ人的環境の整備として，①施設内の場所等に入居者の安全を確認する人員を配置する義務，②職員に安全教育を徹底する義務，③事故原因となりうる支援方法につき，適任の人員を配置する義務，などが挙げられる。

このような内容を参考に，再発防止策について検討すべきである。特に，ａ物的環境の整備の検討は忘れがちになるので，転倒事故等のように，ａ物的環境の整備が問題となる事故については，必ず検討すべきである。

(イ)　計画内容の確認

アセスメント・計画の不十分さに対する苦情については，まさに，アセスメント記録や居宅・施設サービス計画書等の記録のチェックを，サービスの質の低さに対する苦情については，サービスの質の前提として，サービス内容が問題となるので，居宅・施設サービス計画書，サービス担当者会議録，モニタリング会議録のチェックを，サービスの量の不足に対する苦情については，サービスの頻度・回数が問題となるので，居宅・施設サービス計画書，サービス担当者会議録，モニタリング会議録のチェックをすべきである。

サービス計画に関する記録には，アセスメント記録，居宅・施設サービス計画，サービス担当者会議録，モニタリング会議録等がある。

まず，利用者又はその家族の意思，利用者の心身状態，利用者の生活の様子などを適切に把握しているかを，アセスメント記録，24時間シート等の記録でチェックすべきである。また，アセスメントが定期的に行われており，最新の情報になっているかもチェックすべきである。

次に，利用者又はその家族の意思，利用者の心身状態を踏まえた，生活上の課題等を設定して，その課題に対して適切な支援・ケアに関するサービス計画が立てられているかをチェックすべきである。

居宅・施設サービス計画書(1)（80，82頁）では，まず，「利用者及び家族の生活に対する意向」の欄に，利用者又はその家族の意向が，各々に区別して，具体的に記載されているかをチェックする。利用者又はその家族の意向は，可能な限り，利用者又はその家族の言葉のまま書く方がよい。

居宅・施設サービス計画書(2)（81，83頁）の「援助内容」のうち，「サービス内容」が，上記意向や利用者の心身状態を踏まえたサービス内容となっているか否かチェックすべきである。居宅サービスの場合，施設サービスとは異なり，複数のサービスを利用し，複数の事業所がサービスを提供していることが多いことから，「サービス種別」及び「※２」の欄を確認して，いかなる種類のサービスで，そのサービス提供を行う事業所がどこであるのかをチェックすべきである。苦情内容に関するサービスを提供する事業所について誤りがないか否かを確認するためである。

「頻度」についても確認する。サービスの量はこの欄で確認する。

(ウ)　介護等のサービスの基準・水準

施設は，居宅・施設サービス計画に沿って，利用者が，その能力に応じて自立した生活が営めるように，例えば，介護老人福祉施設の場合，入浴，排せつ，食事等の介護，機能訓練及び療養上の世話等のサービスを提供しなければならない。これらのサービスを提供するにあたっては，利用者の要介護状態の軽減又は悪化の防止に資する必要があり，漫然と画一的にならないように配慮しなければならない。

介護サービスについては，利用者の心身の状況に応じて，自立支援のために適切な技術及び方法によって行わなければならない。機能訓練サービスについても，利用者の心身の状況に応じて，生活機能の改善のために行わなければならない。健康管理サービスについては，健康保持のための適切な措置を講じなければならない。

「適切な技術及び方法」は，「笑顔」「初任者Ⅰ」「初任者Ⅱ」などに記載されている程度の内容については，実施すべきであろう。

適切な方法によってサービスを提供するために，業務手順書等のサービス方法を定めた書類があるはずであるので，これらの書類も確認すべきである。

第1表

居宅サービス計画書（1）

作成年月日　　年　　月　　日

初回 ・ 紹介 ・ 継続　　認定済 ・ 申請中

利用者名　　　　　　殿　　生年月日　　年　　月　　日　　住所

居宅サービス計画作成者氏名

居宅介護支援事業者・事業所名及び所在地

居宅サービス計画作成（変更）日　　年　　月　　日　　初回居宅サービス計画作成日　　年　　月　　日

認定日　　年　　月　　日　　認定の有効期間　　年　　月　　日 ～　　年　　月　　日

要介護状態区分	要介護１ ・ 要介護２ ・ 要介護３ ・ 要介護４ ・ 要介護５
利用者及び家族の生活に対する意向	
介護認定審査会の意見及びサービスの種類の指定	
総合的な援助の方針	
生活援助中心型の算定理由	1. 一人暮らし　2. 家族等が障害、疾病等　3. その他（　　　）

居宅サービス計画について説明を受け、内容に同意し交付を受けました。	説明・同意日	年　月　日	利用者同意欄	

第　2　表

居宅サービス計画書（2）

利用者名＿＿＿＿＿＿＿＿＿＿殿

生活全般の解決すべき課題(ニーズ)	目標				援助内容					
	長期目標	(期間)	短期目標	(期間)	サービス内容	※1	サービス種別	※2	頻度	期間

※1　「保険給付の対象になるかどうかの区分」について、保険給付対象内サービスについては○印を付す。

※2　「当該サービス提供を行う事業所」について記入する。

第1表

施設サービス計画書（１）

作成年月日　　年　　月　　日

初回 ・ 紹介 ・ 継続　　　認定済 ・ 申請中

利用者名　　　　　　殿　　生年月日　　年　　月　　日　住所

施設サービス計画作成者氏名及び職種

施設サービス計画作成介護保険施設名及び所在地

施設サービス計画作成（変更）日　　年　　月　　日　初回施設サービス計画作成日　　年　　月　　日

認定日　　年　　月　　日　　認定の有効期間　　年　　月　　日 ～　　年　　月　　日

要介護状態区分	要介護1　要介護2 ・ 要介護3 ・ 要介護4 ・ 要介護5
利用者及び家族の生活に対する意向	
介護認定審査会の意見及びサービスの種類の指定	
総合的な援助の方針	

施設サービス計画について説明を受け、内容に同意し交付を受けました。	説明・同意日	年　月　日	利用者同意欄	

第2表

施設サービス計画書（2）

利用者名＿＿＿＿＿＿＿＿＿＿殿

生活全般の解決すべき課題（ニーズ）	目標				援助内容			
	長期目標	（期間）	短期目標	（期間）	サービス内容	担当者	頻度	期間

㈲　サービスの提供状況の確認

ⅰ　介護記録・看護記録等のサービス提供記録

居宅・施設サービス計画書どおりにサービスが実施されたか否かを，介護記録，看護記録等のサービスを提供したことを示す記録をチェックすべきである。

介護記録や看護記録に基づき，居宅又は施設サービス計画書⑵記載のサービス内容が，「頻度」の欄の記載のとおり実施されているかをチェックする。記載がなければ，基本的には，サービスを実施していなかったと一旦認定すべきである。権利保護施設としては，「指定介護老人福祉施設は，指定介護福祉施設サービスを提供した際には，提供した具体的なサービスの内容等を記録しなければならない。」（運営基準８条２項）と定められている以上，法令遵守の観点から，記録に記載されていないサービスは提供していないと判断せざるを得ないからである。ただ，包括的にサービスを提供する施設の場合，提供したサービス内容が多いことから，全てのサービス内容を記載することは困難である。そこで，職員からの聴取ではサービスを実施したと職員が説明した場合には，実施したサービス内容を記載できなかった理由を聴取して，実施の有無について事実認定することになる。

サービス提供時の利用者の様子の記載があれば，それもチェックすべきである。利用者に対して施設が提供するサービスの適切性をチェックする際の材料になるからである。つまり，利用者の様子により，サービスが利用者に対してどのような影響を及ぼしていたのかについて，推察することをとおして，サービス内容の適切性について評価できるからである。サービス内容の適切性をチェックする際の材料になる書類として，業務日誌（日報）や申し送りノートなどもある。また，食事量や排せつの有無・量，体重，体温・脈拍・血圧などのバイタルチェックの結果を記載した記録なども確認すべきである。

ⅱ　事故報告，ヒヤリハット記録

苦情内容が，サービス内容に関するものであれば，事故報告，ヒヤリハット記録を参考に，施設が防止すべき事故内容を想定し，その事故を防止するためのサービス計画を立てて，実施できていたか否かを確認すべきである。

㈪　その他

職員のサービスの技術に関する苦情の場合は，履歴書，研修計画，受講記録，研修報告書，人事評価表等を確認する。

苦情対象となっている職員が不明の場合には，勤務表等を確認する。

苦情内容が，施設が管理する金銭管理についてであれば，金銭管理契約書，通帳，出納帳等を確認する。

利用料やアクティビティ等の内容に関する苦情の場合には，契約書や重要事項説明書以外に，利用者への配布書類等を確認する。

7　苦情内容・方法に対する評価

⑴　事実の有無の判断（事実認定）

苦情受付時に聴取した苦情内容の事実の有無の判断にあたっては，職員が当該事実を認めたり，他の職員や利用者等がその当該事実を目撃している等のように，当該事実を認めるための直接証拠がある場合には，その証言に信用性が認められれば，施設は，当該事実があったことをそのまま認定できる。

当該事実があったと認める場合には，基本的には，「いつ」「どこで」「誰が」「誰から」「何をされたのか」等を，事実調査・確認の結果に基づき，できる限り特定することが必要である。

当該事実が存在したことを認める直接証拠がない場合には，当該事実の有無を推認するための間接的な事実の有無を認定して，認められた間接的な事実の積み重ねから，当該事実があったと認められるか否かを判断することになる。

⑵　苦情内容の事実の有無の判断にあたっての総合的判断

施設等としては，苦情として訴えられた内容は，利用者の権利等を侵害している可能性があることを考慮して，緩やかに事実として認めるべきである。例えば，②「いつ」，⑤「どこで」，①「誰が」については，厳密に日時，場所，職員を特定できなくとも，ある一定の期間内，場所的範囲で行われたり，サービス提供に従事する職員が行ったことは間違いないと判断できれば，当該事実があったと認めるべきである。また，④「どのような状況，場面において」，⑦「どのようなことがあったのか」については，当該職員が苦情内容の事実をそのまま認めなくても，認めた事実から推測して，おそらく当該事実があったであろうと思われる場合には，当該事実があったと認めるべきである。また，苦情内容の事実の有無の判断は，事実調査・確認によって明らかになった事実を総合的に判断して行うべきである。

このように，広く認定するのは，事実調査・確認の結果，苦情内容の事実があったとまで断定できないが，おそらく認められるのであれば，施設で今回調査対象となった苦情内容の事実又はそれに近い事実が惹き起こされることによって，利用者の権利等を侵害する可能性がある以上，施設としては，そのような苦情内容の事実が発生するのを防止することが必要になるからである。

⑶　認定した事実に基づいて，権利侵害の内容，程度を評価

上記⑴及び⑵により認められた具体的事実が，利用者のどのような権利を，どの程度侵害したといえるのかを評価すべきである。その具体的事実が，利用者の尊厳，心身や生活に対してどのような悪影響を及ぼしているのかという視点で，評価すべきである。すなわち，利用者の立場に立って，リアルに捉えて，全人格及び全生活の面から，利用者の身体面，精神面，行動面に対して何らかの悪影響を及ぼしていないか（あるいは及ぼすおそれはないか），それによって利用者の権利利益が侵害されているのではないかという視点で，具体的に想像しながら，重く受け止めることが必要である。

評価にあたっては，多職種で組織的に検討すべきである。

⑷　苦情方法の評価

苦情申出者が苦情を訴えた際の方法が，特に，苦情受付担当者が長時間拘束されたり，暴力，暴言，威嚇・脅迫等を受けたのかについて，事実を認定するとともに，不退去罪（刑法130条後段），暴行罪（刑法208条），脅迫罪（刑法222条），強要罪（刑法223条），威力業務妨害罪（刑法234条）に該当する可能性があった否かについて評価した上で，施設等としての対応方法を検討する必要がある。

⑸　原因分析

受け付けた苦情内容が真実であった場合，施設等が認定した事実が生じた原因を分析する必要がある。職員個人及び組織全体の問題があったか否かについて，真摯に原因分析すべきである。

認定した事実に至る経緯をできる限り特定した上で，利用者要因，介護者要因及び環境要因の観点から多角的に検討する。その際，施設等としては，職員個人の責任に矮小化せずに，組織的課題へとつなげることが重要である。組織として，事前にその職員個人の課題・問題に気付けなかったのか，その職員が相談しやすい職場環境であったのか，その職員に対してフォローしたり，アドバイスできなかったのか，その職員の誤った考えや知識・技能不足等に対して適切な研修や指導を行っていたのか等についても目配せしながら，他の同僚職員や上司も含めた組織の問題，施設の管理運営体制などの背景要因を多角的かつ具体的に分析すべきである。その職員の考え方，知識，技能等は，組織に影響を受けて形成されるものであるので，決して個人の問題に矮小化してはならない。なお，原因（課題）分析の組織的検討の詳細は，松宮124～143頁を参照。

8　対応方針の決定→報告・解決に向けての話合い

⑴　苦情解決に向けての話合いに関する指針

○　苦情解決責任者は苦情申出人との話し合いによる解決に努める。その際，苦情申出人又は苦情解決責任者は必要に応じて第三者委員の助言を求めることができる。

○　第三者委員の立会いによる苦情申出人と苦情解決責任者の話し合いは，次により行う。

ア　第三者委員による苦情内容の確認

イ　第三者委員による解決案の調整，助言

ウ　話し合いの結果や改善事項等の書面での記録と確認

なお，苦情解決責任者も第三者委員の立会いを要請することができる。

⑵　各論

ア　説明

まず，事実の調査方法，調査の順番，調査結果に基づき確認できた事実の内容の３点を懇切丁寧に利用者又はその家族等に説明する。調査・確認した結果，得られた事実や知り得た制度等に関する内容について，説明するだけではなく，事実や制度に関する調査・確認の方法についても説明すべきである。

調査・確認した結果，得られた事実について，苦情内容の事実がそのまま認められない場合には，どのような事実が認められたのか，その認められた事実からどこまでは苦情内容の事実があったと推測できるのかについて，丁寧に説明すべきである。

イ　説明に対する意見の聴取

説明の後，利用者又はその家族に，説明した事実関係で異なる点を指摘してもらい，どの点が異なるのかを明確にし，証拠となりうるものを指摘してもらい，今後の事実調査の可否について検討する。また，確認できた事実を踏まえて，苦情申出者に，再度，希望を確認する。

ウ　謝罪

まず，精神的苦痛に対する謝罪を求められた場合には，誤解を与えた，気分を害したことについては，苦痛を受けた者の気持ちになって，（繰り返し）謝罪する。

他の謝罪については，確認できた事実を踏まえて，不適切な点があれば，その点を明確にし，かつその点に限定して，謝罪する。謝罪内容の特定を間違えると，怒りを増長させる場合があり，要注意であるので，謝罪する場合は，謝罪対象を特定・明確にするとともに苦情申出者の意図に沿う必要がある。ただ，職員に故意・過失が認められない不可避的な場合には，結果的に不快な思い等を利用者にさせてしまったことに対する謝罪にとどめ，苦情内容の事実の行為については謝罪できないことも明言することも必要である。

エ　改善策

利用者又はその家族から，サービスの改善を求められている場合には，できることとできないことを区別すべきである。改善可能な内容であれば，改善する。ただ，その改善の流れを明確にすべきである。サービス担当者会議を開催する等して，改善内容を個別支援計画書等に書面化する。改善困難な内容であれば，なぜ困難であるかを懇切丁寧にわかりやすく，粘り強く説明する。その際，制度，事業の目的，性格，運営方針等に基づいて説明する。改善できない場合には，なぜできないのかを懇切丁寧に粘り強く理由を説明するだけではなく，できれば代替案を提案し，少しでも利用者等の意思に沿うサービス展開につなげていく必要がある。

オ　賠償・補償

苦情内容の事実について，広く認めたとしても，謝罪や改善策を講じることに加えて，金銭を出すのは別に考えるべきである。金銭支払を行う場合には，相当の根拠が必要である。金銭支払まで緩やかに認めてしまうと，それがきっかけとなり，モンスタークレーマーへと育ててしまうこともあるので，保険が適用できるか否かを検討したり，内部の規程に基づき見舞金等があれば，それを活用できるか否かを検討する。見舞金額を超えて金銭を求められた場合には，過失が認められなければ，支払を拒絶する。また，保険が適用されなければ，調停や訴え等により裁判所等の信頼できる公的機関に判断してもらうことが重要である。見舞金制度や保険を超えて，金銭を求められた場合には，確認できた事実を踏まえて，懇切丁寧にわかりやすく，粘り強く，拒絶理由について説明するとともに，今後の解決手続（調停，訴訟等）を示すことになろう。本書 166 ～ 167 頁・ウ参照。

カ　再発防止策

適切な調査・確認に基づいた説明，改善策や賠償・補償についての回答に引き続いて，権利保護施設としては，例えば，今回の苦情の対象となった事実が発生した問題点を分析するとともに，その問題点（組織及び個人）を是正し，同種の苦情の発生を予防する対応をとることが望ましい。

本書 87 頁・(5)の原因（課題）分析を踏まえて，マニュアルの改訂，指導，研修の実施，サービス計画書への反映等を検討する。なお，再発防止策の組織的検討の詳細は，松宮 144 ～ 147 頁を参照。

キ　話合いをする際の注意点

苦情申出者が苦情を訴えた際の方法が刑法に反する等の問題があったと評価した場合には，事前に警察に相談をしておき，再び，問題行動があれば，通報し速やかに駆けつけてもらえるように準備したり，対応する職員は必ず２名以上とし，録音を行い，何かあればブザー等で他の職員に伝えられるようにし，それを聞いた職員が警察に通報する，場合によっては，他の職員も応援に駆けつけ暴力を振るっている苦情申出者を押さえる，など，話合いを行う職員の安全を確保するようにしておく必要がある。

ク　第三者委員の活用

利用者又はその家族等と事業者との間での話合いのみで，円満な苦情解決に至るのは難しい場合がある。利用者又はその家族等は，障がい特性等により，苦情内容や要望を伝えたり，解決策に向けた交渉する能力が十分でなかったり，他方で事業者は苦情内容を冷静かつ真摯に受け止め，適切に対応することが難しいことがあるからである。そこで，第三者委員は，円滑・円満な苦情解決を図るために，公正・中立な立場で，利用者等の障がい特性等に配慮して，事業者が吸い上げることができなかった，利用者又はその家族等の思いを十分に汲み取るとともに，事業者に対して，専門家の視点から気付いた点を積極的に助言することにより，事業者のサービスの質の向上につなげていくことが求められている。それゆえ，事業者としては，利用者又はその家族等から直接第三者委員に相談（苦情）があった場合だけではなく，事業者が利用者又はその家族等から苦情を受け付けた場合であっても，利用者又はその家族等の同意を得た上で，円滑・円満な苦情解決につなげるために，第三者委員を積極的に活用することを検討すべきである。第三者委員を活用する場合も，苦情受付，事実調査・確認，対応方針の決定，苦情内容・方法に対する評価，及び報告と解決に向けての話合いは，これまで述べたことを行うことで足りる。

９　解決策の実施→改善策の実施状況の把握及びその評価→終結

苦情申出者と事業者との間で合意に至った解決策について，事業者は期限を決めて実施する。苦情申出者が，施設が提案した解決策を受け入れなかった場合であっても，利用者の権利を守るために，施設が提案した賠償・補償以外の解決策は期限を決めて実施すべきである。苦情受付後，事業者が真摯に対応していることを，苦情申出者が知ることより，円満な苦情解決に至る可能性が高まるからである。

次に，苦情解決責任者は，決められたとおりに解決策が実施されているかを把握するとともに，利用者の心身の状況を観察して，解決策の実施により，利用者の権利侵害や不利益な状況は改善されたのか否かについて，評価する必要がある。

苦情解決責任者は終結についても判断すべきである。苦情申出者が，施設が提案した解決策を受け入れ，苦情の対象となった事実が発生した原因に対する改善策の実施により，苦情の対象となった事実が発生する可能性が低くなっており，苦情申出者がその改善策に満足している場合には，苦情対応は終結したと判断して，記録しておくことが望ましい。

苦情申出者が，施設が提案した解決策を拒否した場合には，その苦情対応は，終結したとはいえず，苦情申出者には，別の方法での解決方法を知らせることが望ましい。これまでの内容を記録し，引き続き施設サービスを利用している場合には，施設として可能な改善策を実施した上で，利用者の心身の状況を観察や，利用者又はその家族からの訴えを傾聴しながら，３か月程度様子を見て，特に訴えがなければ終結と判断してもよいと思われる。

また，今回の苦情を受けて，他の利用者等にも当てはまるか否かを検討し，当てはまる場合には，他の利用者等にも改善されたサービスを提供していくことが望ましい。

10　記録・集約・共有・公表

⑴　指針

■苦情解決の記録，報告

○苦情解決や改善を重ねることにより，サービスの質が高まり，運営の適正化が確保される。これらを実効あるものとするため，記録と報告を積み重ねるようにする。

ア　苦情受付担当者は，苦情受付から解決・改善までの経過と結果について書面に記録する。

イ　苦情解決責任者は，一定期間毎に苦情解決結果について，第三者委員に報告し，必要な助言を受ける。

ウ　苦情解決責任者は，苦情申出人に改善を約束した事項について，苦情申出人及び第三者委員に対して，一定期間後に報告する。

■解決結果の公表

○利用者によるサービスの選択や事業者によるサービスの質や信頼性の向上を図るため，個人情報に関するものを除き，インターネットを活用した方法のほか，「事業報告書」や「広報誌」等に実績を掲載し，公表する。

⑵　記録

苦情受付から解決・改善までの経過と結果について書面（苦情経過記録）に記録することにより，今後の苦情対応を適切に行うために今回の苦情対応について組織的に検討する，研修に活用する，マニュアル等に反映させる，事例を共有する，その一部を公表する，など様々な形で，積極的に活用できるので，必ず記録化しておくべきである。

⑶　集約・共有

苦情事例を集約したり，共有することにより，組織的取組みにつなげていく必要がある。

すなわち，職員が利用者に対して適切に支援できるように指導・研修する義務（業務マニュアルの作成，研修・OJTのあり方，人事考課のあり方）や各職種及び各職位等に応じて適切に役割分担をする義務，施設内の場所等に利用者の安全を確認する人員を配置する義務，苦情原因となりうる支援方法につき，適任の人員を配置する義務，職員が支援方法等について相談しやすい職場環境を整備する義務，施設内の危険な場所に入ることができないように安全装置を設置する義務などは，施設の１ユニットなどの１つの部署の介護士のみで解決できる課題では無い以上，多職種が参加するのはもちろん，施設長，ひいては理事長なども参加して検討すべきである。苦情解決責任者は，苦情事例を集約し，職員間で単に共有するだけでなく，職員個人の問題に矮小化することなく，潜んでいる組織的課題を見落としてはならないという観点から，原因・課題分析を行うとともに，再発防止策を計画及び実行していかなければならない。さらに，計画の実施状況を把握するとともに，改善状況についても評価して，さらなる実効性のある再発防止策を検討する必要がある。

⑷　公表

苦情とその対応を公表することにより，同種又は類似の不利益等を被っている利用者やその家族が，自らの不利益等を施設等に言いやすくなる，他のことであっても，施設等に言えば，施設等は今の状況を改善してくれると信頼し，意見等を言いやすくなる，苦情や要望等がなかったとしても，自分が利用している施設等は信頼できると思うことができ安心できる，などの効果があるので，積極的に公表すべきである。

第２　事例の解説

１　苦情受付

○年 10 月 16 日午前 10 時から，施設の相談室で聴き取りを始めた。苦情申出者はＢとその夫Ｃ，その子Ｄであった。

⑴　苦情受付の趣旨の説明

甲は，冒頭で，施設としては，今回の件は，ヘルパーの横領又は窃盗，経済的虐待などの可能性のある重大な問題だと捉えているので，通常，甲のみが受付を行うところ，甲に加えて，施設長Ｚと，訪問介護のサービス担当責任者Ｐ，ケアマネジャーＲも同席することになったこと，多額の現金が引き出された経緯等の真相を解明して，しかるべき対応をしていきたい旨について説明した。

施設側の出席人数が４人と多いので，Ｂらの同意を得た。なお，施設側の出席人数は通常２人が望ましい。１人の職員の対応にミスがあった場合に，もう１人の職員がフォローできたり，苦情申出者から威圧的な態度等があれば毅然と対応できる可能性が高まること，苦情の聴き取り内容について，より正確性を期すことができるなど，メリットがあるからである。他方，施設側の人数が多いと相手方に圧迫感を与えることになりかねないので，３人以上で対応する場合には，苦情申出者にその必要性を説明して同意を得るなどした方がよいであろう。

⑵　苦情内容を具体的に聴取する（聴取した内容）

Ｂは，まず，通帳をＺらに見せながら，今年の１月５日から 10 月 10 日までに，１回につき 20 万円の引出しが，42 回にわたり，合計 840 万円が引き出されていること，１月４日当時の預金残高が 1000 万円（全財産）であったところ，現在，残り 210 万円になっていること（月額 15 万円の年金が，１月から 10 月までで 150 万円振り込まれている。月額家賃５万円と水道光熱費，ヘルパー・デイサービス利用料の引落合計額が５万円であるので，１月から 10 月までの諸経費は 100 万円である。），１月４日までは，２年間の１か月当たりの引出額は，６万円であったこと，ＢがＡに対して合計840万円が引き出されていることを説明したとき，Ａは「何も知らない」と答えたこと，通帳はベッドの枕元にある黒いカバンの中に入っていたこと，キャッシュカードは，玄関のドアの内側に貼ったフックにかけられた手提げカバンの中の黒い財布に入っていたこと，その手提げカバンの中には，領収書が別のノートに貼ってあったので，Ｂが領収書等を確認して，事実関係を整理したところ，１月５日以降の１月から９月までの平均使用額が３万円，10月１日から10日までの使用額が１万円であったこと，現金が２万円あったこと（手提げカバンへの入金合計額は30万円）などを説明した。

Ｂは，昨年12月10日に訪問介護サービスの利用を開始し，その翌月からこれまでの引出額を大幅に超える多額の引出しがされていること，40歳代と思われる女性のヘルパーが，活動時間前の午前８時台や活動時間後の午後７時台などに来ているというＡ宅の近所の方の話から，ヘルパーが盗った可能性が高いと思われるので，賠償をしてほしいと説明した。

⑶　苦情内容の確認

甲は，Ｂに対して，苦情内容となる具体的な事実関係を確認したところ，次のとおりであった。①40歳代と思われる女性のヘルパーが，②今年の１月５日から10月10日まで，③Ａに対して，④Ａの買物をするなどの場面において，⑤Ａ宅で，⑥訪問介護サービス提供中に，⑦Ａ名義の口座から，１回につき20万円の引出しが，42回にわたり，合計840万円が引き出されて，そのお金をヘルパーが着服又は盗った，⑧被害額は引出合計額840万円から入金合計額30万円を控除した810万円であるとのことであった。①の職員が誰かについて特定できていないので，甲は他に情報がないかをＢに確認したが，他にはないとのことであった。

⑨Ｂが望んでいることは，誰がお金を引き出して，誰が盗ったのか，又は，誰も盗っていないのであれば使途不明金の810万円を何に使ったのか，ヘルパーの金銭管理状況を調査して，その結果を説明すること，なぜ，このようなことが起こったのかについて原因を解明するとともに，改善策（今後一切使途不明金が発生しないように適切に金銭管理をするための方法）を

示すこと，レシート以外にAのために使ったことが証明できないのであれば，810万円を賠償すること，Aに謝罪することであった。

⑷　証拠関係や真相解明の方法の整理

今回の苦情は，ヘルパーによる金銭の着服等の領得行為に関するものであるので，特に，お金の動きが重要となる。引出状況は，通帳である程度わかるが，引出時刻まではわからない。引出時刻がわからないと，どのヘルパーの活動時間帯に引出しがあったかがわからないので，引出しをしたヘルパーの特定が困難になる。そこで，通帳には引出日に「カード」と印字されているので，キャッシュカードで引き出していると思われ，その場合には，銀行で引出時刻を教えてもらえると思うから，その調査を甲はBに依頼した。Bは，当日，Aと窓口に行って，引出時刻，その額，ATMの場所などをまとめた書類をもらってくることを約束した。

引出時刻がわかれば，ヘルパーの活動記録と照合させたり，A宅で活動したヘルパー全員からの聴き取りにより，引出者を特定することができると思われる。

次に，引出者が特定できれば，その者から使途等を聴取する。

さらに，他にA宅に入った人がいたか，Aが外出して現金を引き出したりお金を使うことがあったか，キャッシュカードの保管状況，金銭管理の方法などについて，関係職員全員から聴取する。BもA宅の近隣の知り合いなどから聴くことになった。

⑸　当面の改善策の提示

調査が完了するまで，現状をそのまま放置できないので，Zは，Bに対して，キャッシュカードはBが保管し，必要な額を金庫に入れてもらい，現金出納帳を作成して，現在の残高を書いてもらった後，ヘルパーが買物をした場合には，レシートをノートへ貼付するとともに，現金出納帳に出金（使用）額とその使用額を示すレシートや領収書の番号を書くなどすることを提案し，Bは了承した。

（現金出納帳の例）

日付	担当者	内容	入金（円）	出金（円）	残高（円）
R○・10・16	B		50,000		50,000
R○・10・17	○○	レシートや領収書の番号を書く①		5,000	45,000
……	……	……	……	……	……

⑹　今後の流れ

Bの希望として，まずは，上記①から⑦までの事実関係について，調査して，その結果を説明してほしいとのことであったので，1週間後の10月23日に，説明することになった。そのときまでに，ヘルパーによる領得が判明し，当該ヘルパーに対して処分した場合についても説明することになった。

ヘルパーによる領得が判明した場合には，賠償額の提案も併せてしてほしとのことであった。原因解明のために，居宅サービス計画書，サービス担当者会議議事録，居宅介護支援経過記録，訪問介護計画書，サービス提供記録簿などの書面を確認すること，ケアマネジャーR，訪問介護のサービス担当責任者P，地域包括支援センターの担当者Sなどからも事情を聴取することにした。これらの聴取に1週間程度要する旨の説明をし，11月7日に，調査結果や補償額の提案（ヘルパーによる領得が判明した場合）をすることになった。

2　苦情受付後の施設内での話合い

Bらが帰った後，当日，甲とZは，サービス担当責任者P，ケアマネジャーRと話をした。

Rは，昨年12月10日当時，Aは居室内であれば車いすで移動可能であったが，屋外ではもはや1人で外出できない状態であったために，買物はヘルパーが週に2，3回程度実施する計画になっていた。Aは1人では現金の引出しもできない状態であったので，時間の節約のために，ヘルパーQにAから聞いたキャッシュカードの暗証番号を教えてＱに現金を引き出すように頼んでいた。Ｑと40歳代と思われる女性のヘルパーというＢの説明は整合していると思われる。

Ｐは，ヘルパーによる金銭管理については特に決めておらず，キャッシュカードや現金は，黒い財布の中に入れ，領収書はノートに貼ること，これらを玄関のドアの内側にフックを貼り，そのフックに手提げカバンをかけて，その中に入れておくことだけを決めて実施しており，現金出納帳を作成したり，ＰがＱらヘルパーに対して金銭管理について指導したり，金銭管理状況についてチェックすることはなかったと説明した。さらに，今年の４月１日から，ヘルパーが玄関でベルを鳴らしてもＡが玄関の鍵を開けてくれないので，Ａ宅で活動するヘルパー７人全員に合鍵を作って渡していたと説明した。合鍵の作製費用はＡの財布に入っていた現金から徴取した。

3　苦情解決責任者等への報告

甲とＺは，苦情解決責任者Ｏに対して，重大な案件であったので，迅速性を重視して相談受付票を記載せずに，上記１及び２について，当日，口頭で報告をした。

4　初動期対応の方針の決定

(1)　重大性の評価

事実関係の調査・確認から対応方針の決定までのスピードや事実関係の調査・確認の範囲・程度は，苦情内容の重大性や今後も利用者に対する権利侵害が続く可能性の大きさなどで判断する必要がある。

上記１及び２についての説明を受けたＯは，Ａが玄関の鍵を開けることができなくなった今年の４月以降も，月額40万円程度が今日まで継続して引き出されていることから，職員が引き出した可能性が高いこと，そうであるなら，重大な不祥事であり，今後も引出しが続く可能性があることから，迅速かつ適切に対応する必要があると甲とＺに対して説明した。そこで，ＯはＺに対して，Ｒの説明から推測すると，Ｑが引き出していた可能性が高いので，ＱのＡ宅でのヘルパー活動を停止するように指示した。

また，Ｏは，Ａの立場から考えると，1000万円あった預金が残り210

万円になっており，Ａのショックは大きく，将来に対する不安が大きくなり，信用していたヘルパーに裏切られ人間不信になるなど，Ａの気持ちや，Ｂの気持ちも考えると，本当に申し訳ないことをしたと甲とＺに語った。Ｏは，以上のように考えて，甲とＺに対して，今回の苦情内容を重く受け止めて，真摯に対応するように指示した。

⑵　当面の改善策

調査結果が出るまで，ＱのＡ宅での活動を停止する。Ｚが提案した当面の改善策（96頁・⑸）を今日から実施する。

⑶　事実関係の調査・確認

事実関係の調査・確認は，Ｏは甲に対して，ヘルパーの活動記録やサービス提供記録簿を参考に，時系列順に，初回訪問時から10月10日までのＡ宅で活動したヘルパーの氏名と活動時間帯，買物等の現金を取り扱ったことの記載があればそれも書いた一覧表を作成するように命じた。また，事実関係の調査・確認は，Ｂが銀行から取得した引出時刻がわかる書類を施設に送付してきた後，その一覧表に，引出時刻，引出金額，引き出したATMの設置場所を記載するように命じた。

ＯはＺに対して，Ｐと２人で，Ｑ以外のヘルパー全員から，暗証番号を知っていたか，ドアの内側のフックにかけてあった手提げカバン内の黒財布の現金やキャッシュカードの取扱い方法，買物等を行う際にお金のことで不自然に思ったこと，Ｑも含めた他のヘルパーのことで気になることなどを聴取するように命じた。

これらを，当日を含めて３日以内に行うように命じた。

⑷　経済的虐待について

ア　定義

経済的虐待とは，高齢者の財産を不当に処分することその他当該高齢者から不当に財産上の利益を得ること（防止法２条５項１号ホ），マニュアルでは，「本人の合意なしに財産や金銭を使用し，本人の希望する金銭の使用を理由なく制限すること。」と定めている（H30マニュアル９頁のｖ）。

条文上の「不当に」とは，高齢者の意思，つまり，自らの財産を使用・収益・処分する意思に反する場合をいう。そこで，H30マニュアルでは，「本人の合意なしに」と捉えたと思われる。

また，「処分」の典型例としては，本人の財産や金銭を処理し，その形を変えてしまう場合，つまり，費消した場合などを念頭に置いていると思われる。ただ，H30マニュアルでは，「本人の希望する金銭の使用を理由なく制限すること」も含んでいる。これは，仮に施設従事者が本人の金銭を職員のために費消していなくとも，本人の生活に必要なお金を渡さないのであれば，利用者本人は，自らの財産を積極的に有効活用できないことにより，本人の資産状況に応じた，本人が望んでいる生活を日々送ることができないという点では，費消した場合と実質的には同じであると評価したからだと思われる。虐待該当性判断の本質が，「高齢者が他者からの不適切な扱いにより権利利益を侵害される状態や生命，健康，生活が損なわれるような状態に置かれること」という点にあること（H30マニュアル３頁の2)）を踏まえれば，実質的には，金銭・財産等の着服・窃盗等のように本人の財産を減らした場合と，財産は減ってはいないものの，生活に必要なお金を渡さない場合とでは，日常的には，本来本人のために使うことのできる金銭を使うことができないために，「生活が損なわれるような状態」であることに変わりはないといえよう。

「財産上の利益を得る」とは，無断で使う等の処分以外の方法で，施設従事者等が何らかの財産上の利益を得ることをいう。

イ　経済的虐待の例

経済的虐待の例として，事業所に金銭を寄付・贈与するよう強要する。金銭・財産等の着服・窃盗等（高齢者のお金を盗む，無断で使う，処分する，無断流用する，おつりを渡さない）。立場を利用して，「お金を貸してほしい」と頼み，借りる。日常的に使用するお金を不当に制限する，生活に必要なお金を渡さない。などが挙げられる（H30マニュアル９頁のｖ）。

ウ　本人の希望する金銭の使用を理由なく制限することの考え方

虐待該当性判断の本質が，「高齢者が他者からの不適切な扱いにより権利利益を侵害される状態や生命，健康，生活が損なわれるような状態に置かれること」にあることから，「本人の希望する金銭の使用を理由なく制限すること」に当たるか否かを判断する際には，まず，利用者の収入・資産状況を明確にして，その収入・資産状況の範囲内で，利用者の意思を踏まえて，有効に財産を活用した場合に，どのような生活を送ることができるかをイメージすることが重要である。何も利用者の財産活用を制限する事情がなければ，客観的には，利用者の収入・資産状況の範囲内で，そのイメージした生活を送ることができるにもかかわらず，送ることができず，制限している原因が，施設従事者等に帰因するのであれば，施設従事者等による経済的虐待であると認定すべきであろう。

エ　経済的虐待の認定

経済的虐待の場合，上記の経済的虐待の例のうち，金銭・財産等の着服・窃盗等のような場合，財産が移動していることはわかりやすいので，比較的判断しやすい面がある。ただ，市区町村から虐待対応について法的な助言が求められる会議や研修等の場で，市区町村の職員らが，経済的虐待の場合，100％間違いないというレベルでないと経済的虐待として認定できないというように，誤解しているように思うことがある。

しかし，7，8割程度領得したといえるのであれば，経済的虐待と認定してよいと考えるべきである。理由は以下のとおりである。おそらく，100％間違いないというレベルまで必要であるとの考えを持つ者の根底には，「虐待」という以上，刑法等の犯罪のように，厳密に認定すべきという発想があると思われる。しかし，刑法等の犯罪の認定とは異なり，養介護施設従事者等による経済的虐待を認定すること自体からは，事業の停止処分等，事業者に対する不利益は当然には発生しない。経済的虐待と認定されれば，［改善計画書の提出］→評価→さらなる改善の必要性ありとの判断→［改善勧告］→評価→さらなる改善の必要性ありとの判断→［改善命令］→評価→さらなる改善の必要性ありとの判断→［停止等］へと手続が流れていく。この過程の中で，事業者が早期に改善できれば特に不利益は発生しない。また，何よりも，高齢者が最期まで自分らしく豊かに生活していくための，財政的基盤ともいうべき財産を自由に使うことができる環境を確保することが，最優先されるべきで，100％間違いないというレベルではないという理由で，経済的虐待の認定を躊躇してはならない。さらに，養介護施設従事者等による高齢者虐待防止の目的には，「適正な運営を確保することにより……高齢者の保護を図る」ことが挙げられる（防止法24条）。

よって，施設としては，養介護施設従事者等が，利用者の金銭を領得する等の可能性の方が高いといえれば，広く経済的虐待と捉えて，市区町村に通報すべきである。このように考える方が，施設は，今後の対応の中で，現状を改善し，事業者のサービスの質を向上していければ，中長期的には，事業者の経営等の改善につながり，事業者にとってもメリットさえあるからである。

オ　本事例の場合

㈠　大きな見立て

Ａ名義の預金から840万円が引き出されており，その現金がＡ宅には存在しないこと，ヘルパー，ケアマネジャー以外に訪問者がいないと考えられることから，第三者が盗ったり，Ａが現金を第三者に渡したとは考え難いこと，810万円が使途不明金であると考えられることから，ヘルパー等が着服し，自分のほしいままにした可能性が高いといえるので不当な処分に当たる可能性が高い。

㈡　虐待者（着服等金銭を自分のものにした者）が誰かを特定できない場合でも虐待に当たる

現時点では，誰が着服したのかまでは特定できない。810万円が使途不明金となっているので，誰も着服していないのであれば本来ならＡ宅にあるべきである。しかし，Ａ宅内には存在しない。では，誰かがこの使途不明金を持ち出したかということになる。その可能性が高いのは，預金を引き出した者である。仮に，ヘルパーが引出しの事実さえ否認していたとしても，Ａ名義の口座の取引履歴（引出日・時間・引出場所・額がわかることもある。）を入手し，ヘルパーの活動記録等の記録から，ヘルパー，ケアマネジャーの訪問日・時間帯を調査して，取引履歴と照合すれば，ある特定のヘルパーに絞ることができるはずである。次に，ヘルパーは引き出した後，Ａに渡した等の反論が考えられる。仮にこの反論が真実であれば，Ａ宅内には存在しないのであるから，ヘルパー以外の誰かが持ち去ったことになる。ヘルパー，ケアマネジャー以外に訪問者はいないことから，他のヘルパー，ケアマネジャーが持ち去った可能性が極めて高いということになる。引出日・引出時間の直後に訪問したヘルパー等の活動記録や聴き取り調査を行い，これらの者が，まとまった現金入りの封筒を見たことさえないということであれば，預金を引き出したヘルパー以外に持ち去った者は考えられないといえよう。

よって，Ａの口座から預金を引き出していたのは，ヘルパーであったことから，いくらヘルパーが否認したとしても，そのヘルパーが使途不明金を持ち出した可能性が極めて高いので，経済的虐待と認定してよいであろう。

さらに，経済的虐待と認定する際には，特定のヘルパーが持ち去ったことまで認定する必要はないともいえよう。老人福祉法等の「権限」行使の対象は，あくまで事業者であるので，経済的虐待の場合，事業者の職員の誰かが虐待をしたことが認められればよいであろう。身体的虐待の場合には，誰が行ったのかを特定しなければ，改善が困難であるが，経済的虐待の場合には，成年後見人等の第三者が適切に財産管理をすれば，経済的虐待を防止することができたのであるから，養介護施設従事者等の誰かが虐待していると認定できれば，虐待対応が可能だからである。なお，R1 虐待調査結果でも，令和元年度に，虐待の事実が認められた事例の総数は 644 件であり，そのうち，虐待者が特定できなかった事件が 72 件あることが報告されている（R1 虐待調査結果添付資料６，９頁）。

㈦　贈与の場合（虐待者が受贈したと言っている場合）

後日，施設によるヘルパーＱに対する聴き取りにより，Ｑが 100 万円程度をもらったと証言していることがわかったとしよう。贈与の場合，「事業所に金銭を寄付・贈与するよう強要する」場合が，経済的虐待の例であるので，強要か否かが問題となる。強要も利用者の意思に反していることを意味するので，贈与した側の利用者の意思の真摯性が問題となる。ＡはＱとは他人であり，通常は，ヘルパーに対して100万円程度の高額な贈与をするとは考えにくいので，当時の利用者の判断能力を把握する必要がある。他人であるヘルパーに対して100万円もの高額な金銭を贈与することの意味を十分に理解することができる程度の判断能力を調査する必要がある。

ケアマネジャーＲが確認したところ，昨年11月○日付主治医意見書には，「短期記憶」の欄につき「問題あり」，「日常の意思決定を行うための認知能力」の欄には「見守りが必要」，「自分の意思の伝達能力」欄には「具体的要求に限られる」にチェックがあり，「長谷川式知能評価10／30」，認知症高齢者の日常生活自立度は，Ⅲａと記載されていた。このような状況であれば，後見相当のレベルであるので，上記の判断能力は認められないと思われる。よって，Ｑは，仮にＡから「お金をあげる。」と言われたとしても，Ａの上記の状態を考慮に入れて，Ａの真意を第三者立会いのもと慎重に確認する必要があったにもかかわらず，Ａが認知症であることを奇貨として，安易に受け取っていたといえるので，Ａの真意に沿っていない可能性が高いことから，経済的虐待と認定すべきである。

なお，Ｑは，訪問介護サービスを提供する立場にある以上，訪問介護の重要事項説明書では，金銭をもらうことを禁止していることが多いので（「訪問介護員の禁止行為」として，「利用者又は家族からの金銭，物品，飲食の授受」が明記されている。），金銭をもらうこと自体は事業者と利用者の契約に反することになろう。

⑸　通報

ＯはＺに対して，現時点で，施設従事者の誰かがＡの現金を着服した可能性が高いといえるので，市区町村に通報して，市区町村の指示を仰ぐように命令した。

⑹　賠償

ＯはＺに対して，ヘルパーの着服について，責任賠償保険が適用できるかについて，保険会社と相談するように命令した。

５　事実関係の調査・確認

⑴　現金の動きに関する各種記録

甲が作成した時系列順に，初回訪問時から苦情受付前までのＡ宅で活動したヘルパーの氏名と活動時間帯，買物等の現金を取り扱ったことの記載，引出時刻，引出金額，引き出したATMの設置場所等を記載した一覧表（下記の表参照）をみると，今年の１月５日から３月31日までの引出時刻とＱの活動時間帯が一致していた。４月１日から10月10日までは，ヘルパーの活動時間外である午前８時や活動後の午後６時台などで引き出されていた。しかも，Ｑは６月５日から27日まで３週間ほど入院していたが，その間は引出しがなかった。

また，１月５日付Ｑ作成のサービス提供記録簿には，20万円をカードで引き出した旨の記載があった。

（参考）一覧表

預金口座の出金履歴				ヘルパーの活動記録		
引出日	引出時刻	引出金額	引出場所	ヘルパー名	活動時間	備考
１月５日	午前11時10分	20万円	○支店	Ｑ	午前11時から12時	20万円をカードで引出した
……	……	……	……	……	……	……
３月30日	午前11時10分	20万円	○支店	Ｑ	午前11時から12時	記載なし
４月13日	午前８時25分	20万円	コンビニ	Ｑ	午前11時から12時	記載なし
……	……	……	……	……	……	……
６月１日	午前11時10分	20万円	○支店	Ｑ	午前11時から12時	記載なし
６月４日	午前８時８分	20万円	コンビニ	Ｔ	午前11時から12時	記載なし
６月28日	午前８時15分	20万円	コンビニ	Ｕ	午前11時から12時	記載なし
……	……	……	……	……	……	……
10月10日	午後６時15分	20万円	コンビニ	Ｔ	午後５時から６時	記載なし

⑵　職員からの聴取

ア　ケアマネジャーR

ケアマネジャーRによると，A宅のエアコンと冷蔵庫が故障し，至急購入の必要性が生じたので，Aの所持金が少なかったことから，1月5日にQに対して20万円を引き出すように頼み，そのお金でエアコンと冷蔵庫，さらに火事の防止のためにIH電磁調理器等を購入して，故障した物は廃棄したこと，引出しを頼んだときに，Qに暗証番号を教えたとのことであった。

また，前年12月20日には，Aでは金銭管理が難しいと思い，地域包括支援センター担当者Sに財産管理の相談をしたが，日常生活支援事業は費用負担があったため，Aより「考えておきます」という返事であったので，その後，親族Bへの連絡先を知っていたにもかかわらず，成年後見制度等の必要性についてBに連絡していなかったことが判明した。

イ　他のヘルパーら

他のヘルパーらの話を総合すると，Q以外のヘルパーらは，暗証番号を知らなかったこと，現金を引き出したことはないこと，いつのまにか現金が補充されていたので誰かが引き出していると思っていたが誰が引き出していたかは知らなかったこと，活動時間以外に鍵を使ったことはないこと，20万円が入った現金入りの封筒等を見たことはないこと，誰も金銭管理についての説明や指導を受けていないこと，Y施設の職員以外にA宅を訪問した人はいないと思われること，Qは5月に原付バイク（これまでは自転車を使用）を購入したり，7月に転居するなどお金を使うことが増えていたこと，などを聴取した。

ウ　地域包括支援センター担当者S

他に，地域包括支援センター担当者Sから，Aに対して前年12月20日にRと一緒に金銭管理の一つである日常生活支援事業について説明したが，そのときは「考えておきます」という返事であったので，適切に金銭管理ができるように，当面1か月に1回程度訪問すると記録に書いて，そのつもりであったが，何かと忙しく一度も行っていないことを聴取した。

エ　ヘルパーＱ

Ｑは，300万円程度自分が引き出したことがあることを認めたものの，総額840万円を引き出した事実は否定した，Ａの現金を着服したことはないこと，Ａに言われて日常品を購入したことがあったが手提げカバンにレシート等は入れていないこと，Ｒから暗証番号を教えてもらったこと，ヘルパーの活動時間外に差し入れをするためにＡ宅に訪問したことがあったこと，いつかは不明であるが，100万円程度はＡからもらった，などと説明した。

⑶　その他の調査

ア　Ａ宅の捜索

Ａ及びＢに同意を得て，Ａ宅内を全て探したが，手提げカバン以外に現金は発見できなかった。銀行の封筒も発見できなかった。

イ　手引き等の調査

原因分析と再発防止策を検討するために，Ｐが，訪問介護の買物サービスの留意点を記載した手引きを探していたら，「訪問介護の手引き」（平成31年４月　兵庫県）が見つかった。そこには，次のように記載されていた。

「生活援助の買物代行は生活援助に位置づけられているが，その注意点は？」

→「訪問介護員が買物代行を行う場合には，以下の点に注意する。

① 生活援助は，利用者が単身，家族が障がい・疾病などのため本人や家族が家事を行うことが困難な場合等に行われる。

② 生業の援助的な行為は生活援助の内容に含まれないことから，例えば販売するための商品等生業のために必要な物品の買物代行は含まれない。

③ 直接，本人の日常生活の援助に属さないと判断される行為は生活援助の内容に含まれないことから，日常品の範囲を超える趣味性の高いもの等の買物代行は含まれない。

④　金銭を預かる際には，必ずしも預かり証を発行する必要はないが，利用者・家族に金額を確認してもらった上で預かり，商品と釣りを渡す際にはレシート・領収書等を一緒に渡して確認してもらう。また，預かり金，購入商品，釣りを記載し，レシート・領収書等を貼り付けることができる買物代行の記録帳を作成し，利用者・家族に保管してもらうとともに，訪問介護記録に預かり金，購入商品・金額等を記録する。

また，事業者は，訪問介護員の買物代行が適正に行われているか確認するために以下のことを行う必要がある。

①　サービス提供責任者は，訪問介護計画を作成する際に，居宅サービス計画を確認し，買物代行が位置づけられている場合には，生活援助として必要性があるものであるか検討し，問題があると思われる場合には，居宅介護支援事業者と協議して，居宅サービス計画及び訪問介護計画を適正なものに改める。

②　管理者及びサービス提供責任者は，定期的に訪問介護記録を確認し，買物代行を行った際の預かり金，購入商品・金額等が記録されているかを確認し，サービス提供が適正に行われているかを確認するとともに，提供されているサービスが訪問介護として適正なものであるか確認する。」

と記載されていた。

(4)　その他の各種記録

居宅サービス計画書や訪問介護計画書には，ヘルパーによる買物の記載はあったが，上記(3)記載のような現金出納帳や金銭授受簿の作成等，適切に金銭の取扱いをするための方法が記載されていなかったこと，サービス担当者会議議事録でも金銭管理について検討していないこと，居宅介護支援事業や訪問介護の重要事項説明書には，成年後見制度の利用を促進する旨の記載があったこと，訪問介護の重要事項説明書には，ヘルパーが預金を引き出すことは禁止事項になっていたこと，が判明した。市区町村等作成のひな型をそのまま利用しているためか，職員が，重要事項説明書等の内容やその理由を意外に知らないことがある。利用者との契約内容になっているのだから必ず確認すべきである。重要事項説明書のうち，今回の苦情に関するものの要旨は次のとおりであった。

生活援助として買物を行い，買物に必要な金員を利用者が自ら管理する口座から払戻しできない場合には，ヘルパーが同行して，買物等に必要な日常生活の範囲内で払戻しの援助を行う。ヘルパー活動は利用者と１対１の活動であるので，利用者の認知症が進行し判断能力が低下すると，それを奇貨として，窃盗又は横領が発生する危険性が高いので，「訪問介護員の禁止行為」として，「利用者又は家族の金銭，預貯金通帳，印鑑，キャッシュカード，証書，書類などの預かり」は禁止されている。施設は，ヘルパーによる窃盗又は横領等を防止するために，サービス提供責任者が，「訪問介護員等に対する技術指導等のサービスの内容の管理を行」うこととなっていた。

6　苦情内容・方法に対する評価

⑴　認定すべき事実

①40歳代と思われる女性のヘルパー（Q）が，②今年の１月５日から10月10日まで，③Aに対して，④Aの買物をするなどの場面において，⑤A宅で，⑥訪問介護サービス提供中に，⑦A名義の口座から，１回につき20万円が，42回にわたって，合計840万円が引き出されて，そのお金をヘルパーが着服又は盗った，⑧被害額は引出合計額840万円から入金合計額30万円を控除した810万円であるとのことであった。これらのうち，QがY施設に無断でA宅を訪問していたような場合には，場面の認定は困難であるとともにサービス外であるので，④，⑥は認定できなくてもヘルパーの着服の事実としては十分である。

⑵　証拠の整理

ア　①から⑧の苦情内容を直接裏づける証拠

⑦A名義の口座から，１回につき20万円が，42回にわたって，合計840万円が引き出されて，そのお金をヘルパーQが着服又は盗ったという事実のうち，ヘルパーQが着服又は盗ったという事実については，Q

は否認しており，他の職員やＡからも，Ｑがお金を着服等した事実を目撃したとの証言が得られなかったので，⑦を直接裏づける証拠はない。

ただ，②及び⑦のうちＡ名義の口座から，１回につき20万円が，42回にわたって，合計840万円が引き出されていたことは，Ａの通帳やＢが銀行からもらってきた引出時刻等が記載されている書類から直接裏づけることができる。また，１月５日付Ｑ作成のサービス提供記録簿から，同日，ＱがＡ名義の口座から，20万円をカードで引き出した事実や，Ｑの証言から，300万円程度と一部であるが，Ｑがキャッシュカードを使って現金を引き出したことがあることについては，直接認定できる。

イ　①から⑧の苦情内容を推認するための間接証拠

上記の職員Ｑらから聴取した内容，ヘルパー活動記録，サービス提供記録簿等の各種記録が，間接証拠となる。

⑶　事実の有無の判断（事実認定）～総合的判断

Ｑ自身，Ｒから暗証番号を教えてもらったことを認めたこと以外に，300万円程度と一部であるが，自分がキャッシュカードを使って現金を引出したことがあること，ヘルパーの活動時間外にＡ宅を訪問していたこと，（Ａからもらったと説明しているが）100万円程度はＱの所持金にしていたこと，他に，１月５日から３月31日までの引出時刻とＱの活動時間帯が一致していたこと，６月にＱが３週間ほど入院していたが，その間の引出しはなかったこと，他の期間は２週間に１回は引出しの事実があり，３週間以上の期間が空いていたことはなかったこと，などから，Ｏは，①ヘルパーＱが，②今年の１月５日から10月10日まで，③Ａに対して，④Ａの買物をするなどの場面において，⑤Ａ宅で，⑥訪問介護サービス提供中又は提供外で，⑦Ａ名義の口座から，１回につき20万円が42回にわたって，引き出した合計840万円のうち，後記⑧のとおり790万円を着服等したという事実があったと判断した。

⑧被害額は引出合計額840万円から入金合計額30万円を控除した810万円から，さらに，１月５日に引き出した20万円を控除した790万円と

判断した。Qがもらったと説明した100万円程度については，ヘルパーが利用者からお金をもらうことは重要事項説明書で禁止されている事項であること，「事業所に金銭を寄付・贈与するよう強要する」ことが経済的虐待に当たるように，強要でなかったとしても，認知症高齢者日常生活自立度Ⅲａと認知症が進行している利用者からお金をもらうことは不適切であり，経済的虐待に当たる可能性もあるので，被害額の中に含めた。

評価は上記４⑴参照。

Ｂが苦情を申し出たその方法については，特に問題はない。

⑷　原因分析

今回の苦情については，施設側の杜撰な対応が原因であると言わざるを得ず，組織的な問題が大きい。例えば，担当介護支援専門員Ｒや地域包括支援センター担当者Ｓは，Ａに成年後見制度の利用を促進する立場にあったのに，１月以降９か月余り放置してしまっていること，Ｒは，ヘルパーが利用者名義の口座から現金を引き出すことが禁止事項であることを知りながら，安易にＱに暗証番号を教えて引出しを依頼してしまっていること，ヘルパーによる買物代行がプランに位置づけられている以上，居宅介護支援計画書や訪問介護計画書に，買物の際に現金を取り扱うときの注意点を記載すべきであるのに，何ら記載していないこと，訪問介護のサービス担当責任者Ｐは，買物代行で現金を取り扱うのに，ヘルパーに対して指導をしていないこと，Ｑ作成のサービス提供記録簿には，１月５日に，Ｑが20万円をカードで引き出した事実が記載されているのに，ＰはＱに対して何ら指導していないこと，Ｐは４月１日に，ヘルパー全員に合鍵を渡してしまっていること，などである。

以上のように施設の杜撰な対応であるので，被害を発生させたことはもちろん，これらのなすべきことができていなかったことに対して，真摯に謝罪するとともに，最大限賠償すべきであろう。

７　対応方針の決定

⑴　説明

施設長Ｚは，Ａ・Ｂに対してＱら関係職員全員から聴取したこと，ヘルパー活動記録，サービス提供記録簿等の各種記録をチェックしたことなどを説明すべきである。なお，組織的な問題が大きいので，施設長等しかるべき立場の者が説明すべきである。

時系列順に，初回訪問時から10月10日までの，引出時刻，引出金額，引き出したATMの設置場所，Ａ宅で活動したヘルパーの氏名と活動時間帯，買物等の現金を取り扱ったことの記載があればそれも書いた一覧表を示して，説明する。また，時系列表（下記時系列表参照）を作成して，説明する方が望ましい。

各種資料を別途作成して，事実関係を整理したことをＢらに示すことにより，施設が真剣に今回の苦情に対して対応していることが伝わるからである。

また，施設長Ｚが判断した事実関係を説明する。

⑵　謝罪

上記６⑷のとおり，今回の苦情については，施設側の杜撰な対応が原因であると言わざるをえないので，真摯に謝罪すべきである。

⑶　改善策

平成25年度高齢者虐待対応状況調査結果概要に，「居宅系の事業所では『経済的虐待』が含まれるケースが他の施設種別よりも高い。《統計的有意差あり》」（５頁）と記載されていたように（なお，平成26年度以降は，当該記載はない。），特に，訪問介護等自宅内で１対１になる場面が多い居宅系サービスでは，経済的虐待防止のために，多面的に防止策を講じることが必要である。

上記１記載の当面の改善策に加えて，成年後見開始の審判の申立てをＢに勧めて，Ｂに申立てを行うようにお願いすることも必要である。他には，上記６⑷の問題点に沿って，居宅介護支援計画書や訪問介護計画書に，買物の際に現金を取り扱うときの注意点（現金出納帳の作成，レシート等の貼付など）を記載すること，Ｐが，買物代行での現金取扱いについて，ヘルパーに対して適切に指導や研修を行うこと，Ｐは，ヘルパー作成のサービス提供記録簿を読んで何か問題があればヘルパーに対して速やかに

（参考）時系列表

日時	事実関係	証拠
昨年12月10日	訪問介護サービスの利用を開始。訪問介護，通所介護，居宅介護支援事業の契約を締結。A様は居室内であれば車いすで移動可能であったが，屋外ではもはや１人で外出していなかった。	各契約書・重要事項説明書，支援経過記録
12月20日	Rは，A様は金銭管理をするのが難しいと思い，地域包括支援センター担当者Sに財産管理の相談をして，A様宅に訪問し，A様に対して，日常生活支援事業の利用を勧めたが，A様は費用負担があったため「考えておきます」との返事をされた。	支援経過記録
今年１月５日	11時10分に20万円の引出し。預金残高は1000万円（全財産）。Qが，20万円をカードで引き出した。 A様のエアコンと冷蔵庫が故障したので，至急購入の必要性が生じたところ，A様の所持金が少なかったので，１月５日に，RはQに対して20万円を引き出すように頼み，そのお金でエアコンと冷蔵庫，IH電磁調理器等を購入した。故障した物は廃棄した。引出しを頼んだそのときに，RがQに暗証番号を教えた。	A様名義の通帳，同日付Q作成のサービス提供記録簿，支援経過記録
今年１月12日	11時７分に20万円の引出し。当月合計40万円。Qが午前11時から12時に引き出した。	A様名義の通帳，銀行作成の書類，Q作成のサービス提供記録簿
今年１月26日	11時11分に20万円の引出し。当月合計60万円。Qが午前11時から12時に引き出した。	A様名義の通帳，銀行作成の書類，Q作成のサービス提供記録簿
……	……	……

指導すること，ヘルパー全員から合鍵を回収しA宅とヘルパー事務所が近いので事務所で合鍵１つを管理して，合鍵の管理簿を作成すること，などである。

⑷　賠償

790万円を保険で支払可能かを保険会社と相談して，ヘルパーによる故意事案として適用できない場合には，理事会決議が必要であれば，理事会を招集し，790万円を賠償することを議題として提案し，決議してもらうことになろう。

保険の対象外で，かつ理事会決議を経ていない場合には，額の提示はできないものの，現在，賠償について理事会で検討することになっている等の説明はすべきであろう。

⑸　Ｑに対する懲戒処分

ア　懲戒処分の対象となる事実（懲戒事由に該当する事実）の認定

職員を懲戒処分する場合には，Ｑに対する不利益が生じるので，虐待認定の場合とは異なり，ほぼ確実に認定できる事実に絞るべきである。繰り返しになるが，効果や目的によって，認定される事実の範囲や内容が異なることがあることに留意すべきである。

ほぼ確実に認定できる事実としては，Ｒが指示した１月５日以外も，ヘルパーの禁止事項であるキャッシュカードでの現金引出行為を少なくとも14回程度は繰り返していたこと（Ｑの証言でも，300万円程度引き出したことを認めており，１月５日の20万円を控除しても，280万円程度，つまり１回20万円なので14回程度），Ｑはこれらの事実をサービス提供記録簿に記載していないこと（１月５日のみ記載あり），Ｐに報告していないこと，100万円程度の金銭をもらっていたこと，少なくとも280万円程度の大半（一部はヘルパーが買物に使っている。）はＡの日々の生活に使うことができていないこと，他に，サービス提供時間以外に訪問していたことである。他に，Ｑの引出行為については，Ｑの活動時間帯に引き出された回数を認定することもできる。

イ　就業規則のチェック（形式的根拠）

これらの事実を踏まえて，懲戒処分の対象となる事実が，就業規則のどの条文に反しているか，どの条文に基づいて懲戒処分のうちどれを選択するか，などを検討する必要がある。懲戒処分には，次のようなものがあり，処分ごとに，処分できる場合（処分事由）が列挙されている。懲戒処分とは，労働者の法人に対する秩序違反行為を理由として，一種の秩序罰を課すものであることから，慎重にチェックすべきである。就業規則に記載されている文言が，広範であったり，抽象的である場合には，合理的な限定解釈をすべきである。

Ⅰ　けん責・戒告：労働者の将来を戒める処分。前者は始末書の提出を求める点で後者と異なる。

Ⅱ　減給：賃金請求権が発生しているにもかかわらず，労働者が受けるべき賃金から一定額を差し引くことをいう。

Ⅲ　降格：役職・職位・職能資格などを引き下げることをいう。

Ⅳ　出勤停止：労働契約を継続しつつ，制裁として一定期間，労働者の就労を禁止することをいう。

Ⅴ　諭旨解雇：懲戒解雇を緩和した解雇処分であり，退職金の支給を伴って行われることが多い。

Ⅵ　懲戒解雇：懲戒（制裁）として行われる解雇。通常は即時解雇として行われ，退職金も支給されない。

ウ　法人秩序の侵害（実質的根拠）

懲戒処分を行うには，就業規則に反しただけでは足りず，通常，懲戒権を課しうる実質的根拠が法人秩序維持の要請にある以上，単に就業規則などが定めた労働契約上の義務に違反したというだけではなく，法人秩序を現実に侵害した（業務阻害や職場規律の支障の発生）か，少なくともその実質的危険が認められる場合に限定されていることに留意すべきである。

本事例の場合には，懲戒処分の対象として認定した事実だけでも，利用者に対する経済的虐待として認定できるので，施設に対する利用者等の信用を失うことにつながることから，実質的にも懲戒処分を行うレベルだといえる。

エ　私生活上の非違行為

サービス提供時間以外に訪問してキャッシュカードで現金を引き出し

た行為については，私生活上の非違行為に当たり，私生活上の非違行為をも含めて懲戒処分してよいかが問題となる。

一般的には，労働者は法人及び労働契約の目的上必要かつ合理的な限りでのみ法人秩序に服するのであり，法人の一般的な支配に服するものではない（富士重工業事件―最判昭和52年12月13日民集31巻７号1037頁）ので，労働者の私生活において，非違行為があったとしても当然に懲戒処分の対象になるものではない。ただ，非違行為が，実質的に見て，法人の事業活動に関連し，法人の社会的評価を損なうなどの弊害が生じる危険性が認められる場合には，懲戒処分の対象となる。

本事例では，Ｑが，Ｙ施設がＱに交付した合鍵を使って，Ｙ施設から訪問介護サービスを提供するように指揮命令を受けたＡ宅に訪問しているので，施設の訪問介護事業と関連し，これまで述べたとおり，法人の社会的評価を損なう実質的危険が認められるので，懲戒処分の対象となろう。

オ　懲戒処分の相当性

次に問題になるのは，懲戒処分の相当性や処分手続の適正さである。懲戒処分のうちどれを選択すべきかについては，労働者の非違行為の程度に照らして相当なものでなければならない。過去の懲戒処分事例などを参考に選択すべきである。選択する際に考慮すべき具体的事情としては，非違行為の態様・性質・動機，業務に及ぼした影響，損害の程度のほか，労働者の態度・情状・処分歴，施設側の対応などが挙げられる。

Ｑの証言を前提にしても，非違行為の態様としては，14回程度は，ＰやＲらのどの職員にも相談することなく，Ａのキャッシュカードを使って１回20万円を引き出していること，しかも，現に，少なくとも280万円程度の大半（一部はヘルパーが買物に使っている。）はＡの日々の生活に使うことができていないこと，280万円程度のうち100万円程度はＡが認知症であることを奇貨として安易にＡからもらっているといえる。他にはＰに対する報告義務違反等もある。非違行為は，Ａに対する経済的虐待に該当するとともに，Ｐらに無断でヘルパーの禁止行為を繰り返し継続して行っていたのであるから，悪質であるといえる。金額が多額であることから，利用者に対する経済的・精神的影響は大きい。

業務に及ぼした影響，損害の程度から，施設は790万円を賠償せざるを得ない状況である。組織的な原因もあったので，全額をＱの責任にすることはできないが，主たる原因はＱに起因する。他には，これまで述べてきたとおり，利用者の施設に対する信頼を害したこともある。

以上から，懲戒解雇の選択もありうる。

カ　適正手続のチェック

最後に，適正手続（懲戒については，就業規則や労働協約で手続的な規制を定めることが多い。）のチェックが必要である。少なくとも，本人Ｑへの弁明の機会の付与（規定の有無を問わず必要）が必要である。

Ｚは，Ｑに対して，懲戒処分の対象となる事実，懲戒解雇処分に付すこと，その根拠となる就業規則などについて説明して，Ｑに対して弁明の機会を付与したが，Ｑは特に異議はないのとの回答であった。

法人内の懲戒委員会を開催して，Ｑを懲戒解雇することを決めた。

⑹　再発防止策

経済的虐待を含む虐待や成年後見制度に関する研修の実施，介護支援専門員，地域包括支援センター，サービス担当責任者等，各サービスや各職員の役割と責任に関する研修の実施，内部管理体制の見直しも必要となる。

8　報告と解決に向けての話合い

調査確認から対応方針の決定まで，予定よりも早く終わったので，10月23日に，上記７のように説明して，話合いを行った結果，Ｂにおおむね同意してもらった。

なお，Ｂは，第三者委員の活用は希望されなかった。

9　解決策の実施

理事会の決議を経て，上記７のとおり解決策を実施した。

10　改善策の実施状況の把握及びその評価

翌年の２月１日に，評価を行った。Ｂが申立人となり，Ａに対する成年後見開始の審判の申立てを行い，弁護士が成年後見人に選任され，その後，当該弁護士が，Ａ宅に訪問し，金庫の中に，ヘルパー買物用の金銭を補充するとともに，金銭が適切に管理されており，使途不明金がないことを確認することになった。その他は，上記７の改善策を実施しており，使途不明金は発生していない。改善策の実施により，特に問題は生じていないとＯは判断した。

11　終結

事例の苦情案件が生じた原因を分析して，その原因を除去して，苦情事案が再発する可能性が低い状態が相当期間継続した場合には，終結したと判断してよいであろう。

発生した使途不明金については補償により，Ａの財産が回復したこと，改善策の実施により，使途不明金が発生する可能性は低くなっており，現に３か月間使途不明金が発生していないことから，Ｏは事例の苦情案件は終結したと判断した。

12　記録・集約・共有・公表

時系列表などを添付資料として，苦情報告書を作成して，法人の職員全体で共有した。訪問介護で買物等により金銭を取り扱っている利用者をリストアップし，該当する利用者全員に対してＡに対して実施した改善策の実施を検討した。今回の苦情について公表した。

第3章

サービスの質の低下につながる苦情（悪質クレーム・ハラスメント）

X法人のY施設（特別養護老人ホーム）の施設長Zから，苦情解決責任者兼理事長Oに対して次のような苦情報告があった。

モニタリング会議に出席したOとしては，今後の方針について，Zらに対してどのように助言すればよいか。参加者は，O，Z，ケアマネジャーP，看護師Q，課長R，介護職員甲，介護主任乙であった。司会は課長Rであった。

事例1 ● 利用者による職員等に対するハラスメント

■利用者情報等

A：75歳，男性（身長180cm・体重90kg），要介護3，障害高齢者日常生活自立度（寝たきり度）A2，認知症高齢者日常生活自立度Ⅳ。キーパーソンは長男B。

■当初のハラスメント

特別養護老人ホームに入居した翌日の7月21日，ⅰ午前1時，Aが他の女性利用者Kに対して大声で「殺すぞ。」と言う，ⅱ午前9時，他の女性利用者Lの車いすを右足で蹴る，ⅲ午前4時，両手で女性職員甲の首を絞める（他の夜勤職員が駆けつけ救出），ⅳ午後8時の更衣介助時に，女性職員乙の胸を右手で服の上から触る，などのハラスメントがあった。なお，日中はほとんど寝ていた。これらは全て真実であった。

■その後（初動期）の支援内容

7月22日，Zは，Aへの対応について検討した。

まず，上記各種ハラスメントに至る経緯について確認した。Aが，7月21日のハラスメントを行う前に，ⅰAが無断でKの居室に入ったので，KがAに「出て行って。」と言ったこと，ⅱLが車いすで移動していたところ，Aが廊下の中央に立っていたので，LがAに対して「端に寄って。」と言ったこと，ⅲAが共用の冷蔵庫から他の利用者の飲み物を無断で飲んでいたので「これは他の利用者の物なので飲まないようにお願いします。」と言ったことが判明した。ⅳについては，事前に何のきっかけもなく突如ⅳの行為が発生したとのことであった。

上記ⅰないしⅳの要因について検討した。上記ⅰないしⅲについては，事前にAに対して注意し，指示したことがきっかけとなっていた。また，上記ⅰないしⅳはいずれも女性に対して行われた言動であった。

これらを踏まえて，Aに対する支援について，当面は，αAの言動を否定する言葉を発しない（例：「～はダメです」「やめてください」等），β指示命令的な言葉も発しない（例：「～してください」等），γ基本的には男性職員が対応する，特に身体介護は男性職員が行う，δAに対する見守りを強め，女性利用者に接近する場合には，持ち込みのおやつを召し上がりませんかなどと意識をそらせて女性利用者から離すように対応する，ε昼夜逆転しているので，Bの同意を得て精神科医に診察してもらい服薬調整をしてもらう，などを決めた。Aの意思に反して服薬調整をすることは，身体拘束に該当する可能性があるので，身体拘束を行う場合の要件を満たすように対応することにした（松宮38～41頁参照）。

なお，精神科医に上記支援方法について意見を求めたところ，上記の支援方法でよいと言われた。

1か月後にモニタリングを行い，再度方針を決めることになった。

■モニタリング会議（対応期）

8月22日，モニタリングを行った。

この1か月間の状況について乙から説明があった。上記αないしεについては，全て実施している。他にも，持ち込んでもらったおやつ等の提供，日中のアクティビティへの参加，できる限り1対1での散歩等も行っている。身体介護を行っている途中でAが不穏になったときは，支援者を交替する等も行った。A専用の24時間シートを作成し，Aの行動等を把握した。

まず，24時間シートを見ると，抗精神病薬の服用により夜間は，2時間程度であるが眠れるようになってきた。日中は，風船バレー，園芸，音楽療法等の様々なアクティビティに参加してもらうように勧めているが，男性と女性利用者の割合が1対9の現状では，女性利用者との接近を防止することができない。そこで，散歩等を行っているが，人員配置上1対1で職員を付けるのは無理であるので，どうしても日中の活動量は増えない。

また，シフトを工夫しているが，人員配置上全ての身体介護の場面で男性職員を配置したり，Aが女性利用者に近づかないように常時見守りを行うこともできない。

このような体制の中で，ⅰのような利用者に対する暴言については，Aと女性利用者の距離を離していても，日中，5～6メートル離れている女性利用者に対して，「殺すぞ。」という言葉はなくなったが，大声で「デブ。」「ブス。」などと言う，ⅱのような女性利用者に対する暴行は，日中，1週間に1回程度発生している，ⅲのような女性職員に対する暴行はなくなったが，主に夜間，身体介護をしている男性職員に対して「なんや！」などと言って右手の拳を振り上げて殴りかかろうとする，ⅳの職員に対するセクシュアルハラスメント（以下「セクハラ」という。）については，主に夜間，廊下を歩いている女性職員に抱きつくなど，依然としてこれらの行為が繰り返されている。他には，夜間，男性・女性利用者の部屋に入って放尿することが週に２回程度あった。

事例２●家族による職員等に対する悪質クレーム・ハラスメント

■利用者情報等

Ｃ：90歳，女性，要介護５，障害高齢者日常生活自立度（寝たきり度）Ｃ１，認知症高齢者日常生活自立度Ⅲ。キーパーソンは長女Ｄ。

■当初の悪質クレーム・ハラスメント

特別養護老人ホームに入居して１年経過した頃から，この１か月の間に，Ｄから職員に対して次のような言動があった。

ⅰ「１年間あなたたちの仕事ぶりを見てきましたが，あなたたちは無能，介護をする資格がない。」，具体的には，「私が食事介助をやれば母は全量食べてくれるのに，あなたたちがやると半分程度しか食べさせられない。全量食べさせてほしい。」，「私が施設に来たときに部屋を見ると，髪の毛が１本落ちていた，母はきれい好きなのに酷い。髪の毛１本落ちていないように掃除してほしい。」などのクレームがあった。ⅱその後，Ｄの仕事が終わった後の午後６時に来所して，自らＣに対して食事介助を行い，職員甲を隣に座らせて「食事介助はこうやるの。あなたたちは未熟だから私が教えてあげる。」と言って，食事が終わった後も含めて１時間程度ずっと拘束される，他には，午後７時に，職員乙が居室に来るようにＤに言われて行くと，「掃除はこうやるの！」と言って，埃を払い，掃除機かけ，拭き掃除を１時間程度一緒にずっとやらされた。ⅲある日曜日にＤが来所したときに，看護師Ｑが，「昨晩37℃の熱がありましたが，今は平熱に下がっている。」ことなど，Ｃの様子を伝えたところ，「今度からは，37℃以上の熱が出たら，１時間に１回検温してその結果を私のスマホにメールしてくだい。」，また，風邪薬を服薬していなかったことを知ると「あなた看護師なのに，風邪薬を介護職員に服薬させるように指示もしないの。病院ではすぐに服薬してくれるのに，あなた本当に看護師なの。」などと言った。それ以降，Ｄは日曜日にナースステーションに来ては，Ｃの１週間の様子を聞いた後に，看護師の対応に問題があるなどと言う。なお，これらは全て真実であった。

■その後（初動期）の対応

このようなことが１か月間続いているので，10月１日，Ｚは，Ｄに対する対応について検討した。まず，関係職員から意見を聴いた。ⅰについては，乙によると，Ｃはむせ込みがひどいことから，Ｃがしんどくなってはいけないので，Ｃの状況を見ながら，食事介助をどの程度行うかを調整している。しかし，ＤはＣがむせ込んでも「お母さん，食べないとダメ。」と言って，Ｃが嫌がっているのに無理に口を開けさせて食事介助を続けているので，危険だと思うとのことであった。ⅱについて，甲は，危険な食事介助を職員にも強要しようとするのはかえって身体的虐待に当たると思う，乙は，Ｃの居室の掃除は週２回実施しており，掃除は一通り行っているが，髪の毛１本落ちていたことを責められるのは辛いとのことであった。また，甲及び乙，それ以外の介護職員も，午後６時以降にＤが来所して，上記のようなことを１時間程度強要されるため，その間他の利用者の支援ができないので，本当に辛い，遅出や夜勤が怖いとのことであった。ⅲについては，Ｑも，ＤがＣのことを心配していると思ったので，Ｃの昨晩の様子を伝えたのに，Ｄは，Ｃが風邪だと決めつけて風邪薬の服用を看護師が行うべきというのは，施設の夜間対応マニュアル（救急搬送をする必要性が認められない場合には，午前８時に出勤する看護師が利用者の状況を確認して，必要に応じて医師に報告して指示を仰ぎ，医師の指示に従い看護師が対応することなど）に反すること，37℃の熱があれば，１時間に１回メールをするというのは業務負担が大きすぎること，このようなことが最近繰り返されているので，看護師は全員日曜日に出勤するのが怖いとのことであった。

次の日曜日に，サービス担当者会議を開いて，施設の方針を説明することになった。

■サービス担当者会議（初動期）

10月７日に開催。内容は後記（本書257～261頁・ウ）。

■モニタリング会議（対応期）

11月７日，モニタリングを行った。

この１か月間の状況について乙及びＱから説明があった。上記ⅰないしⅲのような状況は，サービス担当者会議後の２週間は収まっていたが，次の２週間は，サービス担当者会議前のような状況に戻ってしまっているとのことであった。

【解　説】

第1　悪質クレーム・ハラスメントに対する対応（総論）

1　悪質クレーム・ハラスメントに対する対応の必要性

(1)　悪質クレーム・ハラスメントの弊害

H 31三菱では，「近年，介護現場では，利用者や家族等による介護職員への身体的暴力や精神的暴力，セクシュアルハラスメントなどが少なからず発生していることが様々な調査で明らかとなってい」る（H 31三菱1頁）ことが指摘されている。

福祉の現場で問題となっているのは，人材確保が困難な雇用情勢の中で，折角法人内で人材育成に尽力して貴重な人材として育てたとしても，悪質クレーム・ハラスメントに対して真摯に対応しすぎたり，上司が現場職員に悪質クレーム・ハラスメント対応を任せっきりにしていたり，組織として放置していた結果，現場職員が病気になってしまったり，退職に追い込まれてしまうということである。「介護現場でハラスメントを受けた職員や，ハラスメントによりけがや病気となった職員，仕事を辞めたいと思ったことのある職員は少なくない状況です。」（H 31三菱12頁）と指摘されている（【参考1】参照）。他には，悪質クレーム・ハラスメント対応のために，かなりの労力を割かれる結果，通常のサービス提供に支障が生じる等の弊害が生じている。

【参考1】精神障がいの労災補償状況

過労死等の労災補償状況・平成30年度・厚生労働省によると，精神障がいの労災請求件数は1820件（前年度比88件の増，平成26年度比364件の増），支給決定件数（決定件数は，当該年度内に業務上又は業務外の決定を行った件数で，当該年度以前に請求があったものを含む。）は1461件（前年度比84件の減，平成26年度比154件の増）となっている。同請求件数のうち，一番多いのが，「医療，福祉」（業種（大分類））のうち，「社会保険・社会福祉・介護事業」（業種（中分類））であり，192件である（ただ，支給決定件数うち「業務上」として認定された件数（全体で465件）は２番目の35件である。）。このように，介護事業に従事する職員に対するストレスが増えていることが思料される。

また，支給決定件数1461件のうち，具体的な出来事として，「顧客や取引先から無理な注文を受けた」が13件，「顧客や取引先からクレームを受けた」が21件となっている。このように，職員が，顧客等のクレーム等に対して強いストレスを感じていることがわかる。

⑵　安全配慮義務

まず，労働契約法は，「使用者は，労働契約に伴い，労働者がその生命，身体等の安全を確保しつつ労働することができるよう，必要な配慮をするものとする。」と定めている（労契法５条）。これは，「通常の場合，労働者は，使用者の指定した場所に配置され，使用者の供給する設備，器具等を用いて労働に従事するものであることから，判例において，労働契約の内容として具体的に定めずとも，労働契約に伴い信義則上当然に，使用者は，労働者を危険から保護するよう配慮すべき安全配慮義務を負っているものとされて」いることを踏まえて，規定したものである。また，「生命，身体等の安全」には「心身の健康も含まれ」，「必要な配慮」には「労働者の職種，労務内容，労務提供場所等の具体的な状況に応じて，必要な配慮をすることが求められ」ている（以上，平成24年12月厚生労働省・パンフレット「労働契約法のあらまし」８頁）。

さらに，上記⑴のような現状に鑑みると，施設としては，「事業者（事業主）は，労働契約法に定められる職員（労働者）に対する安全配慮義務等があることから，その責務として利用者・家族等からのハラスメントに対応する必要があります。」（H 31三菱12頁）との指摘を踏まえて，個人任せにせず，組織として適切に対策を講じることにより，快適で働きやすく，職員自らの力を十分に発揮でき，自らの成長や存在価値を感じることができる職場環境の整備につなげていくことが重要である。

もっとも，下記【参考２】②のとおり，職場内のハラスメントについては，就業規則等に基づき，配転や懲戒処分等も含めた対応が可能であるが，利用者・家族等によるハラスメント等については，対応が困難であると思料される。具体的には，「「行為者への対処方針・対処内容の就業規則等への規定」，「周知・啓発や，事実関係の迅速・正確な確認」，「行為者に対する対応の適正な実施，再発防止に向けた対応の実施」などの措置について，顧客や取引先からの著しい迷惑行為への対応として事業主が取り組むことに一定の限界があると考えられる。」と指摘されている（パワハラ報告26頁）。しかしながら，事業者としては，利用者又はその家族等によるハラスメント等に対する対応が困難であるという理由により，利用者又はその家族等による職員に対するハラスメント等を放置することは安全配慮義務違反となるので，職員にとって快適な職場環境を整備するために，対策を尽くすべきであろう。

【参考２】パワハラ報告25・26頁

顧客や取引先からの悪質な著しい迷惑行為への対応は，職場のパワーハラスメントへの対応と次の点で異なる。

① 職場のパワーハラスメントと比べて実効性のある予防策を講じることは一般的には困難な面がある。

② 顧客には就業規則など事業主が司る規範の影響が及ばないため，対応に実効性が伴わない場合がある。

③ 顧客の要求に応じないことや，顧客に対して対応を要求することが事業の妨げになる場合がある。

④ 問題が取引先との商慣行に由来する場合には，事業主ができる範囲での対応では解決につながらない場合がある。

⑤ 接客や営業，苦情相談窓口など顧客等への対応業務には，それ自体に顧客等からの一定程度の注文やクレームへの対応が内在している。

(3) 安全配慮義務に関する最高裁判例

利用者又はその家族等による職員に対する権利侵害そのものの事案ではないが，職員以外の外部の者（利用者又はその家族等も職員ではない外部という点では同じ）による職員に対する権利侵害の事案がある（宿直社員殺害損害賠

償事件：最判昭和 59 年 4 月 10 日判タ 526 号 117 頁)。

ア　事案概要

「Ｘらの長男Ａ（当時 18 歳）が勤務先の会社の宿直中に反物を盗む目的で訪れた元従業員に首を絞められたうえバットで頭を殴られて殺されたので，ＸらはＹ会社に対し宿直員の身体，生命に対する安全配慮義務の違反があったとして合計約 3400 万円の損害賠償の支払いを求めた」事案である。なお，元従業員をＺとする。

Ｚは，殺害事件のあった半年前に会社を退職しており，事件当時は無職であった。Ｚは，事件の１年余り前から，会社の商品である反物類を盗み出しては換金しており，退職後も夜間に宿直中のもとの同僚や同僚に紹介されて親しくなったＡら新入社員を訪ね，同人らと雑談，飲食したりしながら，その隙を見ては反物類を盗んでいた。

事件当日の午後９時頃，会社の反物類を窃取しようと考え，会社を訪れ，本件社屋表側壁面に設置されているブザーボタンを押したところ，くぐり戸が開き宿直勤務中のＡが対応し，一度は社屋内に入れたが，ＡはＺが来ると反物がなくなることがあることを知っていたので，適当な言い訳をして，Ｚを帰らせた。しかし，Ｚは，反物窃取の目的を諦め切れず，同日午後 10 時 45 分頃再び本件社屋を訪れ，ブザーボタンを押して来訪を告げたところ，再びくぐり戸が開いてＡが顔を見せたところ，Ａの許可もないのに社屋内に入り込んだ。その後，ＺはＡを殺害した。

「本件社屋には夜間の出入口としてくぐり戸が設けられていたが，この戸又はその近くにはのぞき窓やインターホンはなく，呼出用のブザーボタンのみが設置され，また，防犯ベル等の設備もなかった。もっとも，本件社屋は，建物としての機能に欠陥はなく，窓，戸は堅牢で錠は整備されており，鉄筋コンクリート造りであるため，戸締りを十分にしている限り，外部からの盗賊等の侵入を防止することは可能であつたが，しかし，夜間宿直中に来訪者がブザーボタンを押しても社屋内にいる宿直員はくぐり戸を開けて見ないとそれが誰であるかを確かめることは困難であったし，くぐり戸を開けた途端その者が強引に社屋内に押し入ってしまうと退去させることが非常に困難であった。」。

イ　判旨

「雇傭契約は，労働者の労務提供と使用者の報酬支払をその基本内容とする双務有償契約であるが，通常の場合，労働者は，使用者の指定した場所に配置され，使用者の供給する設備，器具等を用いて労務の提供を行うものであるから，使用者は，右の報酬支払義務にとどまらず，労働者が労務提供のため設置する場所，設備もしくは器具等を使用し又は使用者の指示のもとに労務を提供する過程において，労働者の生命及び身体等を危険から保護するよう配慮すべき義務（以下「安全配慮義務」という。）を負っているものと解するのが相当である。もとより，使用者の右の安全配慮義務の具体的内容は，労働者の職種，労務内容，労務提供場所等安全配慮義務が問題となる当該具体的状況等によって異なるべきものであることはいうまでもないが，これを本件の場合に即してみれば，Ｙ会社は，Ａ一人に対し昭和五三年八月一三日午前九時から二四時間の宿直勤務を命じ，宿直勤務の場所を本件社屋内，就寝場所を同社屋一階商品陳列場と指示したのであるから，宿直勤務の場所である本件社屋内に，宿直勤務中に盗賊等が容易に侵入できないような物的設備を施し，かつ，万一盗賊が侵入した場合は盗賊から加えられるかも知れない危害を免れることができるような物的施設を設けるとともに，これら物的施設等を十分に整備することが困難であるときは，宿直員を増員するとか宿直員に対する安全教育を十分に行うなどし，もって右物的施設等と相まって労働者たるＡの生命，身体等に危険が及ばないように配慮する義務があったものと解すべきである。

そこで，以上の見地に立って本件をみるに，前記の事実関係からみれば，Ｙ会社の本件社屋には，昼夜高価な商品が多数かつ開放的に陳列，保管されていて，休日又は夜間には盗賊が侵入するおそれがあったのみならず，当時，Ｙ会社では現に商品の紛失事故や盗難が発生したり，不審な電話がしばしばかかってきていたというのであり，しかも侵入した盗賊が宿直員に発見されたような場合には宿直員に危害を加えることも十分予見することができたにもかかわらず，Ｙ会社では，盗賊侵入防止のためののぞき窓，インターホン，防犯チェーン等の物的設備や侵入した盗賊から危害を免れるために役立つ防犯ベル等の物的設備を施さず，また，盗難等の危険を考慮して休日又は夜間の宿直員を新入社員一人としないで適宜増員するとか宿直員に対し十分な安全教育を施すなどの措置を講じていなかったというのであるから，Ｙ会社には，Ａに対する前記の安全配慮義務の不履行があったものといわなければならない。そして，前記の事実からすると，Ｙ会社において前記のような安全配慮義務を履行しておれば，本件のようなＡの殺害という事故の発生を未然に防止しえたというべきであるから，右事故は，Ｙ会社の右安全配慮義務の不履行によって発生したものということができ，Ｙ会社は，右事故によって被害を被った者に対しその損害を賠償すべき義務があるものといわざるをえない。」と判示した。

ウ　福祉サービスにおける判例の理解

「一般的には，顧客や取引先など外部の者から著しい迷惑行為があった場合にも，事業者は労働者の心身の健康も含めた生命，身体等の安全に配慮する必要がある場合があることを考えることが重要である。」（パワハラ報告25頁）。

安全配慮義務は，「労働者の職種，労務内容，労務提供場所等安全配慮義務が問題となる当該具体的状況等によって異なる」というのは，「労働者の職種，労務内容，労務提供場所等安全配慮義務が問題となる当該具体的状況等」の個別性・具体性に着目したときに，事業者は，職員に対していかなるリスクが想定されるかを考え，想定されるリスクから，職員の安全を確保することが求められることを意味している。福祉サービスは継続的な対人援助が主であるという特徴から，悪質クレームやハラスメント（下記２，３項参照）により，職員が病気等になるリスクがあることを踏まえて，事業者としては，心身の健康も含めた生命，身体等の安全を確保すべく，安全配慮義務を尽くすべきである。「最高裁判例は，安全配慮義務を，使用者が事業遂行に用いる物的施設（設備）

および人的組織の管理を十分に行う義務と把握している」（菅野和夫『労働法』469 頁（弘文堂，第 10 版，2012））。安全配慮義務の一般的な内容については，本書 77 ～ 78 頁・ii 参照。

2　悪質クレーム・ハラスメントの整理

(1)　悪質クレームの定義

「悪質クレーム」とは，「『要求内容，又は，要求態度が社会通念に照らして著しく不相当であるクレーム』とするのが適切である。」（UA 9頁）とされているように，「要求内容」や「要求態度」（本書では「要求方法」とする。）に着目して，「社会通念に照らして著しく不相当」か否かを判断していくことになる。このように，悪質クレームには，要求内容に着目したブラッククレームと，要求方法に着目した強硬手段がある。

もっとも，「社会通念に照らして著しく不相当」という判断基準は，抽象的で曖昧である。ただ，苦情内容を聴取した職員が，自らの常識的な判断基準をもとに，これは問題だとか，対応できないなどと感じた場合には，悪質クレーム疑いとして，上長に報告して，その後，多職種で組織的に判断すればよい。その判断の際に，悪質クレームに当たると判断した内容について，仮に施設等が市区町村等に相談したとしても（市区町村等に相談することを必須とする趣旨ではない。），市区町村等も悪質クレームであると判断する可能性が高いといえるのであれば，施設等としては，悪質クレームと判断してよいであろう。

本書 134 ～ 138 頁・3 で，悪質クレーム又はその疑いのある，具体的なパターンについてみておく。仮に，客観的に見てブラッククレームである場合に，職員がブラッククレームに該当するとの認識に至らず，安易にブラッククレームの内容を実現すれば，ブラッククレームの内容がさらにエスカレートしたり，逆に内容の実現を拒否する場合に適切に対応できなければ，いずれブラッククレームを訴えた者は，強硬手段をとるようになる危険性もあることから，早期にブラッククレームであると判断していく必要がある。

⑵　悪質クレーム・ハラスメントの整理

苦情申出者の要求内容（ホワイト・ブラッククレームを問わない。）について，施設がその内容を実現しない場合には，苦情申出者は，次のような，社会通念に照らして著しく不相当な強硬手段で，要求を実現させようとしてくる場合がある。

まず，ブラッククレームとの関係では，H 31 三菱に挙げられている，利用者の夫が「自分の食事も一緒に作れ」と強要する，「たくさん保険料を支払っている」と大掃除を強要する，などの例である。これらは，職員の意思に反して，法令及び契約上法的義務がないことを行わせる，又は，利用者の施設に対する利用料支払義務等の義務を免除させる，という強要罪（181 頁参照）等に当たる余地がある。

次に，ホワイトクレームとの関係では，事業者としては，本来提供しなければならないサービスを提供していないので，強要罪に当たるとまではいえないが，暴行罪（171 頁参照），脅迫罪（178 頁参照）等に当たる余地がある。

要求内容とは無関係に，利用者・家族等が暴力，暴言等を行う場合がある。これは，本章ではハラスメント（次頁・⑶）として取り扱う。

以上を整理すると，下記【表６】のようになる。

【表6】

内容	方法	対応	区別
ホワイトクレーム	平穏手段	•対応することでサービスの質の向上につながる。	良質クレーム
	強硬手段	•内容と方法を区別する。 •内容については改善策を粛々と実施する。 •強硬手段に対して，粘り強く対応しすぎる又は放置することでサービスの質の悪化につながりかねないので，毅然とした対応をとる。	悪質クレーム
ブラッククレーム	平穏手段	•内容に対して対応しすぎることでサービスの質の悪化につながるので，できない理由を懇切丁寧に説明する。 •繰り返し粘り強く説明する。	
	強硬手段	•内容に対して対応しすぎることでサービスの質の悪化につながるので，できない理由を懇切丁寧に説明する。 •強硬手段に対して，粘り強く対応しすぎる又は放置することでサービスの質の悪化につながりかねないので，毅然とした対応をとる。	
要求内容と無関係	ハラスメント	•放置せずに，毅然とした対応をとる。	ハラスメント

(3)　ハラスメントの定義

一般的に，ハラスメントとは，①身体的暴力（身体的な力を使って危害を及ぼす行為《職員が回避したため危害を免れたケースを含む》），②精神的暴力（個人の尊厳や人格を言葉や態度によって傷つけたり，おとしめたりする行為），③セクシュアルハラスメント（意に添わない性的誘いかけ，好意的態度の要求等，性的ないやがらせ行為）であると定義されている（H 31 三菱3頁）。

ブラッククレームとハラスメントは重なるところもあれば重ならないところもある。「この程度できて当然」と理不尽なサービスを要求する等の場合には，両者は重なる。しかし，サービス等に関する要求とは関係なく，卑猥な言動を繰り返すなどの場合には，ブラッククレームとはいえないが，ハラスメントには当たる。ブラッククレームの場合，サービス提供上真摯に対応すべき要求なのか否か，サービス提供上施設に過失等がある場合にどこまで対応すべきか等の判断が必要となるが，ハラスメントの場合には，このような区別に迷うことなく，職員の尊厳等を傷つける絶対に許されない行為として，毅然と対応すべきである。このように，本書では，要求内容と無関係に行われる，①身体的暴力，②精神的暴力，③セクハラを総称してハラスメントという。

3　パターン例

パワハラ報告参考（39頁）では，「顧客からのハラスメントの端緒について」，「企業側に落ち度がある場合と，そうではない場合，その程度など事案ごとに様々であり，個別性が高い。基本的には，企業側に落ち度がある場合が多く，そのような場合のクレームを受ける際は，ハラスメントを受けているという感覚はなく，真摯に対応している。」との報告がある。介護保険法令等がサービス内容の範囲・質・量について明確に線引きしていないこと，福祉サービスの中心が対人援助であることから，「社会通念に照らして著しく不相当」なサービス内容の範囲・質・量であったとしても，実施しようと思えばできる内容であることも多いために，際限なく真摯に対応してしまうという現実がある。

しかしながら，事業者としては，サービス内容の範囲・質・量について，「社会通念に照らして著しく不相当」であるか否かについて，ある程度線引きを行い，毅然と対応していく必要がある。

ある程度線引きを行うために，UA，H 31 三菱の例を参考に整理していきたい。悪質クレームには，要求内容に着目したブラッククレームと，要求方法に着目した強硬手段があるので，各に分けて説明する。

(1)　要求内容（ブラッククレーム）について

苦情申出者が，施設に対して法令及び契約上法的義務がないサービスを要求する，利用者の施設に対する義務を施設に免除するように要求する場合等がある。具体的には次のようなものがある。

ア　施設に対して法令及び契約上法的義務がないサービスを要求するパターン

(ア)　法令又は契約の範囲外のサービスを求める要求

①介護保険料が高いから安くするよう求める要求（管轄違い　＊これは市区町村等へ陳情する内容），②家族の衣類を洗濯するよう求める要求（法令の範囲外），③家族が介護職員に対して利用者へのインシュリンの注射を求める要求（法令の範囲外），④施設が提携する病院以外の施設から遠い病院への通院介助を求める要求（契約の範囲外），⑤特別養護老人ホームであるのに，多床室から個室への即時変更を求める要求（契約の範囲外），など

(イ)　実現困難なことを求める要求

特別養護老人ホームの利用者家族が，信用できる職員は甲しかいないので，甲だけに支援するように求める要求，夜間寝ているときはずっとそばにいる（又は添い寝する）ように求める要求，など

(ウ)　不適切なサービス内容（サービス内容自体が不適切）を求める要求

担当医師が不要であると説明しているにもかかわらず，家族が市販の薬を持参し，施設看護師に服薬を要求する，医学的根拠に基づかない痛みを伴うようなリハビリをするように求める要求，違法性阻却事由を満たさないにもかかわらず身体拘束（ベッドの四点柵やミトン等）をするように求める要求，など

(エ)　サービスの質の低さを問題にして過大なサービス内容を求める要求（質的過剰）

「この程度できて当然」と理不尽なサービスを求める要求，短い髪の毛が１本落ちていたとして部屋の隅々まで徹底した掃除を求める要求，など

(オ)　過剰なサービス量を求める要求（量的過剰）

特別養護老人ホームの利用者家族が，居室の掃除や入浴介助を毎日するように求める要求，週に１回寿司等の外食支援をするように求める要求，微熱がある利用者に１時間おきに検温するように求める要

求，など

イ　利用者の施設に対する義務を施設に免除することを要求するパターン

・　利用料に対する苦情

利用料金を数か月滞納している利用者が「強く督促しなかった事業所にも責任がある」と支払を拒否する，など

ウ　金銭を要求するパターン

(ア)　被害・損害が発生していることに付け込む苦情

発生した被害・損害よりも高額な賠償を求める要求，施設に過失が認められないにもかかわらず利用者の心身の状態が悪化したことに対して金銭を求める要求，など

(イ)　虐待等の人権侵害が発生（又はその疑い）していることに付け込む苦情

痣等があった場合に，身体的虐待があったと決めつけ，施設が説明しても嘘だと信用せずに賠償を求める要求，など

エ　金銭以外を要求するパターン

(ア)　職員の人事に関する苦情

特定の職員が気に入らないとして職員の交代や異動や解雇を求める要求，など

(イ)　過度な苦情対応を求める要求

謝罪として土下座を求める要求，口頭により適切に謝罪したにもかかわらず謝罪文を求める要求，苦情に対して苦情受付担当者が適切に対応したにもかかわらず理事長等のトップを出せという要求，身体的虐待があったと認めるまで繰り返し説明や謝罪を求める要求，など

(ウ)　職員の態度等（態度・服装・マナー・言葉遣いなどがなっていないなど）に対する苦情

職員の態度等に不適切な点は認められないにもかかわらず，職員の挨拶の声が小さいから大声で挨拶することを求める要求，職員が根暗だから明るくするよう求める要求，など

⑵　要求方法（強硬手段）について

強硬手段としては，次のような類型が考えられる。

ア　暴力型

「暴力とは，体に接触したときはもちろんのこと，物を振り回したり，ドアを強く開け閉めするような行為も含まれる。」「故意に蹴る・殴る・たたく・ぶつかるなどの危険な接触行為はすべて暴力型に入る。接触がなくても殴りかかろうとしたり，椅子や棒を振り回すような危険行為は暴力型に入る。」（以上 UA14 頁）。

暴行の定義については，本書 171 頁・(イ)参照。

この類型として，H 31 三菱は，身体的暴力（身体的な力を使って危害を及ぼす行為。職員が回避したため危害を免れたケースを含む）と位置づけ，次のような例を挙げている。コップをなげつける，蹴られる，手を払いのけられる，たたかれる，手をひっかく・つねる，首を絞める，唾を吐く，服を引きちぎられるである（H 31 三菱 3 頁）。

イ　暴言型

暴言型には大きな怒鳴り声をあげる，侮辱的発言（例；「バカ野郎！」「死ね」「殺すぞ」「外見の侮辱」），名誉棄損や人格否定（例；職員に対して悪態をつくなど）（UA13 頁），執拗な叱責（本人の自覚がある場合とそうでない場合がある）（パワハラ報告参考 39 頁）などがある。

この類型の中には，精神的暴力やセクハラに該当するものもある。H 31 三菱は，暴言型を精神的暴力（個人の尊厳や人格を言葉や態度によって傷つけたり，おとしめたりする行為。）と位置づけ，次のような例を挙げている。大声を発する，怒鳴る，気に入っているホームヘルパー以外に批判的な言動をする，威圧的な態度で文句を言い続ける，などである。また，セクハラ（意に添わない性的誘いかけ，好意的態度の要求等，性的ないやがらせ行為。）の例として，入浴介助中あからさまに性的な話をする，卑猥な言動を繰り返す，を挙げている（以上H 31 三菱 3 頁）。なお，セクハラについては，要求内容とは関係なく行われることの方が多いと思われる。

ウ　威嚇・脅迫型

「威嚇・脅迫とは職員に危害を加える。予告して怖がらせることである。一般の職員が怖がるようなことを告げられた場合は威嚇・脅迫類型に入る。怖がらせる行為は，○○するぞという言葉だけではなく，暗に危害をにおわせる行為も含まれる。例えば次のようなものである。反社会的な勢力をにおわせる発言，異常に接近しながら怖がらせる行為」（以上 UA14 頁）などがある。

H 31 三菱は，威嚇・脅迫型を精神的暴力として位置づけ，刃物を胸元からちらつかせる，などを挙げている（H 31 三菱 3 頁）。

エ　権威型

「権威型とは，やたらと威張り権威をきて要求を通そうとする類型であり大会社の上級職員や経験者などに多くみられる類型である。必要以上に自分の権威を誇示する。特別扱いを要求したり，文章での謝罪を要求してくれば権威主義的な悪質クレームと判断する。」（以上 UA14 頁）。

オ　長時間拘束型

利用者又はその家族等が職員に長時間にわたりクレーム対応を強いる場合をいう（UA13 頁）。長時間拘束（３～５時間）（相談を受けた事例では８時間拘束という事案もあった）等，勤務時間後も続く場合がある（パワハラ報告参考 39 頁）。

カ　リピート型

繰り返し電話での問い合わせをしてくるケースが多く，電話以外にもテーマを変えて不合理な要求をしてくるパターンもある（UA13 頁）。

⑶　ハラスメント

身体的暴力及び精神的暴力は，上記⑵の説明の中に含まれているので，ここではセクハラについて説明する。

セクハラには，「必要もなく手や腕をさわる，抱きしめる，女性のヌード写真を見せる，入浴介助中，あからさまに性的な話をする，卑猥な言動を繰り返す，サービス提供に無関係に下半身を丸出しにして見せる，活動中のホームヘルパーのジャージに手を入れる」（H 31 三菱 3 頁）などがある。

4　悪質クレーム対応の基本的な考え方

以下，悪質クレームについて補足する。もっとも，悪質クレームもクレームの一つであるので，基本的には本書28～93頁・第1を参照してもらいたい。

(1)　強硬手段は，職員に対する権利侵害である

苦情申出者が，施設職員に対して，上記のような強硬手段をとってきた場合には，施設としては，苦情申出者による職員に対する権利侵害として捉えることが重要である。施設は，現場職員の尊厳・人格等を絶対に守るという立場で対応すべきである。職員は可能なことは何でもやるという何でも屋ではない。専門家である以上，できることとできないことを見極め，できないことを強要されるような場合には，職員を守り抜くという考えを根底に置くべきである。

権利侵害施設は，苦情申出者が求めている内容が，法令及び契約上法的義務を負うか否かの検討をすることなく，単に，利用者はお客様であり，神様であるからという理由で，利用者の意思を尊重したい，利用者・家族等の要望を職員が実現可能な内容であれば（法令及び契約上法的義務がなくても）実現したいという職員の真面目な気持ちを悪用し，法令及び契約上法的義務のないことまで職員に強要してしまっていることがある。もちろん，事業者としては，制度の狭間で不利益を被っている利用者を救済するために，法令及び契約上法的義務のないことをあえて行うこともあるが，それは，利用者はお客様であり，神様であるという理由ではなく，施設の理念，運営方針，利用者の置かれている状況，利用者，家族，職員の思いなどを総合的に考慮して，個別具体的な理由に基づいて組織的に判断していくものである。事業者が，法令及び契約上法的義務のないことを職員にするよう，当然のように命令するのは，職員に対するパワハラ等の尊厳・人格等を侵害することにつながることを肝に銘じるべきである。

(2)　毅然とした態度を示すこと，及びそのための体制を整備する

利用者至上主義の行き過ぎを見直し，悪質クレームに対しては毅然とした態度をとる必要がある。

その一方で，ブラッククレームについては，苦情申出者の要求内容を実現できない根拠を懇切丁寧に説明して，その要求内容を絶対に実現するべきでない。

また，強硬手段については，話合いを打ち切り，他の手段を講じることを説明する，又は講じることが必要である。

これらの対応を苦情受付者等の特定の個人に任せてはならない。個人任せにしてしまうと，悪質クレームの対象がその個人に向かい人的クレームへと発展してしまい，職員が心身共に疲弊し追い込まれることになってしまうからである。『社会通念上受け入れられないことは，きちんと断る』という毅然とした態度をとるためには，毅然とした対応をとるための体制を構築しておく必要がある。

事業者としては職員の保護，又は業務に支障をきたさないためにも悪質クレームに対して判断基準を設け，早い判断で対応していくことが求められる。以下毅然とした対応例を挙げる。

① ブラッククレームに対しては，苦情申出者の要求内容を実現できない根拠を懇切丁寧に説明して，その要求内容を絶対に実現すべきでない。

② ブラッククレームに対して，誠意をもって上記①の対応をした上で，苦情申出者が常識の範囲を超えた方法をとった場合には，強硬手段と判断する。

③ 強硬手段に対しては，相手方の言動や圧力に負けずに，苦情受付者等の施設職員との話合いを打ち切り，組織的判断のもと，他の手段（警告文・解除通知等の発送，本部職員を窓口にする等）を講じる。

④ 複雑化・長期化傾向のあるクレームには上位職位者が対応する。また，相談可能な専門機関があればその機関で対応してもらえるように働きかける。迅速に判断していくことを心掛ける必要がある。

⑤ 訴訟や悪質性の高い強硬手段に対しては，弁護士・警察に依頼する等の対応に切り替える。

＊悪質クレームを常習化させないために毅然とした対応方法をとり，担

当者の個人任せにせず，孤立させることなく組織的に対応するとともに，担当者のメンタル面に配慮する。

（以上，UA ８・９頁，参考に一部改変）

⑶　事前の啓蒙・教育を行う

悪質クレームに至るには，職員と利用者又はその家族等との相性や関係性の状況が大きく影響している場合がある。いわゆるボタンのかけ違いである。ブラッククレームについては，契約時に「何でもします」と軽々に言ってしまっていたり，要求を安請け合いして対応（実現）してしまっていたり，強硬手段については，暴言等を見過ごす，などの積み重ねがあることが多い。契約締結時やサービス利用開始当初であれば，ブラッククレームや強硬手段があれば，毅然とした対応をとることができた（又は契約を締結しない）と思われる。しかし，当初から実現してしまっている場合には，徐々に悪質クレームへと進行していくことが多いことから，現場の職員としては，これまで要求を受け入れてきた中で，突如毅然とした対応をとることを躊躇してしまい，より事態を悪化させてしまうことが多いと思われる。

そこで，事業者としては職員に対して，悪質クレーム対策についての教育を実施し，職員が過度に対応しないように考え方や対応を周知徹底して，早い段階で毅然とした対応をとっていくことが必要である。これらにより，悪質クレームに発展させない取組みが必要となる。

⑷　早期に対応する

悪質クレームへの発展段階として考えられるクレームは，当初から悪質クレームの場合もあるが，次のような流れで悪質クレームへと発展することが多いであろう。

まず，ブラッククレームについては，①サービスの範囲内の要望やクレーム⇒②サービスの範囲内か否かの判断が不明確な場合の要望やクレーム⇒③サービスの範囲外であることが明らかなブラッククレームという流れで発展すると思われる。例えば，①の段階では，週に２回入浴する際に，下肢に拘縮があるので，足の指（足趾）と指の間をきれいに洗ってほしい。⇒②の段階では，入浴回数を週３回にしてほしい。⇒③の段階では，入浴を毎日してほしい。というパターンである。①の段階は，ホワイトクレームであるので，職員は，謝罪した上で利用者や家族の要望どおりに実施することになる。ここで一種の優劣・上下関係のような関係が出来上がってしまう。利用者や家族からすれば，職員は，クレームを言えば謝罪して，言ったとおりのことを実施してくれる存在として映り，自分よりも職員を下に置いてしまうことが起こる。このような関係性の中で，②の段階での週３回の入浴を当然のように実施してしまうと，利用者や家族からすれば，職員は言えば必ず自分の言うとおりに実施してくれる存在であるとの思いが強く固定されてしまう。そして，ついには，③の段階で，毎日の入浴を要望した段階で，施設等職員が，毎日の入浴は実施できませんなどと拒否したので，利用者や家族は，突如，大声で怒り出す等の強硬手段に転じることになる。それゆえ，施設等としては，遅くとも②の段階で，週３回は，ブラッククレーム疑いとして，組織的に検討して，利用者の心身の状況等を考慮して，週３回の入浴を実施するか否かについて判断して，実施する場合であっても，重要事項説明書や運営基準では週２回になっていること，施設等の内部の会議やサービス担当者会議等で検討した結果，実施することになったことや実施理由を説明しておく必要がある。このような説明を省略してしまうと，利用者や家族は，職員は言えば自分の思いどおり何でもしてくれる使い勝手のよい存在と捉えてしまうことになりかねないのである。このような関係性にならないように，職員は，利用者又はその家族に対して，重要事項説明書や運営基準等を踏まえて，①の段階も含めて普段から丁寧に説明するべきであろう。もっとも，普段から上記のような説明を徹底することは難しいと思われるので，②の段階，又はサービスの範囲から逸脱する程度が軽微な段階で，現場職員に任せることなく組織的に対応することが重要であろう。早期に組織的な対応をせずに，現場職員に任せることは，次の④の段階として，単なる上長の職務放棄や組織的な放置という段階に発展（悪化）したと言わざるをえず，現場職員は，組織に対する諦めが生じ，施設等で働く意欲を減退させてしまうことになる。さらに，④の段階が相当程度続くと⑤の段階になり，現場職員は退職したり，長期の入院や通院せざるをえない状況に追い込まれることになる。施設等としては，このような悪化の流れをできる限り早い段階で断ち切るべきである。

次に，強硬手段への発展段階については，①サービスの範囲内の要望やクレームを平穏な手段で訴える⇒②サービスの範囲内か否かを問わず，単発的に短時間で強硬手段をとる⇒③強硬手段が繰り返されたり，長時間になったり，強硬手段の内容もエスカレートする，という流れで発展すると思われる。例えば，①の段階では，週に２回入浴する際に，下肢に拘縮があるので，足の指（足趾）と指の間をきれいに洗ってほしいと，笑顔で丁寧に言う。⇒②の段階では，足の指（足趾）と指の間の洗い方が不十分であったため，大声で１，２回「ちゃんと洗ってと言ってるでしょ。」と言う。⇒③の段階では，「ちゃんと洗ってと言ってるのになぜできないの。」「バカ。」「死ね。」などと大声で10分間程度言う。というパターンである。①の段階は，平穏な手段であるので，施設等として特段対応することはないと思われる。もっとも，ホワイトクレームで書いたとおり，一種の優劣・上下関係のような関係が出来上がってしまうことはありうる。このような関係性の中で，②の段階で，施設等が利用者に何も言わずに放置してしまうと，利用者や家族からすれば，職員はきつく言ってもよい存在，大声で注意しても何も反論しない弱い存在と映ってしまう。そして，ついには，③の段階で，利用者又はその家族は，強硬手段をエスカレートさせることになる。このような場合，②の段階のように，強硬手段のうちその内容や程度が軽微な段階で，現場職員に任せることなく組織的に対応することが重要となろう。適切に洗身できていない点については，謝罪するとしても，大声で注意することは，控えてもらうようにお願いすべきであろう（上記の例では利用者にお願いしづらい点はあると思われるが，可能な限り，早期に組織的対応をすべきであろう。）。早期に組織的な対応をせずに，②の段階をそのまま放置しておくと，ブラックククレームの④や⑤の段階に悪化してしまうであろう。

悪質クレームについて，施設等としては，このような悪化の流れをできる限り早い段階で断ち切るべきである。

⑸　他の外部資源を活用する

他方，事態が悪化した場合には，個々の法人本部や施設だけで，強硬手段に対応することが困難な場合がある。また，職員が疲弊してしまう場合もある。このため，利用者を担当する医師や市区町村・保健所・地域包括支援センターに相談する，他には，警察（各都道府県警察の被害相談窓口）に通報したり，弁護士に依頼することも必要な場合がある。

5　体制整備

⑴　基本方針の決定等

職員による虐待防止と同様，施設長等のトップが，悪質クレームのうち強硬手段は，職員に対する人権侵害行為に当たることから，絶対に許されないことを決意表明し，強硬手段の対応に関する基本方針やマニュアルを作成し，周知徹底していくことが必要となる（松宮 51 ～ 52 頁，管理者研修三菱 31・32 頁参照）。

⑵　迅速な情報共有

まず，施設で悪質クレーム（又はその疑いも含む。）を受けた場合には，速やかに，法人全体（本部や他施設も含む。）で，悪質クレーム（又はその疑いも含む。）に関する情報を共有する必要がある。悪質クレームを訴える利用者又はその家族等は，当該施設だけでなく，本部や法人内の他施設にも訴えて，自分にとって有利な言動を引き出そうとする傾向にあるので，速やかに情報共有することにより，法人として，本部や法人内の他施設は，少なくとも対応を保留して，回答をしないようにする必要がある。よって，迅速に法人全体で情報共有できるように情報共有の方法について決めておくべきである。

⑶　本部体制の確立

まず，サービス内容の範囲・質・量については，法人として，利用者又はその家族等が求めるサービスを実施するか否かを早急に決める必要があるので，施設等で判断が難しい事案の場合には，本部が，法人としてここまでしか対応できないという線引きを行うべきである。

また，施設等に落ち度があったり，これまでに提供する義務のないサービス内容の範囲・質・量についてある程度サービスを実現していたり，これまでの利用者又はその家族等と施設等との関係などから，施設等が強く利用者又はその家族等に対して強い対応ができない場合は，本部が対応することが必要となる。本部でも，悪質クレームに対する対応を１人に任せず，複数人体制をとり，必要に応じて，２人で対応する，人を代える等の対応ができるように，人員を配置すべきである。

法人が一施設一法人のように小規模の場合には，第三者委員を活用したり，小規模法人が拠出金を出し合い，小規模法人が加盟する団体を形成して本部を作り，専従職員を配置する等の取組みも必要であろう。

⑷　他の外部資源との連携

悪質クレームへの対応が，過度に管理者や本部職員に集中し，これらの職員が疲弊するのを防止するためには，外部資源をも活用すべきであろう。

悪質クレーム対応により事態が悪化し，管理者や本部職員に対する負担が大きいと認められた場合には，①弁護士に依頼する，②警察に通報する，③医師や④市区町村・保健所・地域包括支援センター等に相談するなど，これらに対して迅速に相談して助力が得られるように，①については，サービス等に精通した弁護士に顧問弁護士（各弁護士会に相談して顧問弁護士等を紹介してもらう。）になってもらい普段から相談する，②～④については，普段から地域に根差した取組み（地域ケア会議に参加，地域住民の安全確保や権利擁護のための学習会や会議を開催するなど）を行う，ある特定の利用者の権利擁護のために普段から連携しながら積極的に支援を行う，普段から相談を行う，などをとおして顔の見える関係を形成しておく，③の協力医師との関係では，普段から，利用者・家族等に対して，病状，今後のリスク，治療等について説明をして，利用者又はその家族等との信頼関係を形成してもらう，などの取組みをしておく必要がある。

⑸　現場の職場環境の整備

職員は，利用者から暴力・暴言・セクハラ等を受けてもうまくいなしながらサービスを提供するのがプロである，利用者から暴力・暴言・セクハラ等を受けるのは職員が未熟である，などの意識のもと職員をフォローしてくれない権利侵害施設もある。

ある現場職員が利用者又はその家族等から現に暴力・暴言・セクハラ等を受けている場合には，直ちに他の職員が駆けつけフォローする，応援を呼ぶ，同現場職員はサービス提供を中止して他の職員へ交代する，などその場で直ちに複数人で対応できるようにしておく。また，暴力が収まった後で，今後のサービス提供上の留意点や同現場職員に配慮して他の職員がどのようにフォローしていくのかについて話し合い，決められた計画に基づいてサービスを提供する等，職員同士がフォローし合う職場環境を整備していく必要がある。職員が悪質クレームやハラスメント被害（又はその疑いを含む。）に遭ったときに，相談・報告等しやすい環境整備については，次頁・⑵参照。

6　悪質クレームの事前の抑止策について

⑴　職員研修・マニュアル作成

ア　サービスの範囲の理解

施設等から苦情についての相談を受けていると，利用当初は施設等と利用者又はその家族等との関係は良好であったが，途中から無理難題を要求してくるようになってきたので，その要求を断ると暴言等を発するようになったというパターンが散見される。このような事態に至ってしまうのは，利用者又はその家族等からの苦情・要望に柔軟に応えることこそが福祉サービスの使命であると理解して，職員が対応していることが多いと思われる。

筆者が苦情対応の相談を受けているときに，これまでの経過記録を見たり，経過説明を受けていると，例えば，当初から，医学的根拠に基づかない家族独自のリハビリをするように頼まれたので，利用者にとっては無意味であるが，家族の納得のためにリハビリを行っていたところ，最近になって医学的根拠に基づかない痛みを伴うようなリハビリをするように求めてきた事案のように，徐々に要求内容がエスカレートしてくる場合がある。しかし，利用者又はその家族等にとっては，無意味であるリハビリを職員が実施してしまったことが要求をエスカレートさせた要因になっているので，悪質クレームの予防のためには，当初から職員が上長に相談して，組織的に検討することが必要となる。そのためには，苦情の初動期の段階で職員が上長に相談できるように，職員がサービスの範囲について理解しておく必要がある。

イ　悪質クレームの理解と対応

悪質クレームのうちブラッククレームに対しては，初動期の対応が重要であり，ブラッククレームが，サービスの範囲内か否か，範囲外の場合であっても提供するのか否か，提供する場合の条件などを，組織的に決める必要があるので，職員が早期に上長に相談することを徹底すべきである。併せて，利用者又はその家族等の職員に対するハラスメントを含む強硬手段に関する研修を行うべきである。悪質クレーム（ブラッククレームや強硬手段）に関する知識がなければそもそも上長に報告・相談することさえできないからである。

他に，苦情受付者に対しては，通常の苦情対応マニュアルだけではなく，悪質クレームのうちブラッククレームの内容や強硬手段のパターンや具体例を盛り込んだ，悪質クレーム対応マニュアルを作成し，苦情受付者（及びその他職員全員）に配布して，対応方法について，研修を行う必要がある。

⑵　職員が相談・報告等しやすい職場環境の整備

相談室等の個室で他の職員の目が届かない場所で，職員が現に強硬手段による訴えにあっている場合には，時間的余裕がないので，警報ブザー等のボタンを押せばすぐに応援を呼ぶことができるようにする等の体制を整備しておく必要がある。

苦情受付が終了した後，悪質クレームやハラスメントについて，職員が相談できる窓口を決めてホットラインを設け，迅速に相談できるように体制を整備しておく必要がある。相談する際に，「相談シート」を活用すべきであろう（職員研修三菱 42 頁）。「相談シート」等のような書式に記憶が鮮明なうちに記載することで，契約を解除する際の解除事由の有無の判断やその裏づけとして，本部や弁護士・警察等に相談する際の資料として活用できるからである。「相談シート」等を記載する職員（以下「記載者」という。）には，将来的に本部や弁護士等の外部等に相談する資料として活用することを伝えておく方が，職員も具体的に記載したり，組織的に対応してもらえるという安心感も得られるであろう。他方，記載者としては，本部や弁護士・警察等に報告することに抵抗がある場合もあるので，「相談シート」等の使途について，記載者と話合いをして，使途を限定することも必要であろう。

他には，職員が，外部で無償又は安価でカウンセリングを受けることができるように，法人がカウンセラー等と契約する，メンタルヘルスケアの相談窓口を本部に設置することなどが必要となる。

⑶　契約書・重要事項説明書等の整備，これらに基づく説明

まず，これまでの苦情やトラブルを踏まえて，サービス内容が不明確な点を明確化したり，サービス提供の際に生じると想起できるリスク内容を明記したり，ブラッククレームの内容や強硬手段のパターンや具体例を盛り込んだり，どのような場合に契約を解除するのかについて具体化するなど，契約書・重要事項説明書等の書面を整備する必要がある。

整備された契約書・重要事項説明書等の書面に基づき，利用者又はその家族等に対して，ブラッククレームの内容や強硬手段のパターンや具体例を説明し，利用者又はその家族等が強硬手段に至った場合には，警告文を送ったり，契約を解除する場合があることを説明しておくことも必要である。契約書や重要事項説明書により，どのようなクレーム内容がブラッククレームに当たるのか，その内容や，ハラスメントや強硬手段が行われた際に，その後施設がどのように対応するのかについて（契約解除，本部や弁護士・警察等への相談，本部や弁護士への交渉窓口の変更，家族の立入禁止等を含む。），丁寧に説明することが重要である。そのような内容を利用者又はそ

の家族等に言いにくいという声も散見されるが，サービスを利用したいという気持ちの強い契約締結時の段階が，最も利用者又はその家族等が真剣に耳を傾けてくれる機会であるので，時間がかかったとしても，書面で渡すだけではなく，契約時に利用者又はその家族等の前で読み上げて説明すべきである。また，説明は，契約段階や契約締結日以降も必要に応じて行うべきである。

⑷　契約目的・動機等を踏まえた説明

契約書・重要事項説明書等の書面に基づき，サービス内容やサービス利用上の留意点等を説明していると思われるが，利用者又はその家族等によって，サービス内容のうちこだわっている内容は異なる。事業者側としては一般的に一通り説明するだけでなく，利用者又はその家族等から，サービスの利用目的やサービスを利用するに至った動機等を聴取し，これらに焦点を当てて詳しく丁寧に説明することが重要である。聴き取ったサービスの利用目的やサービスを利用するに至った動機等の内容に対して，そもそもサービス内容として実現できるのか，実現できるとしてどの範囲，どの程度までであれば実現できるのか等，懇切丁寧に説明して，利用者又はその家族等にサービス内容について，理解してもらう必要がある。

⑸　利用者に生じるリスクの説明

契約締結時，又はその後のサービス担当者会議，各種計画書等の説明のときに，予想される事故や状態悪化等については，各段階で適宜これらの内容を説明する必要がある。

例えば，京都地判平成24年７月11日（松宮259頁）は，転倒事故事案において，利用者に対して「移動したいときにはナースコールをするように指示を徹底し，Ａに対する看視を頻繁化するほか，離床センサー及び衝撃吸収マットをベッド周囲に敷き詰めるべきであったのにこれを怠った過失」を認めた事案であるが，同判決は，「事故防止が不可能であるとすると，Ａのような高齢者が転倒した場合の生命身体の危険に照らし，被告（注：事業者）は，本件契約４条⑵②の「利用者の病状，心身状態が著しく悪化し，当施設で適切な短期入所生活介護サービスの提供を超えると判断された場合」（略）に該当するものとして，契約解約の手段を採るほかなくなる。」と判示している。事業者としては，転倒・転落事故にかかわらず，事故の危険性の高い利用者を受け入れる場合又は事故の危険性の高いことが認められた場合には，事業者としてできる範囲の事故防止対策及びリスクを利用者・家族等に懇切丁寧に説明をした上で同意を得るようにすべきである。例えば，転倒事故の場合，転倒事故が頻繁に起こっているなど，転倒事故のリスクの高い利用者の場合には，居宅・施設サービス計画書に基づく支援内容の説明（特に転倒防止のための支援内容（見守りや環境整備を含む。））を十分説明するとともに，施設で提供できるサービスの範囲では，転倒事故を防止することが困難であることも，居宅・施設サービス計画書，リスク説明書等で説明をしておくことも重要である。利用者又はその家族等に対して，リスク内容を説明書等で説明をして，説明書に署名・押印してもらうことも必要であろう。

このように，事業者が，特に家族等に対して，タイムリーに，利用者の状態の悪化や今後生じる可能性のあるリスクを説明することは，家族等が，利用者の現状を受け入れ，今後生じることが想定される事故（事業者の無過失事案）や状態悪化，ひいては死を想定した予期的悲嘆（利用者の死が訪れる前に，家族が患者の死を想定して喪失感を抱き，心理的反応を示すことをいう。）を促すことにより，利用者の事故，状態悪化，及び死が現実になったときのショックや悲嘆を軽減するとともに，家族等が利用者の現状に対して抱いている悲しみ等を傾聴し，寄り添うことは，家族等に対する支援として重要である。

⑹　居宅・施設サービス計画書等に基づく説明

悪質クレームに至る前に，普段から居宅・施設サービス計画書の説明のとき等を利用して，利用者又はその家族等に，サービスの提供状況を十分に説明しておくことが重要である。筆者が副施設長をしていたときは，まず，利用者の心身の状況だけでなく，家族らが知らない，利用者ができること，希望や好きなことなどをも説明するようにしていた（職員には家族等が知らない利用者の強み等を探すように助言していた。)。これは，施設等の職員は，利用者のことを十分に観察して，利用者のことを知ろうと努めている姿勢を強調するためである。悪質クレームに至る利用者又はその家族等は，施設等が利用者のことを知ろうともせずに，機械的に流れ作業的にサービスを提供していると思い込んでいる場合が散見されるからである。施設等は，利用者又はその家族等がこのような思い込みに至らないように普段から説明を意識的に行うべきである。

次に，週間計画表の説明にも力を入れていた。週間計画表では，利用者の24時間及び１週間の過ごし方とその過ごし方に合わせたサービスの内容，日常生活を支えるサービスだけではなく，その他の生活の質を高めるサービス内容，これらのサービスを提供する際に，施設等が利用者の安全を確保するために留意して行っている内容等をも詳細に説明をするようにしていた。悪質クレームに至る利用者又はその家族等には，施設等が提供するサービス内容について，施設等が何も考えずにサービス提供していると考えたり，サービスを表面的に捉えて施設等が取り組んでいることと過小評価するなどの傾向があるので，施設等としては，利用者又はその家族等に，施設等のサービスを正当に評価してもらえるように，普段から説明を意識的に行うべきである。

⑺　利用者又はその家族等に対する周知

悪質クレームのうち，ブラッククレームの内容，特に強硬手段のパターンや具体例を列挙した掲示物を施設内に貼ることも有効である。H 31 三菱の３頁の内容等を使って，利用者又はその家族等に対し，介護現場での職員へのハラスメントが全国的な問題になっており禁止されていること，厚生労働省がハラスメントを防止する取組みを進めていること，などを利用者又はその家族等へも周知していくことが必要である。周知にあたっては，例えば，H 31 三菱 16・17 頁，管理者研修三菱 34 ～ 37 頁，本書 134 ～ 138 頁・３等を参考に，お願い（要望）という形で，具体的かつわかりやすい表現を用いて，利用者又はその家族等がやってはいけないことをイメージしやすくする必要がある。その際には，利用者又はその家族等に抵抗なく受けて入れてもらうために，「利用者・家族等が安心してサービスを受けられるよう，虐待防止やケア技術の向上に努めていることも伝え」るとよいであろう（H 31 三菱 15 頁）。

他方，ハラスメントの具体例を記載した掲示物を貼付することにより，利用者又はその家族等に不快感や不信感を生じさせる可能性もある。施設としては，弊害の方が大きいと判断した場合には，職場内のセクハラ・パワハラ防止，家族等の養護者や職員による利用者に対する虐待防止などの具体例を記載した掲示物を玄関口やエレベーター内等に貼付することを検討してもよい。一定の効果があると思われる。

いずれにせよ，繰り返し管理者等が伝えることが大切であり，場合によっては，医師や介護支援専門員など第三者の協力も得ながら，繰り返し伝えていくことが重要であろう（H 31 三菱 15 頁）。

第2　悪質クレームに対する具体的な対応について

ここでは，現実に悪質クレーム（又はその疑い）が認められた場合の対応について，時系列に沿って説明する。

1　利用者等からの悪質クレーム受付時の留意点

(1)　要求内容の特定・明確化

ブラッククレームについても，受付時の留意点は，基本的に本書30～42頁・3のとおりである。

ただ，ブラッククレームの場合には，特に要求内容の特定が重要である。例えば，「誠意を見せろ」等のように要求内容が抽象的な場合には，要求内容を特定する必要がある。まず，お金を要求する趣旨か否かについて端的に質問し，明確にしておくべきである。なぜなら，例えば，金銭を要求することと強硬手段が結びつく場合には，恐喝罪（又はその未遂）に当たる可能性があるからである。相手方が明確な回答をしない場合には，施設側で「お金を要求しないという趣旨であると理解しておきます。」などと伝えて，相談（苦情）受付書に，その旨を明記して，写しを交付しておくとよい。他には，求めるサービス内容等を明確にしておくとよい。

(2)　強硬手段等の留意点

次に，強硬手段等について，触れておく。

苦情受付段階で，相手方が，強硬手段等（又はその疑いを含む。）をとるに至った場合には，後の対応を迅速に進めていくために，強硬手段についての証拠化を行う必要がある。暴言であれば，電話やボイスレコーダー等により，音声等を録音し，証拠化しておく必要がある。暴力については，防犯カメラの設置等により録画できればよいが，現実的には困難であるので，職員が，言葉で「○○様，両手で○○（職員の氏名）の襟を強く掴んで，体を揺さぶるのをやめてください。」などと，暴行の内容を具体的に言葉で説明して，録音を実施する必要がある。証拠の確保のためとはいえ，暴言・暴力を長時間受ける必要はないので，ある程度の証拠の記録が完了したら，話合いを打ち切り，退去を求めるべきである。もちろん，苦情受付者の安全確保が最重要であるので，警報ブザー等の活用により応援を呼ぶ，警察へ通報する等の対応をとるのは当然である。

30 分程度は相手方の言い分を十分に傾聴する必要はあると思われるが，苦情受付時間が１時間を超えても，その場での解決に固執する，沈黙の時間が続く，同じ訴えを何度も繰り返す，サービス内容と関係のない話を長々とする等の場合には，業務に支障が出るので，録音を始めて，今後の施設側の対応の予定を説明し，それでも退去してもらえそうになければ，「既に，○○様から，１時間お話を伺っております。当方の今後の対応も説明させていただいておりますので，本日は，お引き取りください。」などと説明し，退去しない場合には毅然と退去を求め，場合によっては警察へ連絡をすることもありうる。

繰り返し電話で相手方が苦情を訴える場合には，「連絡先を確実に取得した上で，不合理な問い合わせの回数が２回きたら注意し，３回きたときには対応できない旨をつたえる。

それでも繰り返し訴える場合には，ブラックリスト化しておき電話の通話記録を残し，４回目からはより上長が対応して窓口を一本化し，迷惑であり，やめることを毅然と伝え対応する。その後，繰り返された場合には業務妨害罪として警察へ通報する。」（UA13 頁）こともありうる。

2　職員からの相談の受付時の留意点

職員からの相談受付時の留意点についても，基本的に本書 35 ～ 42 頁・⑷のとおりである。

介護現場で働いている大半の職員は，利用者に幸せになってほしいと心から願い，真面目で優しいので，利用者等による悪質クレームを受け付けたときは，自らの対応を責めたり，自分が悪いと思い込んだり，利用者又はその家族等に不快な思いをさせてしまい申し訳ないと思い込んだり，自分が悪いのに自分が相談することで施設等に迷惑をかけたくないと考えたりする等，悪質クレームについて相談をすることを躊躇することが多いと思われる。職員からの相談を受け付ける職員は，このような心情を十分に理解するとともに，利用者等による悪質クレームを受け付けた職員が，上長等に相談することは，勇気がいることであることを理解した上で，まずは，相談したこと自体に対して感謝し，受容・傾聴や共感を大切にしながら，職員を十分に労いつつ，事実を聴取する必要がある（35～42頁・⑷）。

3　悪質クレーム・ハラスメントの受付・発生時又は初動期の評価・対応

⑴　法令及び契約上法的義務があるか否かの早期の見極め及びその際の考え方

介護現場の職員は，利用者の意思を尊重したい，利用者又はその家族等の要望を職員が実現可能な内容であれば（法令及び契約上法的義務がなくても）実現したいという真面目な気持ちが強く，要望に対応してしまいがちになっている。言われるがまま対応（実現）してしまうと，要望がサービスの範囲を著しく超える等，将来的にエスカレートしていくおそれがあるので，初動期の段階で，サービスの範囲内か否かの線引きを行う必要がある。初動期対応を誤り，サービスの範囲外の要望であるにもかかわらず，当然のように，対応（実現）してしまうと，後日，エスカレートした要望を対応（実現）しなかったときに，利用者又はその家族等にとっては，なぜ今回は要望を実現してくれないのかといった怒り等の気持ちが生じ，強硬手段に移行する危険性を高めることになるので，初動期対応が重要である。

ア　施設に対して法令及び契約上法的義務がないサービスを要求するパターン

㋐　法令又は契約上範囲外のサービスを求める要求

ⅰ　例

①介護保険料が高いから安くするよう求める要求（管轄違い　＊これは市区町村等へ陳情する内容），②家族の衣類を洗濯するよう求める要求（法令の範囲外），③家族が介護職員に対してインシュリンの注射を求める要求（法令の範囲外），④施設が提携する病院以外の施設から遠い病院への通院介助を求める要求（契約の範囲外），⑤特別養護老人ホームであるのに，多床室から個室への即時変更を求める要

求（契約の範囲外），など

ⅱ　初動期の対応方法

これらの場合には，法人が，老人福祉法や介護保険法等の関係法令，運営規程，自主点検表，重要事項説明書，契約書，各計画書等を調査・確認して，相手方の要求内容が，法令又は契約上範囲外のサービスを求める要求であると，法人が判断した場合には，要求内容に対しては対応できないことを伝えるとともに，その理由をわかりやすく懇切丁寧に説明すべきである（60～63頁・(オ)(カ)参照）。

例えば，上記②のようなブラッククレームの場合，家政婦などのように契約でサービスの内容を他の法令に反しない限り自由に決められるのとは異なり，介護保険を利用する場合には，介護保険法令を遵守することが求められていること，法令の具体的内容として下記【参考１】の通知を示して説明することになる。もっとも，家族は，家族の衣類を洗濯できずに困っていることが認められる事情があるのであれば，担当ケアマネジャー，管轄の地域包括支援センター等に相談したり，シルバー人材センター，家政婦，ボランティア，介護保険外の全額自費負担のサービス等の他の手段を説明する等のフォローをすべきであろう。

上記③のようなブラッククレームの場合は，上記②のように，介護保険外の全額自費負担のサービスとして職員が対応することが違法とはいえないのとは異なり，介護職員が介護保険外の全額自費負担のサービスとして提供した場合には，他の法令（上記③は医師法17条等）に違反して，違法となる。利用者又はその家族等が「何かあっても責任を追及しない」「黙っているから」などと言われたとしても，平成17年7月28日付老振発第0728001号等の通知を示して説明することになる。

上記④及び⑤では，要求を実施することが法令の範囲外とまではいえないが，契約の範囲外といえるパターンである。契約書又は重要事項説明書に，これらのことを実施できない旨の記載があると思われるので，これらに基づいて説明すれば足りる。

上記④では，「指定介護老人福祉施設の医師又は看護職員は，常に入所者の健康の状況に注意し，必要に応じて健康保持のための適切な措置を採らなければならない。」（介保基準省令18条），「指定介護老人福祉施設は，入院治療を必要とする入所者のために，あらかじめ，協力病院を定めておかなければならない。」（介保基準省令28条1項），「指定介護老人福祉施設は，現に指定介護福祉施設サービスの提供を行っているときに入所者の病状の急変が生じた場合その他必要な場合のため，あらかじめ，第2条第1項第1号に掲げる医師との連携方法その他の緊急時等における対応方法を定めておかなければならない。」（介保基準省令20条の2），「対応方針に定める規定としては，例えば，緊急時の注意事項や病状等についての情報共有の方法，曜日や時間帯ごとの医師との連携方法や診察を依頼するタイミング等があげられる。」（介保解釈通知19）と定めるのみであり，施設が協力病院への通院介助をすべきか，利用者が協力病院以外の病院等への通院を希望した場合に通院介助をすべきか，などの通院介助について明確には定められていない。施設には，数時間1対1介助となる，施設の車が他の目的に使えなくなるなどの負担があると思われるが，少なくとも緊急時の対応（救急車への同乗等），協力病院への通院介助は施設が行うべきであろう。ただし，協力病院（介保解釈通知27では，協力病院は「指定介護老人福祉施設から近距離にあることが望ましい」と定められている。）以外の病院等への通院については，協力病院への通院介助よりも，施設の負担が大きくなるので（距離が遠くなる，病院の利用者に対する配慮が望みにくい，など），施設での対応は困難であろう。負担が大きくなる場合には，家族等の支援により協力病院以外の病院等へ通院してもらうように説明することになろう。利用者にとっては，施設に入居していても病院等を選択する自由はあるので，協力病院以外の病院等への通院そのものを施設が制限することは不適切であろう。上記⑤については，下記ⅲ参照。

施設が，懇切丁寧に説明しても，相手方がさらに繰り返し同じ訴えを継続する場合には，市区町村に確認してその結果を説明する，市区町村，第三者委員や国民健康保険団体連合会に苦情・相談をしてもらう，市区町村が社会福祉協議会等に委託して実施している相談窓口を活用する（例えば，大阪市では，介護保険等のサービスを提供している事業者が申出をして，調停委員による調停を行うなど，話合いによる問題の解決を図っている。ただ，このような制度がない市区町村の方が多いと思われる。後記【参考2】），居宅サービスであれば，担当のケアマネジャーや地域包括支援センターに相談して制度の説明等をしてもらう，などの対応を検討する。

ⅲ　施設利用契約の法的性質

上記⑤に関連する問題として，施設が入居者に対して，適切にサービスを提供することを目的として，居室の変更を求めたときに，利用者・家族等が頑なに拒否する場合がある。これは，施設利用契約が特定の居室を有料で借りているという賃貸借契約であると勘違いしていることが原因であると考えられる。

確かに，賃貸借契約の場合，賃貸人は，賃借人に対して，賃貸借の目的物を特定（居室の特定）して貸すことが，同契約の本質的要素であり，賃借人には，特定された居室を，自ら支配・管理する賃借権が発生することから，施設利用契約が賃貸借契約だとすると，賃借人である利用者の同意なく，賃貸人である法人・施設が一方的に居室を変更することは許されないことになる。つまり，賃貸借契約の場合，契約時の居室の継続性が確実に保障され，相続されることにもなる。

しかし，次のとおり，施設利用契約は，利用権契約である。すなわち，施設利用契約は，法人・施設が，利用者に対して，①居室等の利用，及び②介護等のサービスの提供を行うという債務を負っている。それゆえ，①及び②が必ずしも分離せず，渾然一体となった混合契約という特徴を有することから，施設利用契約の法的性質は，利用権契約（無名契約の一種）ということになる。このように考えた場合，利用権はホーム施設内全体を利用する権利と捉えられ，一般的に居室の割り当てが行われているにすぎず，一旦割り当てられた居室を継続的に利用する権利が当然に利用者に認められているとまではいえないであろう。したがって，ある居室を継続して使用できるか，居室の変更が求められるかどうかは，個々の事業者との間の契約内容によることになり，また，利用権は相続もできないことになる。

よって，利用者又はその家族等が，賃貸借契約であることを前提に，居室変更を拒んだ場合には，上記の内容を説明すればよい。

上記⑤の場合，法人としては，入居者全員が，できる限り快適に安心して生活できる環境を整備するために，入居者全員の意思や心身の状況を考慮した上で調整を行い，居室の割り当てをしているにすぎないので，利用者又はその家族等の居室変更の要望に応じる義務はないといえる。

【参考1】指定訪問介護事業所の事業運営の取扱等について（平成12年11月16日老振第76号。最終改正：平成15年3月19日老計発第0319001号，老振発第0319001号）

「保険給付として不適切な事例への対応について」

「訪問介護員から利用者に対して，求められた内容が介護保険の給付対象となるサービスとしては適当でない旨を説明すること。その際，利用者が求めているサービスが保険給付の範囲として適切かどうかや，家事援助中心型の訪問介護の対象となるかどうかについて判断がつかない場合には，保険者（市町村）に確認を求めること。」

「〔別紙〕一般的に介護保険の家事援助の範囲に含まれないと考えられる事例

1.「直接本人の援助」に該当しない行為

主として家族の利便に供する行為又は家族が行うことが適当であると判断される行為

●利用者以外のものに係る洗濯，調理，買い物，布団干し

●主として利用者が使用する居室等以外の掃除

●来客の応接（お茶，食事の手配等）

●自家用車の洗車・清掃等

２．「日常生活の援助」に該当しない行為

(1)　訪問介護員が行わなくても日常生活を営むのに支障が生じないと判断される行為

●草むしり

●花木の水やり

●犬の散歩等ペットの世話等

(2)　日常的に行われる家事の範囲を超える行為

●家具・電気器具等の移動，修繕，模様替え

●大掃除，窓のガラス磨き，床のワックスがけ

●室内外家屋の修理，ペンキ塗り

●植木の剪定等の園芸

●正月，節句等のために特別な手間をかけて行う調理等」

【参考２】

社会福祉法人大阪市社会福祉協議会が運営している「おおさか介護サービス相談センター」がある。同センターでは，常勤職員が一般相談を受け付け，相談に応じ，必要に応じて，福祉・保健・医療・法律の専門的知識を有する者が，常勤職員に対して助言を行う。この段階で終結に至らない場合には，専門相談に移行し，上記専門職が直接相談者から事情を聴取し助言を行う。あるいは，苦情内容に関する関係当事者間の話合いに進む場合もあり，この場合には，上記専門職のうち２名が１組となり，あっせん等を行うことがある。

(イ)　実現困難なことを求める要求

ⅰ　例

①特別養護老人ホームの利用者Aの家族が，信用できる職員は甲しかいないので，甲だけに支援するように求める要求，②夜間寝ているときはずっとそばにいる（又は添い寝する。）ように求める要求，など

ⅱ　初動期の対応方法

①は，各種介護サービス契約は，利用者と法人との間での契約であり，利用者は直接職員との間で契約していないので，利用者Aに対して特定の職員甲を配置する義務を負うものではないことなど，実現できないことを懇切丁寧に説明すべきである。

②は，利用者と職員とが同性であったとしても職員に過度な負担を強いる（ひいては職員の人格権を侵害する。）という点で不適切なサービスに該当することなど，実現できないことを懇切丁寧に説明すべきである。

これらを拒否する場合は，下記(オ)過剰なサービス量を求める要求（164頁）も参照。

(ウ)　不適切なサービス内容（サービス内容自体が不適切）を求める要求

ⅰ　例

①担当医師が不要であると説明しているにもかかわらず，家族が市販の薬を持参し，施設看護師に服薬を要求する，②医学的根拠に基づかない痛みを伴うようなリハビリをするように求める要求，③違法性阻却事由を満たさないにもかかわらず身体拘束（ベッドの四点柵やミトン等）をするように求める要求，など

ⅱ　初動期の対応方法

①では，「指定介護老人福祉施設の医師又は看護職員は，常に入所者の健康の状況に注意し，必要に応じて健康保持のための適切な措置を採らなければならない。」（介保基準省令18条）と規定されているとおり，利用者の健康管理は，医師等の職務であるので，市販薬

も含めて，利用者に薬を服用するか否かの判断は，医師が行うべきである。処方薬（医療用医薬品）と，処方せんなしで購入することができる市販薬の飲み合わせにより，効き目が必要以上に強まる作用（過剰作用）や処方薬の効き目が弱まり治療の妨げになるなどの作用が生じるからである。それゆえ，医師が不要と判断した場合には，たとえ看護師であっても家族に言われるままに市販薬を服薬させることはできないこと，市販薬の副作用等を説明して，医師がなぜ不要と判断したのかについて，懇切丁寧に説明すべきである。

②及び③のように，サービス内容自体が身体的虐待等に該当する場合には，その要求を実施することは，施設等職員による利用者に対する虐待等に当たるのであるから，虐待等に当たることは，施設等職員が実施することはできない旨の説明を行うべきである。

以上のように，サービス内容については，必要に応じて，サービス担当者会議を開催して，利用者又はその家族等に参加してもらい，同会議で決めていくことも有効である。

㈤　サービスの質の低さを問題にして逸脱したサービス内容を求める要求（質的過剰）

ⅰ　例

短い髪の毛が１本落ちていたとして，部屋の隅々まで徹底した掃除を求める要求，など

ⅱ　初動期の対応方法

サービス内容に対する苦情の場合，求められるサービスを実現することが可能な場合があるので，できるのであれば利用者のためになるという理由で，つい対応してしまうという場合がある。

しかし，介護保険は，「加齢に伴って生ずる心身の変化に起因する疾病等により要介護状態となり，入浴，排せつ，食事等の介護，機能訓練並びに看護及び療養上の管理その他の医療を要する者等について，これらの者が尊厳を保持し，その有する能力に応じ自立した日常生活を営むことができるよう」（介保法１条）に，サービスを

提供することを目的としていることから，限られた人員配置の中で，利用者意思や心身の状況等に応じて，利用者全員に対して，適切にサービスを提供する必要があるので，「日常生活」の範囲を超えた過大なサービス提供まで義務づけていない。また，サービスは，限られた人員配置の中で，利用者全員に対して，利用者の意思や心身の状況等に応じて，適切に提供されるべきところ，「日常生活を営む」ことができるレベルを超えたサービスを特定の利用者に対してのみ提供することは，他の利用者に対して適切なサービスの質を確保ができなくなり，他の利用者の適切にサービスを受ける権利を侵害してしまう。以上のことなどを懇切丁寧に説明すべきである。また，利用者又はその家族等が，施設等職員が利用者に対して提供しているサービス内容を理解できていないことが，このような要求をする背景にある場合がある。よって，どの程度のレベルのサービスをどのように提供しているかについて，懇切丁寧に説明をして，理解を求めることが必要であろう。

「日常生活」の範囲については，指定訪問介護事業所の事業運営の取扱等について（下記【参考3】）を参考にするとよい。

上記の例では，「日常生活を営む」ために通常期待されている程度のレベル，例えば，利用者のベッド下に埃が溜まっているような場合には，不衛生であり，事業者に問題があるが，利用者の居室に外観上埃などはなく，居室を隅々まで見ると短い髪の毛が1本落ちていたという場合には，不衛生とまではいえないであろうし，通常期待されている程度のレベルからすると，部屋の隅々まで徹底した掃除を求めるのは，逸脱しているといえよう。

【参考3】介保基準省令（衛生管理等）27条1項

指定介護老人福祉施設は，入所者の使用する食器その他の設備又は飲用に供する水について，衛生的な管理に努め，又は衛生上必要な措置を講ずるとともに，医薬品及び医療機器の管理を適正に行わなければならない。

(オ) 過剰なサービス量を求める要求（量的過剰）

ⅰ　例

特別養護老人ホームの利用者家族が，①居室の掃除や入浴介助を毎日するように求める要求，②週に１回寿司等の外食をするように求める要求，③微熱がある利用者に１時間おきに検温するように求める要求，など

ⅱ　初動期の対応方法

上記(エ)の逸脱したサービス内容を要求された場合，要求されたサービス内容については提供できないと説明することになる。しかし，過剰な量を求める要求の場合には，求められたサービス内容のうち一定量は提供しなければならないので，上記例のような要望を断るのは，上記(エ)の逸脱したサービス内容の場合よりも難しいと思われる。

確かに，施設は，利用者の希望・心身の状況等に応じて，適切にサービスを提供する必要がある。もっとも，そのことは，他の利用者にも当てはまる以上，施設としては，限られた人員配置の中で，利用者全員に対して平等かつ適切にサービスを提供する必要がある。それゆえ，施設としては，特定の利用者に対して，過剰なサービスを提供することにより，他の利用者に対して適切にサービスを提供できないような事態は避けなければならない。

この場合も，基本的には，上記(エ)の逸脱したサービス内容の要求への対応と同じである。

ここでは，②について説明する。介保基準省令16条４項（下記【参考５】）のとおり，利用者の外出の機会を確保するよう努める必要はあるが，②のような過剰な外出支援は，長時間職員を特定の利用者が独占することになり，介保法２条４項が定める他の利用者の日常生活を営むためのサービス提供（下記【参考４】）にしわ寄せがいくことになるので，実現できないことを懇切丁寧に説明すべきである。

【参考４】介護保険法（介護保険）２条

1　介護保険は，被保険者の要介護状態又は要支援状態（以下「要介護状態等」という。）に関し，必要な保険給付を行うものとする。

2　略

3　第１項の保険給付は，被保険者の心身の状況，その置かれている環境等に応じて，被保険者の選択に基づき，適切な保健医療サービス及び福祉サービスが，多様な事業者又は施設から，総合的かつ効率的に提供されるよう配慮して行われなければならない。

4　第１項の保険給付の内容及び水準は，被保険者が要介護状態となった場合においても，可能な限り，その居宅において，その有する能力に応じ自立した日常生活を営むことができるように配慮されなければならない。

【参考５】介保基準省令（社会生活上の便宜の提供等）16条

1　指定介護老人福祉施設は，教養娯楽設備等を備えるほか，適宜入所者のためのレクリエーション行事を行わなければならない。

2　略

3　指定介護老人福祉施設は，常に入所者の家族との連携を図るとともに，入所者とその家族との交流等の機会を確保するよう努めなければならない。

4　指定介護老人福祉施設は，入所者の外出の機会を確保するよう努めなければならない。

イ　利用者の施設に対する義務の免除を施設に要求するパターン

ⅰ　例

利用料金を数か月滞納している利用者が「強く督促しなかった事業所にも責任がある」と支払を拒否する，など

ⅱ　初動期の対応方法

サービス提供した以上，施設等が，利用料を受け取るのは当然のことであるので，利用料への請求は繰り返し行うべきである。問題

は，数か月間以上，特に返済計画案の提案もなく，利用者又はその家族等が利用料の支払を拒否している場合には，配達証明付内容証明郵便で督促する，必要に応じて調停や訴えを申し立てることもありうる。成年後見人等の申立てを支援する，市町村長申立てをするように市区町村に相談することも検討すべきである。

また，これまでは利用料を支払っていたのに，利用者本人が支払できない特段の事情もないのに，数か月利用料が滞納になっている場合には，養護者や親族による利用者に対する経済的虐待の疑いがあるので，市区町村や地域包括支援センターに通報すべきである。

ウ　サービス以外の金銭を要求するパターン

(ア)　被害・損害が発生していることに付け込む苦情，虐待等の人権侵害が発生（又はその疑い）していることに付け込む苦情

ⅰ　例

利用者の心身の状態が悪化したことに対して金銭を求める要求，痣等があった場合に身体的虐待があったと決めつけて賠償を求める要求，発生した被害・損害よりも高額な賠償を求める要求，など

ⅱ　初動期の対応方法

金銭の支払を求められた場合には，次のことを検討すべきである。根拠規定と要件については，本書 56 ～ 59 頁・(イ)を参照。

まず，①損害が発生しているか否かを検討する。損害を評価する前提として，侵害されている利用者の権利や利益の具体的内容を聴取して，現に利用者の権利や利益が侵害されているか否かの確認を行うべきである。利用者の権利や利益が侵害されていなければ，損害さえ発生していないことになり，そもそも金銭賠償する必要はないからである。すなわち，そもそも利用者の心身の状態が悪化したといえない場合には，①損害が発生していないので，金銭賠償をする必要はない。ここでは，利用者の心身の状態が悪化，痣等があった場合を前提にしているので，損害は発生していることを前提にする。

もっとも損害が発生しているからといって，当然に施設が金銭賠償を行う義務はない。次の②から④の検討も行うことになる。

まず，②損害（権利・利益の侵害）につながりそうな施設職員の加害行為を特定して，③その行為について，職員に故意又は過失があったか否かを検討すべきである。損害（権利・利益の侵害）が発生していたとしても，職員の故意・過失によって利用者に損害を与えない限り，金銭賠償する必要はないからである。

さらに，④として，②の加害行為と①の損害（権利・利益の侵害に対する金銭的評価）との間に，因果関係があるか否かを検討することになる。

利用者の心身の状態が悪化したと認められる場合であっても，適切にサービスを提供しており，加害行為を想定できない場合には，金銭賠償する必要はない。仮に，損害（権利・利益の侵害）につながりそうな②施設職員の加害行為が認められたとしても，③加害行為に職員の故意及び過失が認められないのであれば，金銭賠償する必要はない。また，加害行為と損害（権利・利益の侵害）との結びつきが弱ければ，④因果関係がないので金銭賠償する必要はない。

事業者としては，金銭賠償をするか否かを判断するには，上記①ないし④の要件を満たしているかを判断して，全ての要件が認められるのであれば，損害（権利・利益の侵害）の額を評価して，その範囲内で金銭賠償すればよい（以上，松宮 121 ～ 124 頁参照）。

⑴　職員に故意・過失がないのに謝罪を求める要求

ⅰ　例

1時間に1回訪室を実施していたところ，訪室と訪室の間の見守りを実施していない時間帯に，脳梗塞を発症し，発見後適切に救急搬送したが，結果として寝たきりになったことに対して，謝罪を求める要求，など

ⅱ　初動期の対応方法

施設に故意・過失が認められない場合には，㈠で解説したとお

り，金銭賠償する必要はない。よって，施設としては，適切にサービスを提供していたことを懇切丁寧に説明することになる。

もっとも，職員の故意・過失が認められず，サービス内容が適切であった場合であっても，事業者として，利用者の権利や利益が侵害されている現状に鑑み，見舞金として金銭補償（厳密にはサービス内容が適切な場合（故意・過失なし）は補償，不適切な場合（故意・過失あり）を賠償というので，ここでは使い分けている。）することは考えられる（松宮 122 ～ 123 頁参照）。

㈦　要求内容が不明確な場合

ⅰ　例

誠意を見せろなど，抽象的な表現で，暗に金銭賠償を求めていると思われる要求，など

ⅱ　初動期の対応方法

この場合には，事業者としては，誠意とは，組織的に真摯に対応することであり，今回の苦情には真摯に対応していることを，懇切丁寧に説明することになろう。それでも，苦情申出者が，その対応では誠意があるとはいえないと否定する場合には，苦情申立者のいう誠意とは，慰謝料等の名目の金銭を求めていることなのかを明確に確認すべきであろう。金銭賠償・補償を求めているのであれば，上記㈠に基づき対応することになる。

エ　金銭以外を要求するパターン

㈠　職員の人事に関する苦情

ⅰ　例

特定の職員が気に入らないとして職員の交代や異動や解雇を求める要求，など

ⅱ　初動期の対応方法

このような要求に対しては，利用者は法人との間で契約をしていること，職員配置等の人事に係わる内容は法人の専権事項であることから，法人としては，職員の適性を踏まえて適材適所に人員を配

置しているので，その要求には応じることができない旨を懇切丁寧に説明することになる。

(イ)　その他過剰な対応を求める要求

ⅰ　例

①謝罪として土下座を求める要求，②口頭により適切に謝罪したにもかかわらず謝罪文を求める要求，③苦情に対して苦情受付担当者が適切に対応したにもかかわらず理事長等のトップを出せという要求，など

ⅱ　初動期の対応方法

①のように土下座を求める要求は，人の意思に反して義務のないことを行わせることによって，職員の人格権を侵害することになるので応じる必要はない。②や③はよくあるパターンである。苦情申出者によって対応を変えることなく（その人によって特別扱いすることなく）法人で決めたルールに基づいて適切に対応していることを説明することになる。

例えば，③「理事長等のトップを出せ」という要求に対しては，重要事項説明書等に記載のとおり，苦情相談に関しては，苦情受付担当者が窓口となっているので，担当職員が適切に対応することになっている旨，②「謝罪文を求める要求」に対しては，施設で決めたルールに基づいて組織的に判断した結果，謝罪文を出すつもりはない旨の説明を懇切丁寧に行うことになる。悪質クレーム全般に共通することであるが，要は，利用者に対して，ルールに基づいて，組織的に，真摯・適切・平等・公平に対応しており，利用者又はその家族等によって，特別な取扱いを行うことは一切ないことを，繰り返し説明することが大切であろう。

(ウ)　職員の態度等（態度・服装・マナー・言葉遣いなどがなっていないなど）に対する苦情

ⅰ　例

職員の態度等に不適切な点は認められないにもかかわらず，職員

の挨拶の声が小さいから大声で挨拶することを求める要求，職員が根暗だから明るくするよう求める要求，など

ⅱ　初動期の対応方法

これらの苦情に対しては，利用者又はその家族等の主観的な評価にかかわるので，ブラッククレームか否かの判断は難しいと思われるが，利用者又はその家族等の主観的評価自体を否定することまではできないので，指摘してもらった点には，感謝の意を述べつつ，職員の態度等については，研修等を実施したり，OJTの中でチェックしたり，職員同士で指摘し合う等，施設として，職員の態度等の改善に努めている点を，懇切丁寧に説明することになる。

⑵　ハラスメント～要求内容と無関係に行われる場合

利用者又はその家族等が，ブラッククレーム又はホワイトクレームに該当する内容を，施設等が実現しないという理由で，社会通念に照らして著しく不相当な強硬手段を行う場合と，要求内容とは無関係に，ハラスメント（①身体的暴力，②精神的暴力，③セクハラ）を行う場合がある。

まず，後者から見ていく。後者の場合であっても，要求内容と関係する場合があるので，適宜説明する。

なお，関連する刑法の条文を参考として挙げて説明しているが，それは，事業者が刑法の条文に当てはまるか否かを検討することを求めているものではなく，事業者が利用者又はその家族等のクレームの手段が，刑法の各罪名に該当する可能性のある問題の大きい行為であることを理解しやすくするためである。施設の管理者等が，利用者又はその家族等による職員に対するクレームの対応手段として，職員から報告を受けたときに，この程度であれば我慢しなさいなどと対応することが散見される。そこで，管理者等の職員は，下記で説明する利用者又はその家族等の言動が，刑法の各罪名に該当する可能性のある問題の大きい行為であるので，この程度であれば我慢しなさいなどという対応は間違っていることを理解してもらいたい。また，刑法の各罪名に該当する可能性がある等，刑事事件になりそうな事案や悪質な事案類型については，警察への相談も視野に入れて検

討してもらうために説明している。

犯罪が成立するには，構成要件に該当する違法かつ有責な行為であることが必要になるところ，ここでは，構成要件のうち，主に客観的構成要件（故意等の主観的構成要件は除く）について説明している。利用者又はその家族等の言動が，客観的構成要件に該当するのであれば，犯罪が成立する可能性があり，事業者としては，職員の安全を確保するために，対応すべきであることを意識する必要がある。故意がない，利用者に認知症が認められるから責任能力がないなどとの理由で，事業者が対応しない（放置している）のを戒めるためである。

ア　身体的暴力（暴力型）

㋐　身体的暴力（暴力型）とは

H 31 三菱で定義されているハラスメントのうち身体的暴力は，UA の整理では暴力型に該当する。そこで以下順にみていく。

身体的暴力とは，身体的な力を使って危害を及ぼす行為《職員が回避したため危害を免れたケースを含む》をいう。その例として，コップをなげつける，蹴られる，手を払いのけられる，たたかれる，手をひっかく，つねる，首を絞める，唾を吐く，服を引きちぎられる，が挙げられている（H 31 三菱３頁）。

「暴力とは，体に接触したときはもちろんのこと，物を振り回したり，ドアを強く開け閉めするような行為も含まれる」。そして，その判断基準として，「故意に蹴る・殴る・たたく・ぶつかるなどの危険な接触行為はすべて暴力型に入る。接触がなくても殴りかかろうとしたり，椅子や棒を振り回すような危険行為は暴力型に入る。」とされている。（UA14 頁）

㋑　暴力型に関する刑法の理解：暴行罪

暴力型に関する刑法犯は，暴行罪（刑法 208 条）・傷害罪（刑法 204 条）などが考えられる。ここでは暴行罪について説明する。

「暴行」とは，人の身体に対する不法な有形力の行使をいう。有形力の例としては，殴る，たたく，突く，押す，蹴るなどである。

暴行罪の保護法益は，人の身体の安全である。それゆえ，身体への接触は不要で，人の身辺を脅かしうるもので足りる。有形力の行使が人の身体に向けられていれば足り，必ずしも身体と接触する必要はない。例えば，驚かせる目的で，人の数歩手前を狙って投石する行為も暴行に当たる（東京高判昭和25年6月10日高刑集3巻2号222頁）。

また，その性質上傷害の結果を惹起すべきものであることを要しない。例えば，着衣をつかみ引っ張るなども暴行に当たる（大判昭和8年4月15日刑集12巻427頁）。他に，「Dは台所に行き，塩をつかんで玄関に戻り，乙に対し塩を強く投げつけた。塩は，乙の後頭部に当たり，乙の服にも塩が入り，かばんの中にも塩が残っていた」場合も暴行罪に当たる（東京地判平成27年8月6日ウエストロー・ジャパン）。

【参考】

（暴行）刑法208条

暴行を加えた者が人を傷害するに至らなかったときは，２年以下の懲役若しくは30万円以下の罰金又は拘留若しくは科料に処する。

（傷害）刑法204条

人の身体を傷害した者は，15年以下の懲役又は50万円以下の罰金に処する。

㈦　対応方法

ⅰ　発生時の対応～通報，身体拘束等

基本的には，本書151頁・⑵参照。ここでは，それ以外について説明する。以下同じ。

苦情受付時では，「他の」利用者等「に被害が及ぶ可能性があるので，複数名で対応する。暴力行為があった場合には警察に通報し駆けつけてもらい対応」してもらう，「場合によっては，取り押さえ現行犯として拘束する。」ことが考えられる（UA14頁）。

利用者による他の利用者や職員等に対する暴力行為があり，その利用者を職員が拘束する場合に身体拘束の違法性が阻却されるためには，実体的要件として，①利用者本人又は他の利用者の生命又は身体が危険にさらされる可能性が著しく高いこと（切迫性），②身体拘束その他の行動制限を行う以外に代替する看護・介護方法がないこと（非代替性），③身体拘束その他の行動制限が一時的であること（一時性）の３要件を満たすとともに，手続的要件として，まず，身体拘束を開始するにあたって，④施設が組織的に身体拘束実施の可否を判断し，身体拘束の実施を決めたときは，施設において身体的拘束等を行う場合の記録（その態様及び時間，その際の入所者の心身の状況並びに緊急やむをえない理由の記録）をし，⑤利用者本人や家族に対して，身体拘束の内容，目的，理由，拘束の時間，時間帯，期間等をできる限り詳細に説明し，同意を得ることなどが必要となる。違法性阻却事由の各要件の詳細は，松宮 38 ～ 41 頁を参照。この点で参考になるのが，大阪地判平成 27 年２月 13 日裁判所ウェブサイトである。

○登場人物

利用者：A，事業者（グループホーム（共同生活介護，共同生活援護）事業を運営）（被告）：X，自立ホーム：Y，利用者が日中活動を行う生活介護事業所：Z 作業所，身体拘束を行った職員：甲を含めて５名

「Aは，不穏な状態になったり，パニックに陥った場合には，人に噛みついたり，物を投げたりするなどの行動をとることがある上に，X法人においても，過去に興奮して自立ホームYの外へ飛び出し，商店街の花壇を壊すなどの行為に及んだり，Aが自立ホームYの外へ飛び出そうとするのを止めようとした職員ともみ合いになり，入口の扉が壊れるということがあったことなどに照らすと，X行為者らが軽作業室から飛び出したAを制止した時点で，興奮したAが，Z作業所の外へ飛び出したり，それを止めようとするX行為者らともみ合いになるなどし」たことがあった（以下「本件行動パターン」という）。

ある日，「Aは，１階に降りてきた甲と対面したことにより，興

奮が高まり，「帰りたいんですよ。」などと言いながら，小走りで玄関に向かっていったことなどからすれば，興奮したAがZ作業所の外へ出て行かないようにするためには，まず，その行動を制御するほかなく，声かけや落ち着くまで様子を見守るといった方法で対応することは困難であったといえる。そうすると，本件において，X行為者らが，複数名で，Aの手足を押さえつける以外に，AがZ作業所の外へ飛び出すなどの危険を回避する為に有効な代替手段はなかったといえる。」（非代替性）とともに，本件行動パターンに「照らすと，X行為者らが軽作業室から飛び出したAを制止した時点で，興奮したAが，Z作業所の外へ飛び出したり，それを止めようとするX行為者らともみ合いになるなどして，A又は職員らの生命又は身体に危険が生じる可能性が高かったものと認められる。」，つまり「X行為者らがAの身体拘束を始めた時点において，切迫性は認められると解するのが相当であ」る。このように，切迫性及び非代替性を認めている。

もっとも，「X行為者らは，Aの左腕を可動できない方向へ反らせたり，Aの首の下に足を入れるなど，Aに対し必要以上の苦痛を生じさせる態様で押さえつけを行っている上，結果的にAの胸腹部を圧迫するような状態で押さえつけを行い，Aの死の結果を惹起させたのであるから，本件押さえつけ行為の態様が，当時のAの状態に照らし，Aの生命又は身体の危険を回避するために必要最小限の態様であったということができないことは明らかである。」と一時性を否定している。

以上から，甲らYのAに対する身体拘束は，「Aの行動を制限するために必要最小限の方法であったとは認められず，身体拘束が緊急やむを得ない場合には該当しないといえる。」。よって「本件押さえつけ行為には違法性が認められる。」と判示している。

利用者による他の利用者や職員等に対する暴力行為があった場合，あるいは，暴力行為に至る危険性が高まっていると認められる場合には，切迫性及び非代替性は認められやすいと思われる。もっとも，上記裁判例のように，身体拘束の態様については，必要最小限にとどまるように配慮しなければならない。

ii　暴力行為が収まった後の対応

利用者等による暴力行為が収まった後は，職員や利用者等から事情を聴取して，記録化しておくとともに，その後の対応は，今後話合いを行う又はサービスを提供する際の条件の提示，警告文の送付，交渉窓口の変更，キーパーソンの変更，家族の立入禁止，契約解除，訴え提起，告訴等が考えられる。本書187～192頁・4，192～244頁・5参照（訴え提起，告訴は，本書では取り上げていない）。以下同じ。

利用者による暴力行為については，アセスメント（暴力行為後の再アセスメントも含む。）や利用者が暴力行為に至った経緯（少なくとも当日の起床後以降）に基づき，要因を分析した上で，利用者の意思，心身の状況，特性等に応じて，支援計画を改訂して，適切に支援を行うことが必要である。支援内容を変更して利用者に対する支援を適切に行ったとしても利用者による暴力行為が続くようであれば，契約解除等を検討することになる。

上記裁判例は，本件行動パターンに対して，「X法人においては，Aとの間でルールを設定し，これが守られなかった場合には，同人がいやがっても無理やりZ作業所に連れて行くことが支援方針となっていたところ，ルールの設定がAに精神的な負担を与えていた可能性がある上，Z作業所への移動がAにさらなるストレスを生じさせパニックを誘発し，その結果Aを押さえつけることが常態化していたことが窺われ，そのような支援方針が，Aの障害特性に照らし適切であったかどうかは疑問の余地がある。」と指摘されているように，利用者の暴力行為を防止するためには，利用者にとってストレスとなる環境を回避できるのであれば回避すべきところ，職員は，わざわざ利用者のストレスが増大する環境を作り出して，利用者の暴力行為を誘発してしまっている。事業者や施設が，利用者に対して不適切な支援をしたことにより，利用者の暴力行為を誘発させながら，利用者との契約を解除することは問題であろう。事業者や施設としては，利用者の意思，心身の状況，特性等を踏まえた上で，利用者にとってストレスとなる環境要因を取り除き，安心できる環境を整備する支援を行う必要がある。

イ　精神的暴力～暴言型

㈠　暴言型とは

ハラスメントのうち精神的暴力は，UA の整理では暴言型，威嚇・脅迫型に該当する。なお，H 31 三菱３頁で挙げられている精神的暴力の例は，雑多であり，ここでは要求内容とは無関係なものを除いているので，「利用者の夫が「自分の食事も一緒に作れ」と強要する」「訪問時不在のことが多く書置きを残すと「予定通りサービスがなされていない」として，謝罪して正座するよう強く求める」などの義務のないことを要求することは，強要罪として本書 181 頁・㈠で説明する。

精神的暴力とは，個人の尊厳や人格を言葉や態度によって傷つけたり，おとしめたりする行為をいう（H 31 三菱３頁）。

まず，ここでは，暴言型について説明する。UA13 頁では，大きな怒鳴り声をあげる，侮辱的発言（例；「死ね」「殺すぞ」や「バカ野郎！」などの人の評価に関するものや，外見の侮辱），名誉毀損，人格否定（例；職員に対して悪態をつくなど）が挙げられている。

㈡　暴言型に関する刑法の理解：名誉棄損・侮辱罪

暴言型に関する刑法犯は，名誉毀損罪（刑法 230 条）・侮辱罪（刑法 231 条）などが考えられる。ここでは名誉毀損罪・侮辱罪について説明する。名誉毀損罪・侮辱罪は，いずれも，人が円滑な社会生活・社会活動を行うための前提である，その人に対する外部的名誉（社会的評価）を保護法益としている。ただ，名誉毀損罪は，人の外部的名誉（社会的評価）を低下させるような具体的事実を指摘・表示（「事実を摘示」）することをいうのに対して，侮辱罪は，単に人の外部的名誉を低下させるような，抽象的判断，批判を表現すれば足り，具体的な事実の摘示を要しない点で，両者は異なる。外部的名誉（社会的評価）とは，品性，政治的・学問的能力，容姿，健康，職業，経歴，家柄などの社会において積極的に意義のあるものは全て対象となる。

名誉毀損罪・侮辱罪は，いずれも，「公然」性が要求されている。「公然」とは，不特定又は多数の者が知りうる状態をいう。それゆえ，利用者が自宅で職員に対して侮辱的発言をしたとしても，名誉毀損罪・侮辱罪には該当しない。もっとも，ハラスメントには該当する。

【参考】

（侮辱）刑法231条

事実を摘示しなくても，**公然**と**人を侮辱**した者は，拘留又は科料に処する。

（名誉毀損）刑法230条

1　**公然**と**事実を摘示**し，**人の名誉を毀損**した者は，その事実の有無にかかわらず，3年以下の懲役若しくは禁錮又は50万円以下の罰金に処する。

2　（略）

㈹　対応方法

ⅰ　発生時の対応～話合いを打ち切る

「大声については，やめるように求める。録音を素早く実施する。」（UA13頁）（本書153頁・⑵参照）。

「侮辱されたときは，謝ることはせずに程度によっては退去させる。」（UA13頁）。

無能，役立たず，使えない，レベルが低い，器が小さい，アホ，ボケ，カス等の人の評価に関する暴言，ハゲ，デブ，ブス等の人の容姿に関する暴言等があった場合には，これらは，利用者又はその家族等の職員に対する悪評価であるので，サービスに関する事実の問題ではないことから，話合いとは全く無関係であること，侮辱的発言であるのでこのような発言はハラスメントとして絶対に許されないこと等を説明して，話合いを打ち切るべきであろう。

事業者としては，家族らに対して，利用者の意思や心身の状態を把握して，利用者にとって安心して快適に生活できるように支援していくことが話合いの目的であること，事業者と家族らとの間の信頼関係が形成されていることを前提に，この目的を達成するために，前向きに建設的な意見を出し合い，目的の達成に近づくための話合いを行うことが重要であることを説明する（以下「話合いの留意点」という。）とともに，家族らによる職員に対する侮辱的発言は，この「話合いの留意点」に反する姿勢であることをも説明する方がよいと思われる。

ⅱ　暴言が収まった後の対応

今後話合いを行う又はサービスを提供する際の条件の提示，警告文の送付，交渉窓口の変更，キーパーソンの変更，家族の立入禁止，契約解除，訴え提起，告訴等が考えられる。

ウ　精神的暴力～威嚇・脅迫型

㈠　威嚇・脅迫型とは

「威嚇・脅迫とは職員（筆者注：出典は「従業員」。以下同じ）に危害を加える。予告して怖がらせることである。」。そして，その判断基準として，「一般の職員が怖がるようなことを告げられる場合は威嚇・脅迫類型」に「入る」。「怖がらせる行為は，○○するぞという言葉だけではなく，暗（筆者注：出典は「案」）に危害をにおわせる行為も含まれる。例えば」「反社会的な勢力をにおわせる発言」「異常に接近しながら怖がらせる行為」とされている（UA14頁）。

㈡　威嚇・脅迫型に関する刑法の理解：脅迫罪

威嚇・脅迫型に関する刑法犯は，脅迫罪（刑法222条）などが考えられる。ここでは脅迫罪について説明する。

脅迫罪の保護法益は，人の意思活動の平穏ないし意思決定の自由である。

「脅迫」とは，一般に人を畏怖させるに足りる害悪の告知をいい，告知内容が相手方に到達して認識されたことが必要となる。加害の告知（「害を加える旨を告知」）における加害の内容は，告知された者又はその親族の「生命，身体，自由，名誉又は財産」に限定されており，告知される害悪の内容は，一般に人を畏怖させるに足りるものでなければならず，誰も畏怖しないようなものを告げても脅迫にはならない。一般人を畏怖させるに足りるものであれば相手が現実に畏怖したことは必要ない。

脅迫罪は脅迫行為自体を処罰の対象としているが，脅迫行為を手段とした犯罪には，強制わいせつ罪（刑法176条），強要罪（刑法223条），威力業務妨害罪（刑法234条），恐喝罪（刑法249条）などがある。

【参考】

（脅迫）刑法222条

1　**生命，身体，自由，名誉又は財産**に対し**害を加える旨を告知**して人を**脅迫**した者は，２年以下の懲役又は30万円以下の罰金に処する。

2　**親族の**生命，身体，自由，名誉又は財産に対し害を加える旨を告知して人を脅迫した者も，前項と同様とする。

(ウ)　対応方法

ⅰ　発生時の対応〜身の安全を守る

威嚇・脅迫型は，暴言型とは異なり，生命，身体等に危険が生じる可能性が含まれているので，苦情受付者の職員の生命，身体等の安全確保を最優先させる必要がある。そこで，「上級職員に直ちに対応者を交代する。中止を求め，応じなければ直ちに警察に通報する。」「身の危険をまもる行動をとるようにする」（UA14頁）。

また，説明可能であれば，「話合いの留意点」を説明した上で，威嚇・脅迫は，「話合いの留意点」に反すること，威嚇・脅迫に該当する言動はハラスメントとして絶対に許されないこと等を説明して，話合いを打ち切るべきであろう。

ⅱ　威嚇・脅迫が収まった後の対応

暴言型（178頁）に同じ。

エ　セクハラ

㈠　セクハラとは

セクハラとは，相手方の意に反する性的言動をいう。具体的には，「必要もなく手や腕をさわる，抱きしめる，女性のヌード写真を見せる，入浴介助中，あからさまに性的な話をする，卑猥な言動を繰り返す，サービス提供に無関係に下半身を丸出しにして見せる，活動中のホームヘルパーのジャージに手を入れる」（H 31 三菱３頁）などがある。

㈡　セクハラに関する刑法の理解：強制わいせつ罪

セクハラに関する刑法犯は，強制わいせつ罪（刑法 176 条）などが考えられる。ここでは強制わいせつ罪について説明する。

強制わいせつ罪の保護法益は，個人の性的自由である。

「暴行」は暴行罪，「脅迫」は脅迫罪を参照。「わいせつな行為」とは，性欲を刺激，興奮又は満足させ，かつ，普通人の性的羞恥心を害し，善良な性的道義観念に反する行為をいうものと解されている。具体的には，陰部に手を触れたり，キスをしたり，乳房を弄ぶ行為，裸にして写真を撮る行為，自分の陰部を押し当てる行為などが該当する。

【参考】

（強制わいせつ）刑法 176 条

13 歳以上の者に対し，**暴行**又は**脅迫**を用いて**わいせつな行為**をした者は，６月以上 10 年以下の懲役に処する。13 歳未満の者に対し，わいせつな行為をした者も，同様とする。

㈢　対応方法

ⅰ　発生時の対応

セクハラの場合，セクハラ被害を受けた職員は，利用者又はその家族等の言動が，同職員にとって不快なものであり，セクハラに該当することを伝えて，サービス提供を中止し，その場から辞去すればよいであろう。

ⅱ　セクハラが収まった後の対応

基本的には，暴言型（178 頁）に同じであるが，次の点を補足しておく。基本的には，再発防止策を講じた上でサービス提供を行うことになろう。発生時にセクハラ被害を受けた職員がセクハラに該当することを利用者又はその家族等に伝えられずにその場から離れていた場合には，後で，施設等の上司，ケアマネジャー等から，セクハラに該当すると認められる具体的事実とともにセクハラに該当すること，セクハラは絶対に許されないので，繰り返される場合には契約解除やサービスの提供を受けることができないこともありうることを伝えて，セクハラの再発防止策として次の対応をすることを説明する。

セクハラの場合，特定の職員（特定の職員甲，女性職員等）に向けられていることが多いことから，特定の職員以外の職員に被害が及ぶ可能性は低いと認められる場合は，利用者に対しては，他の職員（男性職員等）に交代又は２人対応に変更してサービスを提供する。居宅サービスであれば，他の交代可能な職員がいなければ，事業者の変更もありうる。家族等に対しては，サービス提供中に家族等は職員に近づかないことを約束してもらう，近づいてきた場合には直ちにサービス提供を中止して辞去する，施設であれば施設内の立入りを禁止する。

⑶　強硬手段に該当するか否かの評価及び考え方～要求内容を実現するために行われる場合

ア　脅迫又は暴行による場合

㋐　強要罪の理解

利用者又はその家族等が，ブラッククレームに該当する内容を，施設が実現しないという理由で，社会通念に照らして著しく不相当な強硬手段で，要求を実現させようとしてくる場合には，強要罪等に該当する可能性がある。すなわち，利用者又はその家族等が，脅迫又は暴行により，職員の意思を抑圧して，職員に，法令又は契約上法的義務がないことを行わせる，あるいは，利用者の法人等に対する利用料支払義務等の義務を免除させた，という強要罪に当たる可能性がある。強制した義務のない行為や妨害した権利行使の内容によっては，強制わいせつ，強盗，恐喝罪等が成立する可能性がある。ここでは強要罪について説明する。

強要罪の保護法益は，人の意思決定に基づく行動の自由である。「暴行」は暴行罪，「脅迫」は脅迫罪を参照。

「義務のないこと」とは，法律上の義務のないことをいう。よって，ブラッククレームが該当する。ホワイトクレームの場合には，個別の事情により，単に脅迫罪又は暴行罪が成立するにとどまる場合と，脅迫又は暴行によって法律上の義務のある行為を強制させたとして強要罪が成立する場合がある。義務なきことの強制の例としては，覚書，謝罪文等の書面を書かせたり，謝罪文等の書面を読み上げさせる行為，土下座させるなどが該当する。法人等の手続等を無視して即時に実現させる場合も当たると思われる。

「権利の行使」における「権利」とは，法律上の権利をいう。権利行使の妨害の例としては，利用料等の契約上の請求権の行使や契約の解除権の行使を妨げるなどが該当する。

【参考６】（強要）刑法223条

1　**生命，身体，自由，名誉若しくは財産に対し害を加える旨を告知して脅迫**し，又は**暴行**を用いて，人に**義務のないことを行わせ**，又は**権利の行使を妨害した者**は，３年以下の懲役に処する。

2　親族の生命，身体，自由，名誉又は財産に対し害を加える旨を告知して脅迫し，人に義務のないことを行わせ，又は権利の行使を妨害した者も，前項と同様とする。

⑴　対応方法

内容面と手段に分けて説明する。脅迫又は暴行に対する対応については，上記⑵参照。

ブラッククレームについては，本書146～149・⑶～⑹のとおり，法律・契約上義務のないことを説明する。他方，ホワイトクレームについては，ホワイトクレームの内容を実現する上で，法律・契約上定められた手続や法人等が定めている手続等を履践する必要がある場合には，その手続等を説明し，できる限り迅速に対応していくが，全ての利用者に対して安全かつ安心してサービスを提供するには，手続面も重要であることを説明する。施設等としては，全ての利用者に対して公平かつ公正にサービスを提供していくことが，利用者又はその家族等の信頼関係の確保の観点からは重要であるので，決して特別扱いしないことが大切である。

イ　権威型

UAでは，権威型について言及されている。「権威型とは，やたらと威張り権威をきて要求を通そうとする類型であり大会社の上級職員や経験者などに多くみられる類型である。」。そして，権威型に該当するか否かの判断基準は「必要以上に自分の権威を誇示する。特別扱いを要求したり，文章での謝罪を要求してくれば権威主義的な悪質クレームと判断する。」とされており，対応としては「発生したクレームに対する対応はするが特別対応には応じない。」とされている（以上，UA14頁）。

このパターンでは，施設等の説明を十分に理解しながらも，自分だけ例外を求めてくるので，絶対に少しでも特別扱いしないことが重要であろう。権威型に該当する利用者又はその家族等は，法令・契約書等を十分に把握した上で，施設等のミス・誤り等を指摘してくることが多いので，弱点を突かれた施設等は，ブラッククレームに対して，少しなら実現するのはやむをえないと判断してしまうことがある。一度スジから外れて少しでも実現してしまうと後の負の連鎖につながるので，施設等のミス・誤り等の指摘については，謝罪・実現等をしつつも，ブラッククレームについては，これらの指摘とは分けて，スジをとおして毅然と対応すべきである。

ウ　長時間拘束型

㋐　長時間拘束型とは

長時間拘束型とは，「顧客が職員を長時間にわたりクレーム対応を強いる場合。」「業務に支障がでる類型。」をいう（UA13頁）。

㋑　長時間拘束型に関する刑法の理解：不退去罪

長時間拘束型に関する刑法犯は，不退去罪（刑法130条後段）・威力業務妨害罪（刑法234条）などが考えられる。ここでは不退去罪について説明する。施設長等が，利用者又はその家族等に対して，事業者等が管理する施設等の建造物から退去するように求めたにもかかわらず，退去しなかった場合には，不退去罪が成立する可能性がある。

不退去罪の保護法益は，管理権者が誰の滞留を許すかを決める自由である。「要求を受けたにもかかわらずこれらの場所から退去しなかった」というように，退去要求がなされた後，退去しない（滞留する）ことだけが成立要件となっている。退去しないとは，退去の要求を受けて直ちに成立するのではなく，退去を要する合理的時間（所持品を整理して持つとか衣類を着用して靴を履くのに必要な時間）を超えてさらに滞留を続けることで，退去要求後退去に必要な時間の経過によって既遂となる。なお，不退去罪の成否は，行為者の滞留目的，その間になされた行為，居住者の意思に反する程度，滞留時間等を考慮し，住居等の平穏が乱されたか否かにより決することになる（東京高判昭和45年10月2日高刑集23巻4号640頁）。

【参考7】

（住居侵入等）刑法130条

正当な理由がないのに，人の住居若しくは人の看守する邸宅，建造物若しくは艦船に侵入し，又は**要求を受けた**にもかかわらず**これらの場所から退去しなかった**者は，3年以下の懲役又は10万円以下の罰金に処する。

㋒　対応方法～職員の交代・話合いを打ち切る

事業者が，利用者・家族等に対して，「誠意をもった対応の後，膠着状態になってから一定時間（20分程度）を超える場合には，慎重な対応にはいる。（専門の職員にバトンタッチ・録音を始める）」「30分後に理解されない場合にはお引き取りを願う。」「それでも，引き取られない場合には毅然と退去をもとめ，場合によっては警察へ連絡をする。」（UA13頁）。

「話合いの留意点」を説明した上で，事業者としては，今回，利用者又はその家族等の要望について説明を受けたので，利用者の意思，心身の状態や特性を把握して，利用者にとって安心して快適に生活できるように支援するために，要望が実現できるか否か，他の代替手段等を，事業者・施設内で組織として検討するので，辞去してもらうように説明する必要がある。

職員の拘束されている場所が，事業者等が管理する建造物ではなく，利用者又はその家族等の自宅等の場所である場合には，基本的には単独での対応はせずに２人で対応するようにする，一定時間が経過すれば施設等の事務所から「早く戻ってくるように」などの電話連絡をして職員が帰りやすいようにする，それでも利用者又はその家族等が職員を帰さないという場合には，施設等の事務所職員が警察へ通報する対応をする，などが考えられる。

エ　リピート型

(ア)　リピート型とは

「リピート型は繰り返し電話での問い合わせをしてくるケースが多い。電話以外にもテーマを変えて不合理な要求をしてくるパターンもある。」（UA13頁）

(イ)　リピート型に関する刑法の理解：業務妨害罪

リピート型の場合，利用者又はその家族等が，職員に対して，電話による問い合わせ等，同じことが繰り返し行われるために，職員が他の業務を遂行することが妨害されることになるので，業務妨害罪が成立する可能性がある。業務妨害罪の保護法益は，社会的活動の自由であり，業務妨害罪には威力業務妨害罪と偽計業務妨害罪がある。

「業務を妨害」するとは，業務の経営を阻害する一切の行為を含む。現に業務妨害の発生を必要とせず，業務を妨害する結果を発生させるおそれのある行為があれば足りる（前田雅英等編集代表『条解刑法　第２版』（弘文堂，2007）655頁）。

威力業務妨害罪の「威力を用い」とは，人の自由意思を制圧するに足りる勢力を使用することをいう。威力には，暴行又は脅迫を用いたもの，物の損壊・隠匿等の物理的方法によるもの（車両の車輪を撤去した，重要書類の入った鞄を奪取して隠匿したなど），騒音・喧噪によるもの（多数の客が飲食中のデパート食堂で数人共同して「このデパートは詐欺行為をしている」などと大声で怒号したなど），その他の態様によるもの（机の引出しに猫の死骸等を入れ，これを被害者に発見させたなど）がある（前掲前田『条解刑法　第２版』657・658頁参照）。

偽計業務妨害罪の「偽計を用い」とは，人を欺き（欺罔し），あるいは，人の錯誤・不知を利用したり，人を誘惑したりするほか，計略や策略を講じるなど，威力以外の不正な手段を用いることをいう（前掲前田『条解刑法　第２版』652頁）。偽計の例としては，中華料理店に３か月足らずの間に約970回にわたって無言電話をかけたもの（前掲前田『条解刑法　第２版』652頁），駅弁業者の駅弁が不衛生である旨の虚偽の内容の葉書を鉄道局に郵送した（山口厚『刑法各論　補訂版』（有斐閣，2005）161頁），などが該当する。

【参考８】

（威力業務妨害）刑法234条

威力を用いて人の**業務を妨害**した者も，前条の例による。

（信用毀損及び業務妨害）刑法233条

虚偽の風説を流布し，又は**偽計を用いて**，人の信用を毀損し，又はその**業務を妨害**した者は，３年以下の懲役又は50万円以下の罰金に処する。

(ウ)　対応方法

「連絡先を確実に取得した上で，不合理な問い合わせの回数が２回きたら注意し，３回きたときには対応できない旨をつたえる。それでも繰り返し訴える場合には，ブラックリスト化しておき電話の通話記録を残し，４回目からはより上長が対応して窓口を一本化し，迷惑であり，やめることを毅然と伝え対応する。その後，繰り返された場合には業務妨害罪として警察へ通報する。」（UA13頁）。

このように，まず，いわゆるリピーターをリスト化しておき，リピーターに対する施設等の対応ルールを決めておき，そのルールどおりの対応を徹底すべきであろう。

４　悪質クレームやハラスメントに至った要因分析

利用者・家族等のクレーム内容又は手段が，上記３項の検討をとおして，ブラッククレーム，強硬手段又はハラスメントに該当すると，法人や施設等が判断したときは，後記５の対応手段を選択するにあたって，利用者・家族等が，悪質クレームやハラスメントに至った要因を分析する必要がある。

(1)　利用者に関する要因

ア　サービスの範囲に対する理解不足

サービス利用料を支払っているのだから何でもしてもらえる，他の利用者等から自分の求めているサービスを提供してもらっている（真実は提供してもらっていない）と聞いたから自分もしてもらえる，言えばすぐしてもらえる，などと利用者がサービスの範囲について誤解している場合がある。

利用者が他人の説明を聴いて判断する能力があると認められる場合には，利用者に法人や施設等職員の説明内容を信用してもらうことがポイントになると思われる。職員の説明内容が正しいと信用してもらうためには，説明者を上長や法人外の第三者から説明を行ってもらう必要がある。サービス担当者会議を開催する，交渉窓口の変更等を検討することになる。

他には，説明を受ける人に，利用者以外の利用者が信頼している家族や第三者をも加えていくことも必要であろう。

イ　利用者の無自覚

利用者による強硬手段やハラスメントの場合には，利用者が自らの強硬手段やハラスメントが，社会の許容範囲を超えて，職員の人格を傷つける問題のある言動であることを自覚できていない場合もある。職員としては，まず，利用者による強硬手段やハラスメントが，いかに問題があるかを説明し，説明内容を信用してもらえない場合には，上記アと同様の対応を検討すべきであろう。

ウ　利用者の病気や障がい等

まず，利用者の病気，障がい等により法人や施設等の説明を理解する力が低下しており，理解力が回復する見込みがない場合が考えられる。このような場合には，説明を受ける人に，利用者以外の利用者が信頼している家族や第三者をも加えていくだけではなく，成年後見等の申立ての検討も必要であろう。

また，利用者の病気，障がい，薬の副作用等により，利用者が説明を聴くことができる精神的状況になく，利用者が自らのクレーム内容又は手段が問題であることを自覚できる精神的状況にない場合も考えられる。このような場合には，病気や障がいに対して適切な医療や介護を受けていないことがクレーム等に至った要因として考えられるので，適切な医療を受ける機会を確保していく必要がある。しかし，介護現場では，医療を受ける機会の確保が困難な場合が多い。適切な医療を受ける機会を確保するためのきっかけをいかに作るかが重要である。きっかけ作りとして，利用者が信頼している家族や第三者が利用者と一緒に通院する，利用者宅に医師が往診することが一般的であろう。利用者が普段はフードコートで過ごしているので，医師がフードコートに赴き利用者に声をかけたところ，その後医療を受けることにつながった例もある。利用者の行動特性や生活パターン等をも踏まえて柔軟にきっかけを作るべきであろう。

エ　BPSD

管理者研修三菱16頁では，下記【参考９】のとおり，BPSDである可能性を考慮して，認知症の症状としてケアが必要であると書いている。確かに，適切な介護により，BPSDが改善することも考えられるので，利用者に対する支援方法を検討することは大切である。もっとも，介護現場は，真面目な職員が多く，BPSDは，自らの介護が不適切であるがゆえに生じているものだと思い込み，利用者による強硬手段やハラスメントが自らの責任によるものだと捉えがちである。それゆえ，利用者による強硬手段やハラスメントが，BPSDであることを強調しすぎることはかえって，介護現場の職員に我慢を強いることになりかねないので，適切な医療の確保を前提に，医師等の専門職と相談しながら，ケアの内容を検討すべきであろう。BPSDの内容を検討して，利用者の暴言・暴力等により，職員の心身の状況を悪化させるようなものについては，法人や施設内で医療を確保してもなお，認知症も含めた利用者の病気や障がいに対するケアの範囲が，法人や施設等のサービスの範囲を超えている場合には，契約解除をも検討をしてよいと思われる。このことは，例えば，「特別養護老人ホームは，入所予定者が入院治療を必要とする場合その他入所予定者に対し自ら適切な便宜を提供することが困難である場合は，適切な病院若しくは診療所又は介護老人保健施設若しくは介護医療院を紹介する等の適切な措置を速やかに講じなければならない。」（老福基準省令12条の2）と明示されていることからも正当化されよう。

ただし，利用者による強硬手段やハラスメントの内容にもよるが，基本的には，契約解除の前に，支援方法や医療の確保の検討を行うべきであろう。【事例1】参照。

【参考9】管理者研修三菱16頁

「認知症がある場合，もしくは，認知症の診断を受けていないが認知機能が低下している場合などは，BPSD＊である可能性を前提にしたケアが必要です。例えば，認知症の「もの盗られ妄想」はハラスメントではなく，認知症の症状としてケアが必要です。

＊BPSD…認知症の行動症状（暴力，暴言，徘徊，拒絶，不潔行為等）・心

理症状（抑うつ，不安，幻覚，妄想，睡眠障害等）のこと。（引用：厚生労働省「BPSD：認知症の行動・心理症状」https://www.mhlw.go.jp/shingi/2009/05/dl/s0521-3c_0006.pdf），2020年1月14日閲覧）

BPSDとしての暴言・暴力であっても，職員の安全に配慮する必要があることには変わりがありませんから，ハラスメント対策とは別に対応を検討する必要があります。ハラスメントか，BPSDによる言動かの判断は，施設・事業所だけでなく，利用者の主治医やケアマネージャー等の意見も確認しながら判断することが必要です。」

オ　生活歴

管理者研修三菱16頁は，「違法行為や暴力行為がある（過去にあった），攻撃的な言動がある，家族関係や人間関係でトラブルを抱えている（過去に抱えていた），訪問時に酒に酔っていることがある　等。」の生活歴をクレーム等に至った要因に挙げている。これらを病気又は障がいと区別しているのは，生活歴の要因は，基本的には，医療の確保によって減らすことが困難だからであろう。

これまでの生活歴によって培われた利用者の特性を変えていくのは極めて困難であり，対応が難しい。そうだとしても，直ちに契約解除を検討するのではなく，支援内容として利用者に安心してもらえるような働きかけは必要であろう。そのためには，利用者に対するアセスメントが重要である。その際に，「利用者が苦手なこと，避けてほしいこと，怒りのスイッチが入ってしまうような何か等，把握していない利用者の性格や体質が，問題の背後にはあるかもしれません。」（管理者研修三菱27頁）という指摘は参考になる。利用者にとって苦手なこと等を探り出し，これらをできる限り避けるように努める等の支援や環境整備が求められる。

他には，例えば，暴力等の強硬手段をとりがちな利用者は，根底に自己肯定感（他者と比較して勝っているという趣旨ではなく，ありのままの自らの存在を生きる価値があると肯定的に理解するという趣旨）の低さがあったり，強硬手段をとれば自分の要望が実現されるとルール化されていること等があるので，強硬手段をとらなくても，施設等としては，利用者の尊厳を守るために利用者の希望等を踏まえて適切にサービスを提供すること，サービスの範囲内であれば利用者の要望を実現していくことを伝えていくことなどが必要であろう。

⑵　家族らに関する要因

基本的には，利用者に関する要因と同じであるが，家族等の要因について若干補足する。

ア　「利用者のため」という強い思い

まず，家族らは，「利用者のため」という理由により，自らの要望を何でも正当化している場合が多い。また，「利用者のため」だからという理由で，これぐらいの強硬手段も許されると考えている場合もある。このようになってしまうのは，家族らは「利用者のため」と強く思い頑張っているのに，事業者や施設等は「利用者のため」と思って利用者のことを考えてくれていない，あるいは，家族らの要望を拒否すること＝家族らの頑張りをも否定している，などというボタンのかけ違いに端を発していることが多いと思われる。よって，クレーム内容がブラッククレームに該当する場合には，サービスの範囲について説明したり，家族らが要望している内容を実現することが，かえって利用者の意思に反していたり，心身に対して過度の負担を強いることになりかねないことなどのデメリットや不利益についても説明することが必要であろう。強硬手段について，強硬手段は許されないことを説明するだけでは，法人や施設等の説明を理解してもらえないことになってしまうからである。

そこで，これらの説明の前提として，事業者や施設等も「利用者のため」と考えて，事業運営やサービスの提供に努めていること，利用者に対しても適切にサービスを提供していることを十分に説明していく必要がある。家族等も施設等も「利用者のため」という思いは一致していることを共有することが重要である。【事例２】参照。

イ　利用者の現状に対する認識不足

家族らが，利用者の状況を受け入れない場合もある。この場合は，

【事例１】参照。

5　初動期の対応手段の検討

(1)　前提

ア　概要

まず，権利保護施設としては，一般的に介護サービス利用契約では消費者契約法が適用されるところ，介護サービスの利用者は，消費者としての地位も有しているという認識が重要である。利用者又はその家族等は，情報収集能力や判断能力の点において事業者に劣位するため，サービスに関する情報は，施設等職員の説明内容・説明方法に強く依存しているのである。介護サービス利用契約の締結の場面だけではなく，あらゆる場面でサービス内容について適切に説明等を行うべきである。そこで，利用者を消費者として保護する点を重視する事業者としては，本章記載の対応手段を講じる前提として，①利用者又はその家族等の要望（ブラッククレーム）を断る合理的理由を，法令・契約等に基づき適切かつ懇切丁寧にわかりやすく説明を行っているか，②利用者又はその家族等の要望（ブラッククレーム）は，いかなる趣旨・目的に基づき発露しているかを分析し，趣旨・目的を達成するための他の代替案（自機関以外の他のサービスを含む。）の検討を行い提案しているか，③事業者は，法令・契約等に基づき，利用者の尊厳・権利を守り，利用者が安心して快適に生活できるように，真摯にサービスを提供していることを説明しているか，について確認すべきである。

イ　要望内容を断る合理的理由の説明

法令，契約書，重要事項説明書，居宅介護支援計画，及び各種サービス計画等の内容を再度確認するとともに，本書155～170頁・⑴等を参考に，利用者又はその家族等の要望を断る合理的理由を，懇切丁寧かつ説得的にわかりやすく説明できているかの確認を行う必要がある。

Ａの父が机をたたいたり，大声をあげるなどの言動に至った原因は，「本来，本件事故の被害者であるはずのＡが，Ｘの一方的な判断により，本件施設の利用を土曜日と日曜日のみに制限され，当日，１時間45分もの長時間の話し合いを経ても，Xが何ら譲歩の余地も見せずに，結論ありきとして話し合いを打ち切ろうとしたところにある」（大阪地判堺支部平成26年５月８日判時2231号68頁）と裁判例にあるように，不合理な判断及びその判断に基づく説明をした場合には，事業者自ら，利用者又はその家族等との信頼関係を破壊しているので，対応として誤っている。

ウ　代替案の説明

利用者又はその家族等から，サービスの利用目的やサービスを利用するに至った動機等を聴取していると思われるので（149頁・⑷参照），これらの利用目的や動機等を踏まえて，今回の要望（ブラッククレーム）が，いかなる趣旨・目的に基づいて出てきているのかを，利用者又はその家族等から聴取したり推察して，趣旨・目的を達成するための代替案（自機関以外の他のサービスを含む。）の検討を行うことが必要である。利用者又はその家族等は，要望（ブラッククレーム）を，サービス提供機関がそのまま実現することにこだわっていない場合も多く，要は，代替案（自機関以外の他のサービスを含む。）により，趣旨・目的が達成されれば，利用者又はその家族等の満足に至ることも多い。利用者又はその家族等は，代替案を知らないことがほとんどであり，事業者に頼るしかないことから，事業者にしてもらうしかないという考えに基づき，要望（ブラッククレーム）の実現にこだわっている場合も散見される。

代替案を検討した結果，代替案を提案できない場合，自機関では実現できなくとも，利用者が安心して快適に生活できるように，共に考えていく姿勢を示すことが重要である。事業者としては，利用者又はその家族等を孤立化させることがないように配慮すべきであろう。

エ　利用者の権利実現のために真摯にサービス提供していることの説明

利用者又はその家族等が，事業者に対して要望（ブラッククレーム）を出すときは，事業者が利用者に対して提供しているサービスが不十分で，利用者のことを蔑ろにしている，強硬手段を講じないと利用者又はその家族等が求めるサービスを提供してくれない，などと思い込んでいることが多い。そこで，事業者としては，法人や施設等の理念・運営方針・取り組んでいること，把握している利用者の意思・心身の状況等の情報，提供しているサービスの具体的内容（150～151頁・⑹参照）等，事業者は，法令・契約等に基づき，利用者の尊厳・権利を守り，利用者が安心して快適に生活できるように，真摯にサービスを提供していることを説明すべきである。

⑵　対応手段の概要

ブラッククレームに対して自機関で完結できる対応方法のうち（他機関に協力を求める場合は197頁・(ｲ)），もっとも平穏な方法は，サービス担当者会議を開催して，居宅・施設サービス計画書の変更の可否を検討することである。

このような方法では終結できないとき，並びに強硬手段及びハラスメントによる場合は，基本的には徐々に対応方法を強化していくことになろう。具体的には，施設等の交渉窓口の変更や身元引受人等のいわゆるキーパーソンの変更，家族の立入禁止，利用者との契約解除もありうること等を口頭により伝える，交渉窓口・キーパーソンの変更や家族の立入禁止等を書面にて通知することになろう。このような対応を行っても状況が改善されない場合には，最終手段として，契約解除を書面にて通知することになろう。以下，順に検討する。

⑶　どのリスクをとるかの選択

ブラッククレームに対する対応方法を検討するにあたっては，αブラッククレームの内容を実施した場合，β実施しない場合，いずれを選んでもリスクは発生する。ここでいうリスクとは，将来的に発生する職員の人格・健康，及び法人・施設等の運営面に対する弊害である。筆者が，顧問先等から相談があった場合には，ブラッククレームへの対応でリスクをゼロにすることは不可能であり，どのように対応してもリスクはあることから，リスクを想定して，どのリスクをとるのかを選ぶようにアドバイスしている。また，リスク選択の際には，どちらの対応が，後日対応経過を職員等（場合によっては，家族会，行政，マスコミ等）に説明したときに，信頼を損なうことがないかを検討する必要がある。リスク選択と同時に，予想されるリスクを軽減するための対策も併せて検討すべきである。

【表7】 リスク選択

	リスク内容→リスク軽減策
α実施した場合	•ブラッククレームを実施することは，本来実施しないことを実施するので，職員の仕事に対するモチベーション，組織・上司に対する信頼が低下する。 •ブラッククレームを訴える苦情申出者は，今回のブラッククレームの内容を実施しても，今後も新たなブラッククレームを訴える可能性が高い。いずれブラッククレームの内容を実施できないときがくるので，そのときにβのリスク内容と同じリスクがある。
β実施しない場合	•苦情申出者の職員に対する当たりがより強くなり，苦情申出者に対する対応で職員が疲弊してしまう。 →現場職員を守るために，交渉窓口を変更する，苦情申出者の立入禁止を求める，契約を解除する等の方法を選択する。

上記【表7】のとおり，ブラッククレームの内容を実施することは，単なる結論の先延ばしにすぎない。どこかの段階で，毅然とした対応をとる必要が生じるのであるから，βを選んだ上で，現場の職員をいかにして守るか（リスク軽減策）を検討すべきであろう。

⑷　ブラッククレームに対して：サービス担当者会議→居宅・施設サービス計画書

サービスの具体的内容は，居宅・施設サービス計画書によって決めていくことについては，本書75～78頁・(ア)参照。

よって，利用者又はその家族等が求めるサービス内容を実施するか否かは，サービス担当者会議を開催して決めることになっていることを説明して，サービス担当者会議を開催すべきである。医療的ケアに関しては，医師にも出席してもらい，利用者又はその家族等が求めるサービス内容を実施できない，又は不要である理由を説明してもらうのが望ましい。

利用者又はその家族等が，サービス担当者会議の開催に反対する場合には，サービス担当者会議を開催して居宅・施設サービス計画書を変更しない限り，提供するサービス内容は現状のままになるので（もちろん，ホワイトクレームで施設等がサービスを提供すべき場合には，居宅・施設サービス計画書の変更をしていない場合であっても，書かれざるサービス内容として，速やかに提供すべきである。ここでは，強硬手段によりサービス内容を実現する場合の対応方法であるので，居宅・施設サービス計画書を変更しない限り，サービスを提供できないことを前提に以下述べる。），利用者又はその家族等が求めるサービス内容を実施してほしいということであれば，サービス担当者会議の開催に同意してもらう必要がある旨を説明することになる。

サービス担当者会議によって決まった内容は，居宅・施設サービス計画書に，できる限り数値化も含めて具体的に記載すべきである。また，サービス担当者会議の議事録には，利用者又はその家族等が発言した内容をできる限りそのままの言葉で具体的に記載するとともに，職員らがどのように説明したのかについても具体的に記載すべきである。さらに，利用者又はその家族等に，居宅・施設サービス計画書に署名又は押印してもらうとともに，居宅・施設サービス計画書及びサービス担当者会議の議事録を交付すべきである。

サービス内容の変更だけではなく，慰謝料等の損害賠償請求が求められている場合のように，サービス担当者会議にはなじまないブラッククレームについては，サービス担当者会議を開催する必要はなく，本書193頁・ウを参考に，口頭により説明することになろう。

(5)　悪質クレーム（ブラッククレーム及び強硬手段・ハラスメント）に対して

ア　口頭

(ア)　警告

ブラッククレーム及び強硬手段に対して，本書148～151頁・(3)～(6)，187～188頁・ア・イ，191頁・ア，192頁・(1)，195～196頁・(4)を参考に説明しても，苦情申出者が理解せず，なおもブラッククレーム及び強硬手段が継続すると認められる場合には，次の(イ)から(オ)までの手段を講じることになることを警告することで収束する場合もある。苦情申出者は，自らの言動がいかに職員を苦しめ，他の利用者に対するサービス低下につながっていることを理解していないことが多い傾向にあるため，職員が毅然と明確に伝えることでようやく自らの言動の問題性を理解することがあるからである。これはハラスメントについても同様である。

(イ)　交渉窓口の変更

利用者又はその家族等が，交渉窓口の変更の際には，重要事項説明書等で，窓口を事前に周知しているので窓口を本部に変更することまでは，利用者又はその家族等の態度をあまり硬化させることはないと思われる。ただ，窓口を弁護士等の外部に変更する場合には，利用者又はその家族等の態度を硬化させることになりかねないので，悩ましいところではあるが，サービス担当者会議の開催ができない等，冷静に話合う場を確保できない状況下では，もはや施設等として組織的に話合いの場を持つことができなくなっているのであるから，職員を守ることや利用者又はその家族等との交渉が行き詰まりを打開していくには，窓口を弁護士等の外部に変更することの検討が考えられるところである。もっとも，慰謝料等の損害賠償請求を求められている場合で，職員による口頭での説明では終結できそうにないときには，当該回答を留保した上で，窓口を弁護士等の外部に変更するべきであろう。

弁護士への変更が利用者又はその家族等の態度を硬化させる点を危惧するのであれば，交渉の場を，本書 156 ～ 158 頁・ⅱのとおり，第三者委員，国民健康保険団体連合会，市区町村が社会福祉協議会等に委託して実施している相談窓口等に移すことを検討してもよい。

ハラスメントの場合，交渉窓口ではなく，ハラスメントに該当することやハラスメントをやめてもらうこと等を説明する者を本部等に変更することになろう。

(ウ)　身元引受人等のキーパーソンの変更

施設等は，利用者に対する説明義務を尽くすとともに，利用者の自己決定権の保障を担保するために，居宅・施設サービス計画の作成及び変更の段階での説明，並びに事故の報告等，利用者以外の家族等に，説明・報告を行っている場合が多い。誰に行うかが問題となるが，施設等としては，利用者や家族等全員に説明・報告を行うのでは，負担が大きすぎることと，家族等によって意見が異なるときに収拾がつかないことになるので，身元引受人等のキーパーソンのみに行っていることが多い。

また，身元引受人等のキーパーソンが，入院手続，契約終了の場合の利用者の状態に見合った適切な受入れの確保，利用者が死亡した場合の遺体や遺留金品の引受け等を行うことになっていることも多い。なお，身元引受人が立てられないことを理由に，施設入居を拒否することは，介保基準省令違反となる。ただ，施設側としては，できる限り身元引受人を立ててもらいたいところであるので，身元引受人の債務の中に，利用者と連帯して利用者の利用料支払債務を負うことを含まないようにすることにより，成年後見人等に身元引受人として署名・捺印してもらえるようにする方がよいと思われる。本書では，身元引受人の役割を，居宅・施設サービス計画の作成，変更の説明，及び事故等の報告を受けること，並びに，入院手続，契約終了の場合の利用者の状態に見合った適切な受入先の確保，利用者が死亡した場合の遺体や遺留金品の引受け等を行うこととする。

このように，利用者に対するサービス提供上，身元引受人は施設等にとって重要な役割を担っていることから，身元引受人との接点が多くなる。その身元引受人が，ブラッククレームを訴えている，強硬手段やハラスメントを行っている場合には，対応に苦慮することになる。

そのような場合，施設等としては，身元引受人の変更を求めることになる。身元引受人となりうる家族等が他にいる場合には，その家族等に事情を説明して，新たに身元引受人になってもらえるように依頼することを，現在の身元引受人に伝える。身元引受人となる適切な家族等がいない場合には，成年後見人等の申立てを検討することを現在の身元引受人に伝える。現在の身元引受人に対して，これらの説明を行うことにより，現在の身元引受人は，他の家族等に自らの施設に対する対応について知られたくない場合があることから，これにより，施設等の説明に理解を示す場合がある。

㈣　家族の立入禁止

また，交渉窓口はそのままで（交渉窓口の変更とセットでもよい。），施設の施設管理権を根拠として，家族の立入禁止を求めること，あるいは，利用者（又はその家族）に対して，契約解除もありうると伝えることを検討してもよい。

前提として，介保基準省令16条3項は「指定介護老人福祉施設は，常に入所者の家族との連携を図るとともに，入所者とその家族との交流等の機会を確保するよう努めなければならない。」と定めているが，家族等のブラッククレームにより，施設が，利用者らに対するサービスを適切に提供できないような場合には，適切にサービスが提供されることが優先されるべきであるので，家族等の立入禁止を求めることは許容されよう。

まず，家族等の立入禁止の根拠は，「施設も，独自の施設管理権に基づき面会を拒絶することもできます。」（H 30マニュアル62頁）と明記されているとおり，施設管理権にある。利用者は，現状のサービスに不満はないが，その家族等だけが，ブラッククレームを言い続けている場合や，強硬手段やハラスメントを行っている場合には，その家族等の立入禁止が実現できれば，職員は安心して利用者に対するサービス提供を継続することができる。

もっとも，利用者が立入禁止の対象となった家族等との面会がなくなり，利用者の心身の状況に悪影響を及ぼす場合には，面会の機会をいかに保障するかの検討が必要となる。面会の場所，面会時間，職員の立会いの有無，面会の方法（オンラインでの面会含む。）等を検討すればよいであろう。

(オ)　契約解除の予告

一般に契約解除は，利用者の生活に与える影響が大きいこと，解除事由を惹起したのが利用者の家族等による場合には，利用者本人には帰責性がないため，契約解除の予告をするかは慎重に判断せざるをえない。また，契約解除もありうることを伝えるのは，理事長，施設長等の責任ある立場の者に限定すべきである（家族等の立入禁止も同様であろう。）。主任等の職位で契約解除もありうることを伝えた結果，主任等には，契約解除を口にする権限がないはずだとして，利用者又はその家族等の反発を招き態度が硬化した例もあるので要注意である。

イ　書面

上記アの口頭による対応によっては，収束しない場合，施設側の交渉窓口の変更や身元引受人等のいわゆるキーパーソンの変更，家族等の立入禁止，利用者との契約解除について，苦情申出者に対して，書面を送付することを検討すべきである。

書面に記載する内容は，ブラッククレームについては，その内容，実現できない理由，ブラッククレームに対するこれまでの対応経過を記載した上で，上記アの(イ)から(オ)までのどの手段をとるのかを明示すればよい。強硬手段やハラスメントについては，その内容，職員や他の利用者に対する悪影響の内容，強硬手段やハラスメントに対するこれまでの対応経過を記載した上で，上記アの(イ)から(オ)までのどの手段をとるのかを明示すればよい。

なお，契約解除については，下記(6)で述べる。

(6)　契約解除

ア　前提

「前提として，利用者やその家族等に対して，施設・事業所として対応できるサービスの説明を十分に行い理解していただくこと，契約解除に至らないような努力・取組を事業所としてまず行うことが必要です。」（管理者研修三菱25頁）。

このように，まず，契約主体である事業者が，最終手段ともいえる契約解除を行うためには，その前提として，事業者が，本書148～151頁・(3)～(6)，155～170頁・(1)，192頁・(1)，195～196頁・(4)を参考に利用者又はその家族等に対して，説明を十分に行ってきたか，解除に至るまでに，本書170～181頁・(2)，200～209頁・(6)を参考に誠実に対応をしてきたか，の確認は行うべきであろう。

さらに，そもそもサービスの種類が，利用者の希望・心身の状況等に適合しているかのチェックも必要である。筆者が担当した事案で，次のような例がある。知的障がいのある男性が，平日の日中は就労継続支援Ｂ型を利用し，それ以外では共同生活介護施設（グループホーム）を利用していたところ，他の利用者に対する暴言や暴行等を繰り返していた。当該男性と何度も話し合い，居宅介護訪問・就労移行支援等のサービスを利用しながら，賃貸マンションを借りて１人で生活することになった。今では，障がい者雇用により給料と障害年金で特にトラブルもなく平穏に生活を送っている。当該男性いわく，１人で生活するようになって，自由に生活できること，毎日のように注意される等のストレスがなくなったことから，精神的に落ち着いているとのことであった。今利用している居宅・施設サービスや事業者に拘泥することが，かえって利用者のストレスを増大させて，トラブルを誘発していることもあるので，特に居所の再検討は重要である。

ここで居住の自由（居所指定権）（憲法22条１項）の重要性について述べておく。人は居所を本拠として，人との交流を図り，なじみのある商店やその他の建造物及び自然的環境に接することによって，様々な経験を積んで，人間としての成長を遂げたり，心のエネルギー（将来に向けて何かをやってみようという意欲）を得ている。また，自宅内では，人の干渉を受けることなく，自分（又はその家族）だけの判断で全てを決めることができ，自由を謳歌できるとともに，自分にとってなじみのある家具や物等に囲まれて安心感を得ながら生活を送っている。このように，居住の自由（居所指定権）は極めて重要な人権であるので，利用者にとって安心できる快適な居所を再検討した結果，居所の変更が必要であれば，現状のサービス自体の変更をも検討し，利用者や家族等に対して変更を促すべきである。

イ　事業者が契約解除する場合の解除事由について

㋐　介保基準省令・解釈通知を踏まえる

書面で契約解除の通知を行う場合には，まず，契約書の内容を確認することが必要である。福祉サービスに関する利用契約は，事業者が利用者に対して，生活援助や身体介護等という事務（サービス）を提供することを内容としていることから，準委任契約の側面を有する（民法656条：この節の規定は，法律行為でない事務の委託について準用する。）。この場合，民法651条１項が，「委任は，各当事者がいつでもその解除をすることができる。」と定めているので，事業者は自由に契約を解除できることになる。しかし，事業者が作成する契約書の内容は，準委任契約はいつでも解除できるのであるから解除事由も何でもよいということにはならないであろう。契約書には，契約の目的として，事業者が介護保険法令の趣旨に沿ってサービス提供することを明示していることから，介護保険法令を遵守することが，契約内容になっていると考えられるからである。また，実質的には，福祉サービスは，利用者が安心して快適に日常生活を送る上での基盤を支える側面を有することから，契約の解除は利用者にとって不利益が大きいことが考えられるので，解除事由を限定する必要がある。

そこで，介護保険法令について確認し，いかなる場合に解除事由として認められるか検討する。介保基準省令４条の２は，「指定介護老人福祉施設は，正当な理由なく指定介護福祉施設サービスの提供を拒んではならない。」と明記している。介保解釈通知は，同条は，「原則として，入所申込に対して応じなければならないことを規定したものであり，特に，要介護度や所得の多寡を理由にサービスの提供を拒否することを禁止するものである。提供を拒むことのできる正当な理由がある場合とは，入院治療の必要がある場合その他入所者に対し自ら適切な指定介護福祉施設サービスを提供することが困難な場合である。」と定めている。なお，同様の定めは他の介護保険施設や居宅・地域密着型サービスにも明記されている（後記【参考10】参照）。

よって，施設が利用者に対して解約を通知するためには，「入所者に対し自ら適切な指定介護福祉施設サービスを提供することが困難な場合」に該当する必要がある。そこで，「入所者に対し自ら適切な指定介護福祉施設サービスを提供することが困難な場合」といえる具体的内容を解除事由として契約書に明記する必要がある。解除事由については，日弁連契約13条，後記(7)の裁判例参照。

「その他」「入所者に対し自ら適切な指定介護福祉施設サービスを提供することが困難な場合」の「その他」が何かが問題となる。民法は，基本的に，債務者の債務不履行の場合の債権者による解除を念頭に置いているので（福祉サービスの場合，サービス提供の債務を負っている事業者に対して，債権者である利用者が契約を解除する場面）（民法542条参照【参考11】），債務者である事業者が「サービスを提供することが困難な場合」であることを理由に，自ら契約を解除することを念頭に置いていない（民法651条1項はこのような考え方の特則となる。もっとも，介保基準省令・解釈通知は解除事由を限定している。）。しかしながら，福祉サービスの場合，対人援助が基本であるので，債権者である利用者の協力がなければ，債務者である事業者としては，適切にサービスを提供できないという特殊性がある。事業者としては，例えば，更衣介助を適切に履行しようとしても，利用者が殴る，蹴る等の暴行を加えれば，サービスを履行することは不能に近い。

そこで，福祉サービスの場合，債権者である利用者又はその家族等の協力が得られなければ，債務者である事業者は適切にサービスを提供することができない以上，「その他」には，利用者又はその家族等の協力が得られない場合も含まれよう。もっとも，解除する場合は，利用者又はその家族等の協力が得られないことにより，事業者による福祉サービスの「全部の履行が不能」，又は福祉サービス利用「契約をした目的を達することができない場合」（民法542条参照【参考11】）

に限定されると思われる。

「訪問介護サービスは，本来的に介護保険制度の枠内において，介護事業者が被介護者の自宅を訪問して，被介護者の自宅の設備や備品等を利用して行うものであるため，訪問介護サービスを円滑に実施するためには，介護事業者と被介護者及び被介護者の親族等の協力・連携が必要である。」と裁判例が言及している点が参考になる（東京地判平成27年8月6日ウエストロー・ジャパン）。

また，利用者又はその家族等も，職員や他の利用者の生命・身体・人格・財産等の利益を保全する義務（利用者又はその家族等が負う債務）があると捉え，債権者である利用者又はその家族等の非違行為により，職員や他の利用者の生命・身体・人格・財産等の利益が侵害された場合には，その債務不履行を問題にして，契約を解除することもあろう。

さらに，福祉サービスは対人援助が基本である以上，利用者及び利用者支援の協力的立場にあるその家族等と，事業者及び施設職員らとの間には，福祉サービス提供の基盤として信頼関係が必要である。利用者又はその家族等が，職員や他の利用者の生命・身体・人格・財産等の利益を侵害した場合には，信頼関係が破壊されたと評価でき，もはや事業者は利用者に対して適切にサービスを提供することが不能又は困難といえるので，事業者は利用者との間の契約解除が可能となる。

いかなる場合に，信頼関係が破壊されたと評価できるか，また，利用者又はその家族等の債務の具体的内容は，契約書及び重要事項説明書に記載されている。

上記に関する裁判例を見ると，利用者又はその家族等の非違行為により，信頼関係が破壊されたか否かを判断する際には，契約書等に記載されている文言に該当するか否かが問題になっている。

具体的には，「利用者又はその家族が事業者やサービス従業者に対して，この契約を継続し難いほどの背信行為を行った場合」（前掲東京地判平成27年8月6日)，「利用者がXやサービス従業者又は他の利用者に対して本件契約を継続しがたいほどの重大な背信行為を行った場合」(前掲大阪地判堺支部平成26年5月8日）に，契約書記載の文言に該当するか否かが問題となっている。

「他の入居者及びXの管理運営上に迷惑の及ぶ危険な行為や暴力行為が度々行われる場合」(東京地判平成27年8月28日ウエストロー・ジャパン）が問題になっている裁判例もあるが，最終的には，事業者は利用者との間の信頼関係が破壊されたといえるか否かが焦点になっていると思われる。

【参考10】主なサービスについて

＊介保基準省令は各サービス種別の介保基準省令及び解釈基準を参照（各サービス種別により介保基準省令及び解釈基準は異なるが，ここでは単に「介保基準省令」「解釈基準」と記載）

【表８】

<table>
<tr><th></th><th></th><th>「正当な理由」の解釈基準</th></tr>
<tr><td rowspan="2">施設</td><td>介護老人福祉施設
＝介護老人保健施設・介護医療院
＊種別によって波線部が変わるのみ。</td><td>入院治療の必要がある場合その他入所者に対し自ら適切な指定介護福祉施設サービスを提供することが困難な場合（解釈基準・第４・２）
＊介護医療院は，解釈基準・第５・２</td></tr>
<tr><td>介護療養型医療施設</td><td>入院治療の必要のない場合その他入院患者に対し自ら適切な介護療養施設サービスを提供することが困難な場合（解釈基準・第４・２）</td></tr>
<tr><td>居宅・地域密着型</td><td>訪問介護
＝訪問看護・通所介護・通所リハビリテーション・短期入所生活介護・短期入所療養介護・小規模多機能型居宅介護・認知症対応型居宅生活介護
＊種別によって波線部が変わるのみ。</td><td>①当該事業所の現員からは利用申込に応じきれない場合，②利用申込者の居住地が当該事業所の通常の事業の実施地域外にある場合，③その他利用申込者に対し自ら適切な指定訪問介護を提供することが困難な場合（解釈基準・3(2)）</td></tr>
<tr><td colspan="2">居宅介護支援</td><td>①当該事業所の現員からは利用申込に応じきれない場合，②利用申込者の居住地が当該事業所の通常の事業の実施地域外にある場合，③利用申込者が他の指定居宅介護支援事業者にも併せて指定居宅介護支援の依頼を行っていることが明らかな場合（解釈基準・3(2)）</td></tr>
</table>

【参考 11】

民法 541 条（催告による解除）

当事者の一方がその債務を履行しない場合において，相手方が相当の期間を定めてその履行の催告をし，その期間内に履行がないときは，相手方は，契約の解除をすることができる。ただし，その期間を経過した時における債務の不履行がその契約及び取引上の社会通念に照らして軽微であるときは，この限りでない。

民法 542 条（催告によらない解除）

１　次に掲げる場合には，債権者は，前条の催告をすることなく，直ちに契約の解除をすることができる。
一　債務の全部の履行が不能であるとき。
二　債務者がその債務の全部の履行を拒絶する意思を明確に表示したとき。
三　債務の一部の履行が不能である場合又は債務者がその債務の一部の履行を拒絶する意思を明確に表示した場合において，残存する部分のみでは契約をした目的を達することができないとき。
四　契約の性質又は当事者の意思表示により，特定の日時又は一定の期間内に履行をしなければ契約をした目的を達することができない場合において，債務者が履行をしないでその時期を経過したとき。
五　前各号に掲げる場合のほか，債務者がその債務の履行をせず，債権者が前条の催告をしても契約をした目的を達するのに足りる履行がされる見込みがないことが明らかであるとき。
２　略

民法 543 条（債権者の責めに帰すべき事由による場合）
債務の不履行が債権者の責めに帰すべき事由によるものであるときは，債権者は，前二条の規定による契約の解除をすることができない。

⑴　解除事由利用者惹起型と家族惹起型

「入所者に対し自ら適切な指定介護福祉施設サービスを提供することが困難な場合」としては，困難な状況が，利用者によって惹き起こされる場合だけではなく，H 31 三菱が指摘するように，ハラスメントなどが，利用者の家族等によって惹き起こされる場合もある。

考え方としては，利用者と事業者との間で契約を締結するのであるから，利用者の家族等によって惹き起こされた事由は，事業者が利用者との契約を解除する事由にならないはずである。利用者自身は何も事業者との間で問題がないにかかわらず，契約当事者ではない家族等によって惹き起こされた事由で解除されるのは，筋違いだからである。

(ウ)　解除事由に家族等惹起型を含める

それゆえ，次のような契約内容になっている事業者もあると思われる。

日弁連契約13条（＊甲：利用者，乙：法人）では，「（乙の解除権）

第13条　乙は，甲が次の各号に該当する場合には，３週間以上の予告期間をもってこの契約を解除することができます。

一　甲が正当な理由なく，第６条記載の利用料の支払いを３ヵ月以上滞納したとき

二　甲の行動が，他の利用者の生命または健康に重大な影響を及ぼすおそれがあり，乙において十分な介護を尽くしてもこれを防止できないとき

三　甲が重大な自傷行為を繰り返すなど，自殺をするおそれが極めて大きく，乙において十分な介護を尽くしてもこれを防止できないとき

四　甲が故意に法令違反その他重大な秩序破壊行為をなし，改善の見込みがないとき」となっている。

このような記載の場合，利用者家族等による職員に対するハラスメントなどのために，職員が利用者に対して適切にサービスを提供することが困難な場合に，契約を解除できないということになりかねないので，契約当事者の利用者「甲」とのみ書くのではなく，「甲又はその家族等」などと明記するのもやむをえないと思われる。家族等も利用者本人と同視して，利用者「甲」に，家族等を含めるという解釈もありうるかもしれないが（前掲大阪地判堺支部平成26年５月８日参照），契約書に「甲又はその家族等」などと明記した方が，職員にハラスメント等を行う家族等に対する抑止力になると思われる。

解除事由を惹起する主体に利用者だけではなく家族等も含める理由

は，「入所者に対し自ら適切な指定介護福祉施設サービスを提供することが困難な場合」に求めることができると思われる。介護保険法上のサービスは，職員の利用者に対するサービスのみで完結できるものではない。利用者に対して，全人格的かつ総合的に支援していくためには，介護保険上の職員の利用者に対するサービス，介護保険外の職員の利用者に対するサービスに加えて，家族等の利用者に対する支援も必要となる。家族等の利用者に対する支援が得られないために，事業者としては，利用者に対して適切な居宅・施設サービス提供が困難になるという状況が考えられる。また，家族等の利用者に対する支援が必要でない場合には，家族等の悪質クレームやハラスメントに対する対応により，職員が疲弊したり，病気になったり，退職に追い込まれてしまう等により，職員が利用者に対して適切な居宅・施設サービスを提供することが困難になるという状況も考えられる。

【参考】大阪地判堺支部平成 26 年５月８日判時 2231 号 68 頁

契約書には「利用者が法人やサービス従業者又は他の利用者に対して本件契約を継続しがたいほどの重大な背信行為を行った場合，利用者に対し，30 日間の予告期間をおいて文書で通知することにより，本件契約を解除することができる。」と書かれていた。同判決は，契約解除の有効性について，「確かに，利用者父は，被告との平成 24 年５月５日の話し合いの場で，机を叩き，大声をあげるなど，不穏当な言動をした場面があった。」が，「このような従前の経緯や当日の法人の対応に照らすならば，利用者父が，上記のような不穏当な言動に及んだとしても，真にやむを得ないとみるべき側面があり，これを重大な背信行為であると評価するにはなお十分でないというべきである。」と判示しており，家族も利用者本人と同視していると思われる。

⑺　契約解除の可否を判断する際の考慮要素について

ア　考慮要素

利用者は情報や判断能力の点において事業者に劣位すること，介護サービス利用契約の解除による不利益が大きいのは利用者であることから，利用者保護の点を重視して，事業者が契約を解除する場合の解除事由は，実質的に，利用者との間の信頼関係が破壊され，サービスを提供することが困難な場合に限定されるであろう。

契約解除の意思表示を行うべきか否かの判断については，次の要素を考慮するとよいと思われる。すなわち，①利用者又はその家族等の非違行為の内容・頻度，②利用者又はその家族等の非違行為による結果（職員・他の利用者の権利侵害の内容・程度），③①に至った事情（利用者又はその家族等が非違行為に至った要因を含む。），④事業者側の利用者又はその家族に対する対応，⑤①が改善される見込み，⑥契約解除による利用者の不利益の内容・程度，配慮，⑦解除に至る手続の適切性である。なお，以下，Aは利用者，B・Dは家族，Xは事業者，Yは施設，甲は職員を指す。

イ　①利用者又はその家族等の非違行為の内容・頻度，②利用者又はその家族等の非違行為による結果

事業者としては，まず，①利用者又はその家族等の非違行為の内容・頻度，②利用者又はその家族等の非違行為による結果（職員・他の利用者の権利侵害の内容・程度）に着目すべきである。

特に，①の非違行為の頻度は，事業者が契約の解除を判断する際の重要な要素である，⑤①が改善される見込みに影響を及ぼすことになるので，必ず検討すべきであろう。下記はいずれも事業者による契約解除を無効と判断した裁判例であるが，前掲東京地判平成27年8月28日は，平成17年11月と平成24年5月28日の2度にわたり，AがXの職員に対する暴行に及んだところ，1度目の暴行から2度目の暴行までに6年以上が経過していたこと，前掲大阪地判堺支部平成26年5月8日は，「Xとの平成24年5月5日の話し合いの場で，机を叩き，大声をあげるなど，不穏当な言動をした場面があった。

しかし，BがXの施設職員に対してこのような言動に及んだのは，Aが本件施設を利用してから12年間で，この1回のほかにない。」ことに着目している。

また，②利用者・家族等の非違行為による結果については，「いずれの暴行もその結果は比較的軽微である」（前掲東京地判平成27年8月28日）であると，結果が軽微であると評価できることに言及して，事業者による契約解除を無効と判断している。

ウ　③①に至った事情・要因

次に，③①に至った事情を把握して，利用者又はその家族等が非違行為に至った要因を分析すべきである。利用者又はその家族等が非違行為に至った要因を分析したところ，事業者側の支援・対応に問題があり，利用者又はその家族等の非違行為を誘発していた場合には，解除が無効になる方向へ傾くことになる。前掲大阪地判堺支部平成26年5月8日でも，「Bがこのような言動に至ったのは，本来，本件事故の被害者であるはずのAが，Xの一方的な判断により，本件施設の利用を土曜日と日曜日のみに制限され，当日，1時間45分もの長時間の話し合いを経ても，Xが何ら譲歩の余地も見せずに，結論ありきとして話し合いを打ち切ろうとしたところにある。」と摘示しているとおり，家族が非違行為に至った要因は，事業者の対応に問題があったためであり，事業者側が適切に対応していたならば，そもそも非違行為自体の発生を回避できたといえること，また，当該非違行為の後，事業者が適切に対応するならば，非違行為が発生する可能性が低いといえるので，改善の見込みが高いといえることから，このような事情があれば事業者による契約解除は無効になる可能性が高まる。

他に，非違行為が利用者による場合には，利用者の非違行為を誘発するような支援（利用者の自由を正当な理由なく制限していないか，利用者の意思に反した行動を強要していないか，利用者にとって苦手な環境を作り出したり，放置していないか，など）をしているかについても検討して，利用者の希望・心身の状況等に応じた適切な支援につなげていくことが重要である。本書187～192頁・4参照。

エ　④事業者側の利用者又はその家族に対する対応

④事業者側の利用者又はその家族に対する支援・対応は，③で分析し

た要因を踏まえて，適切になされているか否かを評価すべきである。適切に対応できていたか否かについては，事業者が，解除原因に該当すると評価した非違行為の発生前と後に分けて検討すべきであるが，非違行為の発生前は，上記③の中で検討済みとするか，④で検討してもよい。ここでは，非違行為の発生前については，上記③の中で検討済みとする。

非違行為の発生後については，事業者が契約解除に至る場合，基本的に，非違行為が繰り返し行われることを想定していると思われるところ，１回目の非違行為が発生した後，その後の非違行為を防止するために，事業者が利用者又はその家族等に対して，いかに支援・対応したのかが問われることになる。

家族等による非違行為に対しては，「Ｄは，Ｘに対し，歩くのが困難であったＡについて無理に歩行介助をするように指示をしたため，ヘルパーが歩行介助が適切でないことなどを伝え」る，「Ｄが，甲に大声で怒鳴ったため，甲が，Ｄに対し，計画外の要望が多く対応に困っている旨話をする」（前掲東京地判平成27年８月６日）など，家族等に対して，適切に説明していくことになろう。また，サービス利用継続のための条件面の話合いを行い，事業者と利用者・家族等との間でルールを決めて，サービス計画等に反映させたり，覚書等を作成していくことも必要である。

利用者による非違行為に対しては，上記ウ参照。

オ　⑤①が改善される見込み

⑤①が改善される見込みは，事業者が契約の解除を判断する際の重要な要素であると思われる。改善される見込みが高いのであれば，特に，利用者による非違行為の場合には（現在のサービスを継続することが利用者にとって有益であることが前提であるが），事業者としては，利用者に対する支援を継続することが望ましい。

解除を無効とした裁判例は，「１度目の暴行後もＸからＡに対し，本件入居契約の解除が予告されたことはないのであるから，今後は暴力行為は本件入居契約の解除が問題になり得るという自覚がＡの自制に資することを期待し得る。」（前掲東京地判平成 27 年８月 28 日）と判示している。

他方，解除を有効とした裁判例は，「今後Ａの暴力があればＹにおいてＡに対する本件入所措置を解除する旨の合意がＡ，Ａの母親を含む四者間でなされているにもかかわらず，Ａはその後も本件施設において暴力をふるっていたこと」（横浜地判平成 15 年３月５日（加藤智章ほか編『新版社会保障・社会福祉判例大系第４巻 社会福祉・生活保護』（旬報社，2009）64 頁）。筆者注：出典はＸだが，本書の記述にあわせてＡにしている。），「もともとＤには，介護サービスを受ける家族として，サービスへの協力や対応に問題があってＸやそのヘルパー等が対応に苦慮し，その信頼関係が失われつつあったところ，さらにＤが乙に対して上記の暴力行為に及んだものであり，このような経過に照らせば，Ｘが本件契約によるサービスの提供を継続することは困難であ」る（前掲東京地判平成 27 年８月６日）と判示している。

このような例を踏まえると，事業者としては，サービス利用継続のためのルールを設定し，そのルールを破った場合には，契約解除を行うことを警告書又は覚書等により書面化しておくべきであろう。もっとも，入居施設の場合には，生活の本拠が在宅である場合と比較して利用者に対する生活上の影響が大きいことから，居宅サービスよりもより慎重に判断すべきであろう。

カ　⑥契約解除による利用者の不利益の内容・程度，配慮

事業者としては，やむなく契約解除の判断に至った場合には，⑥契約解除による利用者の不利益の内容・程度について考慮した上で，利用者の不利益が発生しない，又は軽減できるように配慮すべきであろう。「Ｘは，本件解除前に，ケアマネージャーのＣＭに対し，Ｘに替わる事業所への引き継ぎを要請した」（前掲東京地判平成 27 年８月６日）など，次の受入先が確保できるように，支援する必要がある。もっとも，「本件では，ＸとＡとの間で，本件入居契約の解除の有効性をめぐり争いがあり，Ａにおいて，第２解除の意思表示がなされた平成 26 年７月７日か

らその効果が生じる平成27年１月７日が経過するまでの間に，本件施設から退去すべき義務が生じることを予定していなかったことは明らかであるから，Xが Aの移転先確保に協力しても Aの新たな住居の確保に資する状況であったとは認め難い。このような場合にまで契約条項47条４項が移転先の確保に協力することを求めていると解することは相当ではなく，本件は，契約条項47条４項が適用される前提を欠くものというべきである。」（前掲東京地判平成27年８月28日）と指摘しているように，利用者又はその家族等が，次の受入先にサービス事業者を変更することを，明確に拒絶しているような場合には，次の受入先の資料を交付する程度でもよいと思われる。

＊契約条項47条４項：Xは，Aらに対して，契約条項47条１項による契約の解除通告に伴う予告期間中に，Aらの移転先の有無について，Aら，その身元引受人及びその他関係者と協議し，Aらの移転先の確保について協力する。

キ　⑦解除に至る手続の適切性

⑦解除に至る手続の適切性については，最終手段である契約解除に至る前に，解除を回避するための他の手段を講じる必要性の有無，他の手段実施の有無及び実現可能性について検討するとともに，契約解除を行うと判断した場合に，解除に至るまでの手続について検討すべきである。

他の手段の例として，家族等に対して繰り返し適切に説明したり，担当ケアマネジャーからも説明したり，「Dは，「甲さんとはもう無理だ。」などとまくし立てた。そのため，Xは，…，乙をサービス責任者とした」（担当者の変更）などの対応をすることが挙げられる（前掲東京地判平成27年８月６日）。他には，本書195～196頁・⑷，196～200頁・⑸参照。

解除に至るまでの手続については，「Xは，O区及び国保連に対し，従前のDの言動も含めて報告し，その上で，X，地域包括支援センターであるAの所長であるZ，YのCM，Aが利用していた通所介護サービスの担当者が，O区庁舎で平成24年８月１日に一同に会し，カンファレンスを開き，これまでの経緯と現状に照らして，ヘルパー事業所（X）と居宅支援事業所については継続不可能として，解約の方向で進めていくことが確認された」（前掲東京地判平成27年８月６日）といったことなどを行うとよい。

【参考】管理者研修三菱

㈠　考慮要素

「施設・事業者側からする契約解除には「正当な理由」（運営基準）が必要です。「正当な理由」の有無は個別具体的な事情によりますが，その判断にあたっては，ハラスメントによる結果の重大性，ハラスメントの再発可能性，契約解除以外の被害防止方法の有無・可否及び契約解除による利用者の不利益の程度…等を考慮する必要があります」（管理者研修三菱25頁）。なお，本書では「運営基準」を「介護基準省令」と表記している。

㈡　解除事由の検討

「ア）「正当な理由」が肯定される可能性のある場合

利用者が職員に対し身体的暴力をふるった場合であって，他の施設・事業者及び関係機関の担当者とともに利用者と話し合ったが，再発の可能性があり，かつ，複数名訪問等の再発防止策の提案も拒否されたときに，契約解除の予告期間を置くとともに，後任の事業所の紹介その他の必要な措置を講じて契約を解除した場合。

イ）「正当な理由」が否定される可能性のある場合

職員の不適切な言動に立腹した家族が暴言を口にした場合に，その家族との話し合いにより信頼関係の回復に努めて再発防止を図ったり，担当職員を変更したりすることもなく，また，後任の事業所の紹介その他の必要な措置を講じることもなく，直ちに契約を解除した場合。」（管理者研修三菱26頁）

【表9】

考慮要素	解除有効：ア）	解除無効：イ）
①非違行為の内容・頻度	「利用者が職員に対し身体的暴力をふるった場合」 《具体的内容・頻度不明》	「家族が暴言を口にした場合」 《具体的内容・頻度不明》
②非違行為による結果（職員・他の利用者の権利侵害の内容・程度）	《記載なし》	《記載なし》
③①に至った事情	《記載なし》	「職員の不適切な言動に立腹した家族が暴言を口にした場合」
④事業者側の利用者等に対する対応	• 他の施設・事業者及び関係機関の担当者とともに利用者と話し合った • 複数名訪問等の再発防止策の提案	「その家族との話し合いにより信頼関係の回復に努めて再発防止を図ったり，担当職員を変更したりすることもなく」
⑤①が改善される見込み	•「再発の可能性があり」 •「複数名訪問等の再発防止策の提案も拒否された」 →《改善の見込み低い》	《職員の不適切な言動が家族の非違行為を誘発していることから，職員が適切に対応すれば，改善の見込み高い》
⑥契約解除による利用者の不利益の内容・程度，配慮	• 不利益の内容・程度《記載なし》 • 配慮「後任の事業所の紹介その他の必要な措置を講じて」	• 不利益の内容・程度《記載なし》 • 配慮「後任の事業所の紹介その他の必要な措置を講じることもなく」
⑦解除に至る手続の適切性	「契約解除の予告期間を置く」 《催告あり》	「直ちに」《無催告》

ク　無催告解除の可否～在宅か施設か

在宅か施設（居宅サービスを含まない。）かの違いは次のとおりである。

【表10】

	在宅	施設
サービス内容	介護等のサービス	介護等のサービス＋居室等の利用
解除	サービス提供の中止で足りる（訪問しない，迎えに行かない）。	利用者に退居してもらうことが必要。退居してもらえない限り施設内に居住していることから，サービス提供の中止が困難。
次のサービス提供機関の受入れ	施設に比べれば比較的容易	次の受入先確保が困難，時間を要する。

上記①利用者又はその家族等の非違行為の内容・頻度，②利用者又はその家族等の非違行為による結果（職員・他の利用者の権利侵害の内容・程度），③①に至った事情（利用者又はその家族等が非違行為に至った要因を含む。），④事業者側の利用者又はその族に対する対応，⑤①が改善される見込み，⑥契約解除による利用者の不利益の内容・程度，配慮，⑦解除に至る手続の適切性の検討を経て，解除を選択した場合，次に，無催告解除を選択するか否かが問題となる。ここで，催告とは，通常，事業者は利用者との間で継続的にサービスを提供する旨のサービス利用・提供契約を結んだ以上，利用者等に対して，もう一度履行の最後のチャンス（催告と猶予期間）を与える最後通牒を発することを意味する。

サービス利用・提供契約は，当事者間の信頼関係を基調とする継続的契約であるから，無催告解除は，無催告により当然に解除を認めても不合理とはいえないような信頼関係の破壊があるときに限って有効とされると考えられている。この点については，前掲東京地判平成27年8月6日が参考になる。すなわち，「Xが本件契約によるサービスの提供を継続することは困難であり，本件契約を継続し難いほどの背信事由があったものとして，本件契約に解除事由があるとしたXの判断は相当であったものと認められる。」とした上で，さらに「本件解除が無催告であり又は予告期間がないことによって，その効力を制限しなければならないような事情があったとはいえない。」点にも言及して，無催告解除を有効と判示している。このように，解除により利用者が被る不利益の内容・程度と信頼関係が破壊されるに至った利用者等の非違行為の内容・破壊の程度を比較して，後者が上回っている場合には，無催告解除を認めることは不合理とまでいえないと判断しているように思われる。

まず，在宅サービス（通所系・短期入所系を含む。）の場合，**【表10】**のとおり，施設サービス（居宅サービスを含まない。）の場合と異なり，次の受入先確保が比較的容易であり，利用者の生活に与える打撃は少ないことから，①利用者又はその家族等の非違行為の内容が重大であり，非違行為が繰り返されていること，②利用者又はその家族等の非違行為による結果（職員・他の利用者の権利侵害の内容・程度）が重大であること，③①に至った事情（利用者又はその家族等が非違行為に至った要因を含む。）として施設等に問題がないこと，④事業者側の利用者又はその家族に適切に対応していること，⑤①が改善される見込みが低いこと，⑥契約解除による利用者の不利益が小さいこと，⑦解除に至る手続が適切であること等を検討して，事業者と利用者又はその家族等との間の信頼関係が破壊されていると判断でき，もう一度履行の最後のチャンス（催告と猶予期間）を与える必要はないと認められるのであれば，次の受入先の情報提供等の配慮をした上で，無催告解除を選択してもよいであろう。在宅サービスを提供する事業所の場合は，事業所がサービス提供を中止すれば足りる（訪問しない，迎えに行かない）ので，職員を守るために有効手段であろう。

次に，施設サービス（居宅サービスを含まない）の場合，次の受入先の確保が困難であることから，利用者にとっての不利益が大きいことが予想されるので，無催告解除の判断はより慎重に行うべきである。また，利用者が施設に留まる限りサービス提供の中止が困難であることも加えると，無催告解除を選択しても事実上相当期間サービスを提供せざるをえない。よって，無催告解除を選択したとしても，職員を守るという点では効果が弱いと思われる。もっとも，無催告解除を選択することにより，利用者又はその家族等に次の受入先の検討を急がせるという効果はあると思われる。

⑻　契約解除に関する裁判例

ア　解除事由利用者惹起型

㈠　強硬手段・ハラスメント

ｉ　居宅サービス・通所施設：利用者の他の利用者に対する暴力行為・解除有効

利用者による強硬手段に対する対応として，次の裁判例が参考になる。Ｙ（市福祉保健センター長）が，利用者Ａに対する施設への通所決定を解除した事案で，「Ａには度重なる暴力的行為により本件施設における他の利用者等の安全の確保に支障が生じていること，今後Ａの暴力があればＹにおいてＡに対する本件入所措置を解除する旨の合意がＡ，Ａの母親を含む四者間でなされているにもかかわらず，Ａはその後も本件施設において暴力をふるっていたこと，ＹがＡに対し別施設への通所を斡旋していることなどの事情に鑑みれば，本件入所解除には理由があるとし」た（横浜地判平成15年３月５日（加藤智章ほか編『新版 社会保障・社会福祉判例大系第４巻 社会福祉・生活保護』（旬報社，2009）64頁）。筆者注：出典はＸだが，本書の記述に合わせてＡにしている。）。暴力行為の具体的な内容は，「施設内において，はさみやカッターを…施設職員に突きつけたり，ハンマーを振り回す，本件施設内で突如暴れ，警察への通報が合計３回なされる」といった内容であった（判例地方自治246号113頁）。

この裁判例では，上記⑺の考慮要素のうち，①利用者の暴力行為の内容・頻度，②利用者の暴力行為による結果（他の利用者の権利侵害の内容・程度），⑤①が改善される見込み，⑥契約解除による利用者の不利益の内容・程度，配慮，⑦解除に至る手続の適切性を考慮して判断したと思われる（後記**【表11】**参照）。

ⅱ　施設系サービス・介護付き有料老人ホーム：利用者の職員に対する暴力行為・解除無効

介護保険法上の施設サービスではないが，施設系サービスを提供する介護付き有料老人ホームの事案として，前掲東京地判平成27年8月28日がある。これは，利用者の職員に対する暴力行為が繰り返し発生したことに対して，事業者が利用者に対して契約を解除した事案である。

○主な時系列は次のとおりである。

- 「利用者Aは，平成17年11月，本件施設において，事業者Xの職員である甲との間で，寄贈した図書の扱いをめぐるやり取りから憤慨し，甲に対し，顔面を殴打する暴行を加え，通報を受けた警察官が臨場する騒ぎとなったが，甲は負傷せず，被害届が提出されることはなく，Xとの間で，本件入居契約の解除が話題になることはなかった。」
- 「Aは，平成24年5月28日午後7時頃，本件施設において，Xの職員である乙に声をかけたが，待たされたことに立腹して怒鳴りつけ，逃げ出した乙を追いかけてケアセンターに立ち入り，2メートル程度の位置からいすを投げ付けて乙の左手部に軽度の挫傷を負わせた。」
- 「Aは，平成24年6月29日，乙に対する傷害や陳謝，遵守事項に違反した場合の契約解除に異議がないことなどを記載した誓約書に署名押印するようXから求められたが，これを拒絶し，Xは，本件入居契約を解除することにした。」
- 「平成24年7月18日，契約条項47条1項5号の解除事由を理由として本件入居契約を解除するとの意思表示をした。」

○主な契約内容は次のとおりである

「Xは，利用者らが次の各号の1つに該当する場合には，利用者らに対して6か月以上の予告期間をおいて，本件入居契約の解除通告ができる。（契約条項47条1項柱書）」

「他の入居者及びＸの管理運営上に迷惑の及ぶ危険な行為や暴力行為が度々行われる場合（契約条項47条１項５号）」

○暴力行為に対する解除の有効性

以上を前提に，同判決は，「Ａについて，契約条項47条１項５号所定の「他の入居者及びＸの管理運営上の迷惑の及ぶ危険な行為や暴力行為が度々行われる場合」という解除事由が認められるか判断するに，Ａは，平成17年11月と平成24年５月28日の２度にわたり，Ｘの職員に対する暴行に及んだことが明らかである。これらの暴行は，職員の安全を脅かし，施設内の秩序を乱してその管理運営に深刻な支障を及ぼすおそれのあるものといわざるを得ず，Ａが抱えていたとされるＸに対する不満の理由のいかんにかかわらず，許される余地はない。しかしながら，いずれの暴行もその結果は比較的軽微である上，１度目の暴行から２度目の暴行までに６年以上が経過しており，その後Ａが暴力行為に及んだ形跡はうかがわれず，Ａについて，本件入居契約を存続させることが困難なほど粗暴な傾向があるとは認め難い。また，１度目の暴行後もＸからＡに対し，本件入居契約の解除が予告されたことはないのであるから，今後は暴力行為は本件入居契約の解除が問題になり得るという自覚がＡの自制に資することを期待し得る。そうすると，Ａについて，暴力行為が度々行われる場合があるとは認めるに足りず，契約条項47条１項５号所定の解除事由があることをいうＸの主張は理由がない。」「したがって，Ａについて，契約条項47条１項５号所定の解除事由があることをいうＸの主張は理由がなく，Ｘが平成24年７月18日にした第１解除は無効である。」

この裁判例でも，上記(7)の考慮要素のうち，①利用者の暴力行為の内容・頻度，②利用者の暴力行為による結果（他の利用者の権利侵害の内容・程度），⑤①が改善される見込み，⑥契約解除による利用者の不利益の内容・程度，配慮，⑦解除に至る手続の適切性を考慮して判断したと思われる（下記**【表11】**参照）。

【表11】

＊「　　　」：基本的には，裁判所の判断から抜粋
＊《　　　》：筆者コメント

考慮要素	解除有効：横浜地判平成15年3月5日	解除無効：東京地判平成27年8月28日
①利用者の暴力行為の内容・頻度	施設内において，ハサミやカッターを…施設職員に突きつけたり，ハンマーを振り回す，施設内で突如暴れ，警察への通報が合計3回あった	平成17年11月と平成24年5月28日の2度にわたり，Xの職員に対する暴行に及んだ。1度目の暴行から2度目の暴行までに6年以上が経過していた
②利用者の暴力行為による結果（他の利用者の権利侵害の内容・程度）	本件施設における他の利用者の安全の確保に支障が生じていた	いずれの暴行もその結果は比較的軽微であった
⑤①が改善される見込み	Aはその後も本件施設において暴力をふるっていた	平成24年5月28日以降Aが暴力行為に及んだ形跡はうかがわれなかった。今後は暴力行為は本件入居契約の解除が問題になり得るという自覚がAの自制に資することを期待し得る
⑥契約解除による利用者の不利益の内容・程度，配慮	判示されていないが，施設が，知的障がい者通所授産施設であるゆえに，入居施設に比較して利用者の不利益が小さいことが考慮されていると思われる（解除有効に傾く）。もっとも，障がい者の場合，高齢福祉よりも施設が少ないので，次の受入施設を探すのに困難が伴うこともあるので，一概に不利益が小さいとはいえないであろう	判示されていないが，施設が，介護付き有料老人ホームであるゆえに，生活の本拠をも変更を余儀なくされるという不利益の大きさを考慮していると思われる（解除無効に傾く）
⑦解除に至る手続の適切性	今後Aの暴力があればYにおいてAに対する本件入所措置を解除する旨の合意がA，Aの母親を含む四者間でなされていた	本件入居契約の解除が予告されたことはない

㈠　ブラッククレーム

ⅰ　居宅サービス・SS：利用者の転倒事故

利用者等によるブラッククレームへの対応として，次の裁判例が参考になる。直接契約解除の有効性が問題となった事案ではないが，転倒事故を防止するために，適切にサービス提供できない場合，契約解除もありうることに言及した裁判例である。その一つが，京都地判平成24年7月11日ウエストロー・ジャパンである。同判決は，転倒防止の結果回避義務としては，「1時間毎の看視」の履践だけでは足りず，離床センサーに加えて，利用者が躓くなど歩行の障害にならない程度の薄い衝撃吸収マットの設置義務を認め，法人の過失責任を認めた（松宮259頁参照）。

もっとも，この裁判例は，事業者として，サービス提供の範囲内で，転倒事故を防止するために，最大限の対策を講じることを前提に，このような対策では転倒事故を防止することが不可能であると認められる場合には，「利用申込者に対し自ら適切な指定短期入所生活介護を提供することが困難な場合」（202～209頁・イ），すなわち，本件の契約では，「利用者の病状，心身状態が著しく悪化し，当施設で適切な短期入所生活介護サービスの提供を超えると判断された場合」に該当する余地も認めている。

この裁判例は，ブラッククレームに対する対応として参考になる。というのは，この裁判例も，サービス提供の範囲を超えたサービスを実施して，転倒事故を防止することまでも求めているものではなく，法人や施設職員が，サービスの提供の範囲内での対策の内容，及びこれらの対策を講じたとしても転倒事故を防止できない旨の説明を行った場合に，利用者らが，サービスの範囲を超えた要望を訴えてきた場合には，契約解除もありうることを認めていると思われるからである。すなわち，事故の危険性の高い利用者を受け入れた場合には，事業者として，提供できるサービス範囲内の事故防止対策を利用者又はその家族等に懇切丁寧に説明をした上で同意を得るようにすべきであり，他方，事業者として提供できるサービスの範囲を説明し，それを超える要望があった場合には，契約の解除を検討することも考えていくことも必要であろう。

ⅱ　施設サービス・老健：利用者の転倒事故

介護老人保健施設での転倒事故の事案であるが，京都地判令和元年5月31日賃金と社会保障1750号49頁がある。同判決は，事業者の過失責任を認めた上で，事業者が職員の数には限界があることから，転倒の結果回避可能性がなかった旨の反論に対して，「転倒リスクがどの程度高いものを，何人程度受け入れるかについては，当該施設の人的態勢等を踏まえ，施設において判断することができる事項であると考えられること…本件約款には，被告は，利用者及びその家族に対し，利用者の病状，心身状態等が著しく悪化し，本件施設での適切な介護老人保健施設サービスの提供を超えると判断された場合には，本件約款に基づく入所利用を解除・終了させることができる旨の規定」があったことにも言及している。同判決は，「人的態勢」の問題に対して，事業者（被告）としては，「人的態勢」上，提供できるサービスの範囲内の対策を講じても転倒事故を防止できないと認めたときは，契約を解除できることを前提にしていると思われる。「人的態勢」上サービス提供が困難であることを認識しながら，契約を解除することなく，契約を継続していたのであるから，「人的態勢が厳しいことをもって，事業者の責任を否定する理由ということはできない」と判示している。

イ　解除事由家族惹起型

家族による強硬手段やハラスメントに対する対応として，次の裁判例が参考になる。

㋐　居宅サービス・HH：家族の職員に対する暴力行為等・解除（催告なし）有効

家族による強硬手段に対して，法人・施設等が，どのようなことに注意して対応していくのかを理解する上で，前掲東京地判平成27年

８月６日（《》は筆者加筆）は，非常に参考になる。適切に対応している好個の例として，繰り返しになるが，再度掲載しておく。

○登場人物

- 利用者・家族等→利用者：A，利用者Aの妻：B，Aの子：C，Aの子（原告）：D
- 事業者→事業者（訪問介護）（被告）：X，前任のサービス担当責任者：甲，後任のサービス担当責任者：乙
- 他の事業者→ケアマネジャー事業者：Y，担当ケアマネジャー：CM，地域包括支援センター：Z，Zの所長：W

○主な事実

【契約当事者Aについて】

《契約》

「Aは，介護保険法に基づく要介護状態区分４の認定を受けていたところ，AとXは，平成19年10月24日，身体介護及び生活援助の訪問介護サービスを内容とする訪問介護契約（以下「本件契約」という。）を締結し，以降，本件契約は自動更新されていた。」

《キーパーソンの変更（キーパーソンの変更により家族等との関係が悪化することが散見される。キーパーソンの変更時に，サービス内容について十分に説明しておくことが必要であろう）》

「Cは，体調を悪くしたため，平成23年11月頃以降，B及びAの介護等に関与しなくなり，代わりに，Dが対応するようになった」

《解除に至る経緯》

- 平成24年２月頃「Dは，Xに対し，歩くのが困難であったAについて無理に歩行介助をするように指示をしたため，<u>ヘルパーが歩行介助が適切でないことなどを伝えても，Dは耳をかさず，不機嫌になり，大声で責めたりした</u>」

「さらに，Dは，Xによるサービスの提供のために必要な協力を行わないことが度々あった。たとえば，調理のための食材が用意されていないことや，X担当者が訪問した際，食器類で台所があふれかえっ

ており，それらの食器を片付けなければＡらのための調理が行い得ない状況にあったこともあった」

「上記の状況であったため，ヘルパーは，Ｘの事務所に戻ると，このような状況で訪問介護を続けることは辛い，辞めたいと漏らすものがあった」

- 「平成24年５月，Ｘの当時のサービス責任者の甲がＸのヘルパーに対し，Ｄ宅でのサービスが所定時間をオーバーしていたことを指摘したことなどを契機として，Ｄが，甲に大声で怒鳴ったため，甲が，Ｄに対し，計画外の要望が多く対応に困っている旨話をすると，Ｄは，「あなたは信用できない。もう来ないでほしい。」などと言った。」

《事業所側の対応と家族の反応》

- 「このため，甲は，CMにその話をし，CMがＤに尋ねた際も，Ｄは，「甲さんとはもう無理だ。」などとまくし立てた。そのため，Ｘは，サービス責任者を交代せざるを得ず，乙をサービス責任者とした」

「以前のサービス責任者であった甲や，乙は，CMにも相談等をしつつ，自らヘルパーとして介護サービスに入る機会等に，Ｄに対し，ヘルパーが調理に入る前に食器類を片付けてもらわないと困ることや，定められた時間の枠内でサービスを行わなければならないこと等を説明し，理解を求めたが，Ｄは自分の希望を強く言い，これを諌めると強い調子で怒鳴ったり，威圧的な態度を取ることが少なくなかった」

【Ｂ（Ａの妻）について】

《契約の当事者はＡであるが，解除事由には，Ｂが存命中のときの家族Ｄの問題行動があるので，掲載した》

- 「医師からＢについて誤嚥の危険性が指摘されていたにもかかわらず，Ｄは，食事介助を行うように指示することが度々あった。これらの行為は，Ｘが行うべきサービスの範囲を逸脱していたが，そもそも身体に危険を生じさせる行為であったから，Ｘ担当者は，都度，Ｄに対し，指示に従うことはできない旨を答えていた」

- 平成24年６月「30日にも，Ｄは，乙に対しＢへの水分補給を指示した後，次第に怒り出して，乙に対し怒鳴り続けた。その後，帰ろうとして乙が玄関出口付近にいた際，Ｄは台所に行き，塩をつかんで玄関に戻り，乙に対し塩を強く投げつけた。塩は，乙の後頭部に当たり，乙の服にも塩が入り，かばんの中にも塩が残っていた」

【契約解除に至るまでの手順】

《事業所側の対応（CMへの相談）及び家族の反応》

- 「乙は，Ａらのサービスを引き続き担当することはできないと考え，ケアマネージャーのCMにも相談した。その後も，Ｄは，平成24年６月12日のヘルパーが来なかったことなどを理由にＯ区等に苦情申出をするなどＸを非難し続け，Ｘのサービス責任者の訪問を認めないなど強硬な対応を続けていた。その他の諸々の調整においても，Ｄは，Ｘ担当者やケアマネージャーその他の関係者の意見には耳をかさず，自らの希望を一方的に強いる姿勢に終始していた。Ｘは，このような状況や，このままでは現場で対応するヘルパーに危険が及ぶおそれがあること，既に甲がサービス責任者を降り，乙も降りることになれば，ＸにはもうＡを担当できるサービス責任者がいない状況であったこと，サービスを提供し続けるためには家族との円滑な意思疎通と信頼関係が必要であるが，それは破綻しているとして，Ｘは，Ａらへのサービスを終了するしかないと考えるようになった」
- なお，「このような状況の下，Ｂは，平成24年７月18日，死亡した。」

《事業所側の対応（市区町村等への相談）　＊解除をする場合には，行政，居宅介護支援事業所，地域包括支援センターに相談すべきであろう。》

「Ｘは，Ｏ区及び国保連に対し，従前のＤの言動も含めて報告し，その上で，Ｘ，地域包括支援センターであるＺの所長であるＷ，ＹのCM，Ａが利用していた通所介護サービスの担当者が，Ｏ区庁舎で平成24年８月１日に一同に会し，カンファレンスを開き，これまでの経緯と現状に照らして，ヘルパー事業所（Ｘ）と居宅支援事業所については継続不可能として，解約の方向で進めていくことが確認された」

- 「Ｘは，平成24年８月10日，改めて，居宅介護支援事務所であるＹと同所属のケアマネージャーであるCMに対し，本件契約を終了する意向であることを明言し，Ｘに替わるヘルパー事務所への引き継ぎを要請した」「これに対し，CMは，既にケアマネージャーとしてのＡとの契約終了についてＤに打診していたところ，Ｄが強く反発しているため，ケアマネージャーを交代する目処が立っていなかったため，ヘルパー事業所の引き継ぎを行うこともできないとのことであった。その後も，Ｄは，ケアマネージャーの交代に応じず，かえって，「CMの態度が生意気だった。うち（Ａ方）はできないと言って，他でのうのうとケアマネを続けることなど許せない。」とか，「ケアマネが業務放棄しているので自分がやっている。泣き寝入りしない」「ヘルパー事業所に対しても，生意気だ，思い上がっている。身の程しらず」などと対決姿勢を鮮明にしていった」
- 「地域福祉課相談記録票の同年10月16日欄」「には，同課の者が，Ａ包括支援センターの担当者とＤ方を訪問し，同原告と面談した際の原告の発言として「ヘルパーは，朝６時からでも，７時からでも来るべきだ。自分はこんな大変な思いをしてやっている。ヘルパーに「介護より，もっと仕事の方に力を入れた方がいい」と言われた。たいした教育も受けていない，貧乏人に言われる筋合いはない。東大出てから言え（興奮し，怒鳴る)。今思い出しても腹が立つ。」等と記載されている。」

【無催告解除】

《解除の通知⇒サービス提供中止》

「このような状況の下で，Xは，Dの一方的な感情や対応のため，円満な意思疎通を期待することはおよそ不可能な状況であり，改善の見込みは全くなかったため，Xは，O区介護保険課や地域包括支援センター（A）らと調整して，Dに速やかに新たな訪問介護事業所の紹介ができるよう対処した上で…平成24年10月31日をもって本件契約を解約する旨の通知をし，これは同月30日A及びDに到達した。

「Xは，A及びDに対し，平成24年10月29日付け内容証明郵便（略）により，次の理由により，本件契約を解約する旨の意思表示（以下「本件解除」という。）を行い，同郵便は平成24年10月30日にA及びDに到達した。」

「Xは，平成24年11月1日以降，A宅を訪れなくなり，本件契約によるサービスの提供を停止した。」

《解除通知の内容：α解除事由に該当する具体的事実（具体的事実は，証拠上証明が容易で，問題の大きいものを選ぶ。）→β職員等に対する弊害→γ「解釈基準」を踏まえた評価（解釈基準を意識すること）→δ契約上の条文の要件該当性→ε結論》

α「平成24年6月30日，A様の御子息であり，上記契約におけるA様の代理人でもあるD様より，弊社所属のサービス提供責任者に対し塩を投げつけるという暴力行為を行ったことにより」

β「当該社員は深刻な恐怖感を覚え，身の危険を感じている状況です。また，弊社社員全体も同様の恐怖感を持っています。」

γ「弊社といたしましては，弊社社員による今後のサービス提供の継続は不可能と判断いたしました。」《解釈基準・3⑵③に該当する》

δ「上記の貴殿の行為は，（介護予防）訪問介護契約第９条第４項の２に記載の「利用者又はその家族等が事業者やサービス従事者に対して，この契約を継続しがたいほどの背信行為を行った場合」に当たるものですので」

ε「（介護予防）訪問介護契約を終了いたしますので，本書をもって通知する次第です。」

○解除の法的根拠（解除に関する契約内容）

《契約書の条文の確認は必須。条文によると，下記(ア)の１か月間の予告期間を置く解除と，下記(イ)の予告期間を置かない無催告解除がある。無催告解除を選ぶ場合には，解除により利用者に与える日常生活上の不利益が小さいことを確認する必要がある。》

「(ア)　事業者は，やむを得ない事情がある場合，利用者に対して，１か月の予告期間を置いて理由を示した文書で通知することにより，この契約を解除することができる。

(イ)　次の事由に該当した場合は，事業者は，文書で通知することにより，直ちにこの契約を解除することができる。

a　利用者のサービス料金の支払が２か月間以上遅延し，料金を支払うよう催告したにもかかわらず，10日以内に支払われない場合

b　利用者又はその家族が事業者やサービス従業者に対して，この契約を継続し難いほどの背信行為を行った場合」《（介護予防）訪問介護契約第９条第４項の２だと思料される。》

○サービス提供の範囲

《利用者又はその家族等が求めるサービス内容の提供を拒絶する場合には，サービス提供の範囲の確認は必須》

「Ｘが実施する具体的なサービス内容は，本件契約及び別件契約とも介護保険制度にのっとった契約であるという性質から，Ａ及びＢが別途契約していた居宅介護支援事業所であるＹに所属するケアマネージャーとの協議の上で，最終的には，ケアマネージャーが作成する居宅サービス計画（以下「ケアプラン」という。）の範囲内で，Ｘが作成する訪問介護計画により定められるものであった。」

「本件契約に基づきＸが提供すべき介護サービスのうちいわゆる生活援助（家事援助）サービスは，「身体介護以外の訪問介護であって，

掃除，洗濯，調理等の日常生活の援助であり，利用者が単身，家族が障害・疾病等のため，本人や家族が家事を行うことが困難な場合に行われるもの」に限られ，「直接，本人の日常生活の援助に属しないと判断される行為は生活援助の内容に含まれない」ことが国の施策上明確にされていた。そして，利用者が，保険給付の範囲外のサービスを希望する場合には，訪問介護員は，利用者に対し，適当でない旨を説明することが，行政指導されている」

「訪問介護サービスは，本来的に介護保険制度の枠内において，介護事業者が被介護者の自宅を訪問して，被介護者の自宅の設備や備品等を利用して行うものであるため，訪問介護サービスを円滑に実施するためには，介護事業者と被介護者及び被介護者の親族等の協力・連携が必要である。本件では，たとえば，ＸがＡのために食事を調理するためには，事前に台所や食器類等が片付けられていなければならない。すなわち，Ｘは，Ａのための調理に利用した備品や，Ａの食事にかかる食器類を片付けることはできるが，介護サービスとは無関係に利用された食器類を片付けることはできない」

○提供していたサービスの内容

《解除，特に無催告解除を選択する場合には，現に提供しているサービス内容を中止したときに，利用者の日常生活にどのような影響があるかを検討する必要があるので，現に提供しているサービス内容の確認も必須》

「Ｘが本件契約に基づきＡに行うべきサービスは，身体介護としての「定期的なトイレ誘導」及び生活援助としての「健康管理に配慮した食事の用意（調理）」等であり，１週間に６日，１日に１時間実施されていた。」

○裁判所の判断

・暴力行為等に対する解除の有効性

「Ｄは，本来用意しておく食材を用意していないことが少なからずあり，また，食器も洗っていないことがあったなど，Ｘのサービスの提供に協力的ではなかった上，Ｘのヘルパー等に対して，一方的に契約外のサービスの提供を要求し，Ｘのヘルパー等がこれを断ると怒鳴りつけることが度々あり，あるいはサービス責任者を恫喝してＸにその交代を要求するなどＤの対応に問題があったため，Ｘのヘルパー，サービス責任者及びＸが，Ｄへの対応に苦慮し，Ｘは，解約も視野に入れて関係機関と協議していたところ，そのような状況の下で，Ｄは，さらに，Ｘのサービス責任者である乙に対し，乙の服やかばんの中にも残るほどの量の塩を投げつける暴力行為に及んだものである。Ｄが乙に塩を投げつけた行為は，乙に対する有形力の行使であり，暴行と言わざるを得ないところ，Ｄがそのような行為に及んだ一因としては上記認定のとおり，平成24年６月12日の昼にＸのヘルパーが訪問せず，同月17日の朝にヘルパーが入ることに遅れたことがあり，これらについては関係者の連絡が不十分であった可能性はあるものの（略），仮にそうであったとしても，冷静に説明を受けた上で対応すべき問題であり，Ｄの乙に対する上記暴力行為が正当化されるものとは到底いえない。

以上のとおり，もともとＤには，介護サービスを受ける家族として，サービスへの協力や対応に問題があってＸやそのヘルパー等が対応に苦慮し，その信頼関係が失われつつあったところ，さらにＤが乙に対して上記の暴力行為に及んだものであり，このような経過に照らせば，Ｘが本件契約によるサービスの提供を継続することは困難であり，本件契約を継続し難いほどの背信事由があったものとして，本件契約に解除事由があるとしたＸの判断は相当であったものと認められる。

なお，本件契約は，介護サービスを提供するものであるが，その内容は，週６日，１日１時間の，食事の用意（調理）及びトイレの誘導等に限定されるサービスであり，ＡないしＤが望めば，直ちに代替の支援を受けることも可能であったところ（略），Ｘは，関係機関とも協議の上で連携しながら本件解除に及んでいること，Ｘ

は，本件解除前に，ケアマネージャーのCMに対し，Xに替わる事業所への引き継ぎを要請したが，CMが既にケアマネージャーの交代をDに打診し，Dが強く反発していたため，事業所の引き継ぎを行うことができなかったこと，Dは，本件解除の通知を受けた後，代替のサービスの提供について打診を受けた際も，そのサービスを受ければXの主張を認めたことになるとか，裁判で不利になるなどという理由で，他の事業者からAに対する代替のサービスを受けることを優先することなく，通所介護サービスの利用回数を増やし，Dが早く帰宅するなどして対応したことからすれば（略），Aが直ちに代替のサービスを受ける切迫した必要性が高かったものともいえないことなどを総合すると，本件解除が無催告であり又は予告期間がないことによって，その効力を制限しなければならないような事情があったとはいえない。

- 「本件解除は無催告であり又は予告期間がないことにより違法であ」るか。

「Dは，本件解除が無催告であり又は予告期間ないことにより違法であると主張するが，「利用者又はその家族が事業者やサービス従業者に対して，この契約を継続し難いほどの背信行為を行った場合」という解除事由がある場合には，文書で通知することにより直ちに本件契約を解除することができるから（略），本件解除が無催告であり又は予告期間がないことにより違法であるということはできない。実質的にも，上記」なお書き「で既に述べたとおり，無催告ないし予告期間がないことによって本件解除の効力を制限しなければならないような事情があったとはいえない。」

「したがって，本件解除が無催告であり又は予告期間のないこと等を理由として，不法行為又は債務不履行に基づく損害賠償を求めるDの請求は，その余の点を判断するまでもなく理由がない。」

(イ)　居宅サービス・SS（障がい者）：家族の職員に対する暴力行為等・解除（催告あり）無効

家族による強硬手段に対する対応として，法人・施設に問題のある例として，前掲大阪地判堺支部平成26年５月８日がある。自らの対応を省みる契機となる事例なので，参考にされたい。

○登場人物

- 利用者又はその家族等→利用者（原告）：Ａ，Ａの父：Ｂ，Ａの母：Ｃ

「Ａ（昭和52年○月○日生）は，幼少期から知的障害（総合判定Ｙ）及び四肢機能障害（２級）を有する女性で，平成24年７月30日，成年後見が開始され，成年後見人としてＡの父Ｙ（以下「Ｂ」という。）が選任された。」

- 事業者→事業者（被告）：Ｘ，施設（障がい者短期入所サービス）：Ｙ

「Ｘは，指定障害者支援施設である「Ｙ」（以下「本件施設」という。）を設置，運営している社会福祉法人である。」

「ア　本件施設は，知的障害を有する利用者の作業への意欲を高めて自立支援を促進するために，職住を分離し，作業空間（２棟の作業棟）と生活空間（１棟の生活棟）からなる。

本件施設の定員は，施設入居の入所者が50名，短期入所者が７名であった。本件事故当時は，入所者49名（男子25名，女子24名）と短期入所者７名が本件施設を利用していた。

イ　本件施設では，利用者を生活支援班（重度知的障害の利用者を対象とする作業），室内作業班（業者から委託を受けた作業）及び農園作業班（農作業）の３つの班に分けて，作業棟又は農園において，それぞれの作業に従事させていた。その作業時間は，平日の午前９時30分から午後４時までの間である。

ウ　Ｘには，25名の職員（うち３，４名がパート）が在籍しており，日中は９～10名の職員がシフトを組み，生活支援班に４，５名，室内作業班に３，４名，農園作業班に２，３名を配置して，作業の指導，補助及び利用者の安全確保に当たっていた。」

○契約に関する事実

・契約締結

「Aは，Aを「利用者」，Bを「保護者または代理人」として，Xとの間で，平成17年ころ，障害者短期入所サービス利用契約（以下「本件契約」という。）を締結し，1年毎に更新してきたが，平成24年2月の更新を最後に，更新手続がなされていない。」

・利用状況

「ア　Aは，平成12年ころから本件施設の利用を始め，平成14年10月ころからは，毎日，午前11時から午後9時ころ（後に午後7時ころ）まで，本件施設の短期入所を利用するようになった。…

ウ　Aは，かつて生活支援班に所属し，他の利用者と共に作業に従事していた。しかし，Aの両親の申入れにより，移動時におけるAの転倒を防止するため，平成22年12月ころから，他の利用者が作業をしている間も，生活棟に留まって過ごすようになった。

Aのみが生活棟にいるときには，職員一名がマンツーマンに近い状態でAの支援に当たっていた。これに対し，他の利用者も生活棟にいるときには，Aは体が小さく（145cm，40kg），四肢に機能障害を有し，しばしばてんかんの発作があったため，職員の目が届くように，Xの施設職員がいる支援員室の前あたり（略）の床面に座っていることが多かった。」

・本件契約の主な内容

「ア　サービス内容（3条，重要事項説明書・6項）

㈠　日常生活支援（食事，入浴，清掃，洗濯）

㈡　余暇活動等支援（行事，クラブ活動，サークル活動）…

ウ　契約の終了（8条3項②）

Xは，利用者がXやサービス従業者又は他の利用者に対して本件契約を継続しがたいほどの重大な背信行為を行った場合，利用者に対し，30日間の予告期間をおいて文書で通知することにより，本件契約を解除することができる。」

《解除事由を惹起した者は，上記下線部分のとおり，「利用者」に限定されているが，利用者の父の非違行為についても「利用者」に該当すると評価されていると思われる。》

○事実経過

- 本件事故（下記アの事実を「本件事故」という）（他の利用者によるAに対する暴行）の発生状況
- 平成24年4月27日，「ア　…本件施設では，生活支援班の作業予定がなく，生活棟において，A及び加害者を含む女子利用者24名を4名の職員で支援していた。

Aは，定位置の床面に壁を背にして座っていた。加害者は，デイルーム付近の椅子に座っていたが，同日午後3時30分ころ，女子トイレの方向に歩き始めた。Xの施設職員は，その様子を見て，加害者がトイレに行くものと考えた。ところが，加害者は，突然，Aに近づき，その胸部を蹴り，Aは，その衝撃でむき出しのコンクリートブロックの壁に後頭部を打ちつけた。

イ　加害者は，平成19年7月に入所した時点では，自閉的傾向，行動障害があるとされ，物事が理解できなかったときや不安なときに，Xの職員や他の利用者に対して暴力的行為に及ぶことがあった。そのため，デイルームでの余暇時間の際には，加害者の所在の確認や様子の把握が必要であるとされていた。

加害者が暴力的行為に及んだ回数は，平成23年4月から平成24年4月までの約1年間で，Xの施設職員に対しては21回であったが，利用者に対しては本件事故を含め4回であった。その暴行の程度は，叩いたり蹴ったりするものから，つねったり，かみついたりするものまで様々であった。

加害者には，暴力的行為に及ぶ前に，イライラした表情を見せ，体の動きがぎこちなくなる兆候がみられることもあった。そのため，Xの施設職員がこれを察知したときには，加害者を居室に誘導するなどの措置を講じていた。もっとも，加害者が常にこのような兆候を示すわけではなく，本件事故時には，そのような兆候は見られなかった。」

・本件事故後の経緯

「ア　本件施設では，本件事故を受けて，平成24年4月29日，Ａの今後の利用をめぐる緊急会議が開かれた。そして，その場で，Ａには四肢に機能障害があるため，本件事故のような事態を防ぐことが困難である，そうかといって，Ａの側に常時付き添う職員を配置することは経営状況から不可能である，これまでのように他の利用者が作業棟で作業している間，ほぼマンツーマンの形でＡのみ生活棟において支援することについても，職員数の関係で，作業棟での他の利用者の作業自体を取り止めざるを得ない事態になることもあり，それでは職住分離を阻害する要因となり，他の利用者への影響も大きい，そのため，Ｘは，Ａの両親に対し，Ａの利用日を作業棟における作業がなく，施設職員が生活棟において手厚くＡを支援し，安全確保ができる土曜日と日曜日のみに利用を制限することを申し入れる方針が決められた。

イ　Ｘは，平成24年5月1日，α市役所の担当者に対し，本件事故の発生とＡに対する上記アの方針を報告した。」

・家族の施設職員に対する非違行為

「Ｘは，Ａの両親に対し，平成24年5月5日，本件施設の利用日を今後は毎日ではなく，入所者の作業のない土曜日と日曜日に限定するように求め，話し合いをした。」

「施設長は，上記話し合いの場において，Ａの両親に対し，「事故報告」，「利用日調整について」と題する書面を交付し，Ａの安全面を全面的に確保できないこと，緊急時に対応できないこと，職住分離の阻害要因になっていること，新規利用希望者の増加を理由として，Ａの利用日を土曜日と日曜日のみに限定すると通告した。

その後，Ａの両親と本件施設職員との間で，話し合いが続き，Ａ

の両親は本件事故の被害に遭いながら利用を制限されることについて不満を述べた。Bは，同日午後4時45分ころ，施設長が手元の書類をまとめて立ち上がろうとしたのを見て，会議室の机を叩き，大声で「おい，お前な」などと言って，強い口調で抗議した。すると，施設長は，「それは脅しですか」「非常にびっくりしていますよ」などと述べた上で，「先ほどの態度で契約のほうはこちらのほうで切らしていただこうと思っています」「明日からのご利用はなしで結構です」「もう帰ってください」「何でそこまで感情的になられて冷静に話せなあかんのか，あほらしなってきました」などと言った。

この日の話し合いは午後5時ころに終了した。」

「Cは，平成24年5月7日，同月8日ないし同月11日，Xの施設職員に対し，Aに対する利用制限は人権侵害であり，また，Xの施設職員がCのことをクレーマーと言って名誉を毀損されたとして，Xの施設職員を訴えるなどと述べた。」

• 解除の通知⇒サービス提供中止

「Xは，Aに対し，平成24年5月14日ころ，X代理人弁護士を通じて，Xの施設職員が，Bから，①上記話し合いの場で恫喝され，②同日以降，誹謗中傷されたことにより，B及びAとの間の信頼関係が完全に破壊されたとして」，上記8条3項②の「解除事由に基づき，本件契約を解除する旨の意思表示をした。

これに対し，Aは，Xに対し，同月23日，A代理人弁護士を通じて，上記解除の効力は認められない旨を主張し，引き続き本件契約に基づくサービスの提供を求めた。」

「Aは，平成24年6月1日以降，本件施設を利用できていない。」

○裁判所の判断

• 本件契約解除は有効かについて

「(1)　Xは，Aの両親が，Xとの間の信頼関係を破壊する「重大な背信行為」をしたとして，本件契約8条3項②に基づき，本件契約を解除することができると主張する。

(2)　確かに，Bは，Xとの平成24年5月5日の話し合いの場で，机を叩き，大声をあげるなど，不穏当な言動をした場面があった。

しかし，BがXの施設職員に対してこのような言動に及んだのは，Aが本件施設を利用してから12年間で，この1回のほかにない。しかも，Bがこのような言動に至ったのは，本来，本件事故の被害者であるはずのAが，Xの一方的な判断により，本件施設の利用を土曜日と日曜日のみに制限され，当日，1時間45分もの長時間の話し合いを経ても，Xが何ら譲歩の余地も見せずに，結論ありきとして話し合いを打ち切ろうとしたところにある。そのことは，Xにおいて，Aの両親に対する事前の協議もないまま，話し合いに先立ってAに対する利用制限をα市役所に報告し，これを既成事実としていたことからも窺われる。施設長は，Bが上記のような不穏当な言動に出ると，その言動に藉口して，Aの施設利用を土曜日と日曜日に制限するのに止まらず，本件契約を解除して完全に打ち切ろうとした。

このような従前の経緯や当日のXの対応に照らすならば，Bが，上記のような不穏当な言動に及んだとしても，真にやむを得ないとみるべき側面があり，これを重大な背信行為であると評価するにはなお十分でないというべきである。

(3)　また，Cは，Xの施設職員に対し，人権侵害，名誉毀損で裁判に訴えるなどと述べている。

しかし，これもCがそのような言動に出たのは，約12年間にも及ぶ本件契約を事前協議もないまま一方的に打ち切られ，また，本来，本件事故の被害者としての立場にあるべき自らもクレーマーと呼ばれたことにつき，Xの理不尽さが先に立って憤懣やる方なき心情を吐露したとでもいうべきものである。そこには，Xの施設職員を畏怖させるなどして交渉を有利に運ぼうというなどという意図を見い出すことはできない。このような状況の下では，Cの上記発言も，重大な背信行為であると評価するにはなお十分でない。

⑷　以上によれば，本件契約の解除事由がないから，解除の効力を認めることはできない。したがって，Aは，本件契約上の利用者たる地位を有する。

そして，Xは，解除事由がないのに，一方的に本件契約を解除したと主張して，平成24年6月1日以降，Aの施設利用を拒絶した。したがって，本件契約のサービス提供義務の債務不履行責任を免れず，これによってAに生じた損害について賠償する責任を負う。」

【表12】

＊「　　　」：基本的には，裁判所の判断から抜粋
＊《　　　》：筆者コメント

考慮要素	解除有効：東京地判平成27年8月6日	解除無効：大阪地判堺支部平成26年5月8日
①家族等の非違行為の内容・頻度	Dの非違行為：•「Xのヘルパー等に対して，一方的に契約外のサービスの提供を要求し，Xのヘルパー等がこれを断ると怒鳴りつけることが度々あり，あるいはサービス責任者を恫喝してXにその交代を要求するなど」 •「Xのサービス責任者である乙に対し，乙の服やかばんの中にも残るほどの量の塩を投げつける暴力行為に及んだ」 •《家族の非違行為は，平成24年2月頃から短くとも同年6月まで，繰り返されている》	Bの非違行為：•「Xとの話し合いの場で，机を叩き，大声をあげるなど，不穏当な言動をした場面があった。 しかし，BがXの施設職員に対してこのような言動に及んだのは，Aが本件施設を利用してから12年間で，この1回のほかにない。」 •（前提事実）「会議室の机を叩き，大声で「おい，お前な」などと言って，強い口調で抗議した。」
②家族等の非違行為による結果（職員・他の利用者の権	•「ヘルパーは，Xの事務所に戻ると，このような状況で訪問介護を続けることは辛い，辞めたいと漏らすも	•《②についての指摘はない。もっとも，家族の非違行為に至るきっかけとして，本件事故の発生があるので，これに

利侵害の内容・程度）	のがあった」 •「Ｘは，…現場で対応するヘルパーに危険が及ぶおそれがあること，既に甲がサービス責任者を降り，乙も降りることになれば，Ｘにはもう Ａを担当できるサービス責任者がいない状況であった」 ＊いずれも前提事実に記載あり。	対する施設の考え方を参考として掲載する。》 •（前提事実）「Ａには四肢に機能障害があるため，本件事故のような事態を防ぐことが困難である，そうかといって，Ａの側に常時付き添う職員を配置することは経営状況から不可能である，これまでのように他の利用者が作業棟で作業している間，ほぼマンツーマンの形でＡのみ生活棟において支援することについても，職員数の関係で，作業棟での他の利用者の作業自体を取り止めざるを得ない事態になることもあり，それでは職住分離を阻害する要因となり，他の利用者への影響も大きい」
③①に至った事情	「６月 12 日の昼にＸのヘルパーが訪問せず，同月 17 日の朝にヘルパーが入ることに遅れたことがあり，これらについては関係者の連絡が不十分であった可能性はあるものの…，仮にそうであったとしても，冷静に説明を受けた上で対応すべき問題であり，Ｄの乙に対する上記暴力行為が正当化されるものとは到底いえない。」	「Ｂがこのような言動に至ったのは，本来，本件事故の被害者であるはずのＡが，Ｘの一方的な判断により，本件施設の利用を土曜日と日曜日のみに制限され，当日，１時間 45 分もの長時間の話し合いを経ても，Ｘが何ら譲歩の余地も見せずに，結論ありきとして話し合いを打ち切ろうとしたところにある。そのことは，Ｘにおいて，Ａの両親に対する事前の協議もないまま，話し合いに先立ってＡに対する利用制限をα市役所に報告し，これを既成事実としていたことからも窺われる。施設長は，Ｂが上記のような不穏当な言動に出ると，その言動に藉口して，Ａの施設利用を土曜日と日曜日に制限するのに止まらず，本件契約を解除して完全に

		打ち切ろうとした。このような従前の経緯や当日のXの対応に照らすならば，Bが，上記のような不穏当な言動に及んだとしても，真にやむを得ないとみるべき側面がある。」
④事業者側の家族に対する対応	•「甲が，Dに対し，計画外の要望が多く対応に困っている旨話をする」 •「Dに対し，ヘルパーが調理に入る前に食器類を片付けてもらわないと困ることや，定められた時間の枠内でサービスを行わなければならないこと等を説明し，理解を求めた」 *いずれも前提事実に記載あり。 《事業者は，法令等の根拠に基づいて，サービス提供できない理由を適切に説明しており，事業者側の対応に問題はない。》	•（前提事実）「施設長は，「それは脅しですか」「非常にびっくりしていますよ」などと述べた上で，「先ほどの態度で契約のほうはこちらのほうで切らしていただこうと思っています」「明日からのご利用はなしで結構です」「もう帰ってください」「何でそこまで感情的になられて冷静に話せなあかんのか，あほらしなってきました」などと言った。」 《利用者Aは被害者であるので，本来は事業者がAを保護すべきであること，本件事故の再発防止策としては，加害者がAに対して暴行を加えた要因（暴行を誘発した事情等）を検討して，加害者に対する支援方法を検討すべきであることから，Aの利用を制限するのは筋違いである。よって，事業者側の対応には問題がある。》
⑤①が改善される見込み	《家族の非違行為は，平成24年2月頃から短くとも同年6月まで，繰り返されていること，事業者やケアマネジャーが適切にサービス提供できない理由を適切に説明する等の対応をしているにもかかわらず，改善されていないことから，改善の見込みが低い。》	《家族の非違行為は1回であること，非違行為に至ったのは事業者の対応に問題があったことに起因していることから，事業者が適切に対応すれば，家族の非違行為は誘発されないので，改善の見込みが高い。》

⑥契約解除による利用者の不利益の内容・程度	•サービスの内容は，「週6日，1日1時間の，食事の用意（調理）及びトイレの誘導等に限定されるサービスであり，AないしDが望めば，直ちに代替の支援を受けることも可能であった」 《このように，訪問介護の場合，生活の本拠はそのままで，次の受入先を探すのが比較的容易であるので，不利益が小さいと評価しやすい。》 •「Aが直ちに代替のサービスを受ける切迫した必要性が高かったものともいえない」	•《⑥についての指摘はない。解除を無効としているので，検討する必要がなかったものと思われる。》 •（前提事実）「Aは，平成12年ころから本件施設の利用を始め，平成14年10月ころからは，毎日，午前11時から午後9時ころ（後に午後7時ころ）まで，本件施設の短期入所を利用するようになった」 《障がい者に対するサービスは介護保険上のサービスとは異なり，事業所が少ないこと，Aが，10年以上継続してサービスを利用していることから，Aにとっては，サービスが日常生活の中で定着しており，社会参加への機会にもなっていることから，Aがサービスを継続する必要性が高く，代替のサービスの確保が困難であると思われる。このように，施設が，障がい者短期入所サービスのように居宅サービスであったとしても，障がい者の場合，高齢福祉よりも施設が少ないので，次の受入施設を探すのに困難が伴うこともあるので，一概に不利益が小さいとはいえないことを考慮していると思われる。》
⑦解除に至る手続の適切性	•《裁判所がもっとも問題視している暴行のあった6月30日から，解除通知日の10月29日まで，4か月程度経っている。》 •上記4か月の間，「Xは，関係機関とも協議の上で連携しながら本件解除に及んでいる」	•《非違行為の5月5日から，解除通知日の5月14日頃まで9日間程度と短い。》 •市役所に報告：（前提事実）「5月1日，α市役所の担当者に対し，本件事故の発生とAに対する」「安全確保ができる土曜日と日曜日のみに利用を制限する」「方針を報告

		した」 《非違行為の後に，事業者は市役所に相談していないと思われる。》

6　悪質クレーム等発覚後の対応

事実関係の調査・確認については，本書68～85頁・6参照。

事実関係の調査・確認により判明した事実を踏まえた，苦情内容・方法に対する評価については，本書85～87頁・7，155～187頁・3参照，要因分析は本書187～192頁・4参照。その後の対応方針については，本書192～244頁・5参照。

第３　事例の解説

１【事例１】利用者による職員等に対するハラスメントについて

(1)　初動期の対応方針の検討

利用者による職員に対する悪質クレームやハラスメントについては，利用者に対して適切に支援を行っているか否かの検討と，今後も引き続きサービスを継続して実施していく場合の条件の検討を行うことになろう。【事例１】では７月22日の会議がこれに当たる。

ア　利用者に対する支援内容の検討

【事例１】は，Ａによる他の利用者及び職員らに対する暴行，暴言，セクハラの事案であるが，通常の施設等は，これらの要因を分析して，支援を行う際の支援上の留意点を具体的に検討し，それらが実施できるように人員体制上も工夫して，適切に対応できていることが多いと思われる。支援内容の検討については松宮124～147頁参照。

【事例１】では，ｉからⅳまでの暴行，暴言，及びセクハラに至った経緯，特に，これらの行為を誘発するきっかけとなる出来事の有無や特徴等を検討し，暴行等を誘発するこれらの出来事が起こらないようにするための支援について検討できている。介護現場では，もっときめ細かに支援上の留意点について検討していると思われるが，ここでは，適切に対応できているとする。

イ　今後も支援していくための条件の検討

(ｱ)　早期に条件面の検討を行う必要性

利用者に対する支援の在り方を検討することはできている施設等が多いと思われるが，早期に，併せて今後も引き続きサービスを継続して実施していく場合の条件の検討をも行っているところは意外に少ないと思われる。

【事例１】でも，７月22日の検討の場で，今後も引き続きサービスを継続して実施していく場合の条件の検討を行っていない。家族Ｂに現状や今後の支援上の留意点を説明するだけではなく，今後の支援上の留意点を実施したとしても，暴行，暴言，及びセクハラが改善されない場合に備えて，今後も引き続きサービスを継続して実施していく場合の具体的な条件を説明することも必要であろう。というのは，このような事案で，１，２か月間，今後の支援上の留意点を実施したが，暴行，暴言，及びセクハラが改善されないことから，現場職員が疲弊し，辞めたいという職員が複数人現れてきた段階等で，精神科病院，老人保健福祉施設等の他の施設又は自宅への復帰等を家族に提案したい等の相談が顧問先から筆者になされることがあるが，暴行，暴言，及びセクハラの発生から１，２か月経過した段階になってからサービスの提供を継続することは難しいという話をしても，家族は事実を受け入れるのに時間を要し，すぐに退所を受け入れることは考えにくい上，特別養護老人ホームのような施設の場合には，次の受入先の確保にも時間を要するので，さらに少なくとも１，２か月間は，現場職員に過度の負担を強いることになりかねないからである。

なお，認知症の中核症状の一つである見当識障害とは，時間や季節がわからなくなる，今いる場所がわからなくなる，人がわからなくなるといった障がいをいう。入居して間もないＡにとっては，これらの見当識障害により，Ａが混乱したり不安になることは予想される。筆者は，副施設長時代に，現場職員に対して，もし，海外旅行に１人で出かけたときに，初めての国で，知らない人に笑顔であっても声をかけられたらどのように感じるか，その国の文字を読めない自分が，タクシーに乗ったら行き先を間違えられて降ろされたとしたらどのように感じるか，などの質問をして，不安な気持ちを理解してもらうようにしていた。このような不安な状況の中で利用者は生活していることから，入居間もない利用者が，泣き叫んだり，部屋の中を行ったり来たりしたりなどの行動をするのは，誰しもありうることであるので，利用者がその人らしく生活が送れるための安心を提供することが重要であると説明していた。それゆえ，施設としては，利用者に安心してもらうために，支援方法を見直したり，環境を整備したりして，数か月様子を見ることがある。しかし，Ａのように，攻撃的で，他の利用者や職員の身体・精神を害するような言動が認められる場合には，上記のように条件面の検討を早期にすべきだと思われる。

(イ)　家族等に事実を受け入れてもらう

まず，家族に暴行，暴言，及びセクハラの事実を受け入れてもらう必要がある。筆者の介護現場での経験でも，このことに時間を要することが多いというのが実感である。【事例１】でも，Ｚや相談員から，Ｂに対して，暴行，暴言及びセクハラの事実について説明を行ったが，「父はそんなことは絶対にしない」「証拠として撮影してそれらのシーンを見せてほしい」などと言われたとする。

撮影するか否かは施設等の運営方針にもかかわるので（エレベーターの出入り口等防犯上の必要性が認められる場合は別として，基本的には撮影されている空間で生活したいと望む利用者は少ないと思われるので，していないと思われる。），録音や書面に記録することはできても，動画を証拠として家族等に示すのは難しい。職員が経験した事実の口頭による説明，録音や書面に基づく説明で事実を受け入れてもらえるかは，家族等が施設等に対して信頼を寄せているか否かにかかっていると思われる。

筆者の副施設長時代の経験でも，男性利用者が夜間職員に対して暴力や暴言を繰り返し行うので，長女にこれらの事実を伝えて，精神科医による服薬調整をお願いしたところ，施設側の説明を全く信用してもらえないために拒否されたことがあった。施設の精神科医が信用できないとの理由で，もともと通院していたクリニックの医師が処方を行っていたが，施設側の説明はその医師に伝わらないために，繰り返し長女に今後の支援上の留意点や父親の現状について説明していく中で，ある程度信頼関係が形成できたときに，ようやく，長女に夜間施設に泊まってもらい父親の様子を目視してもらうことで事実を受け入れてもらったこともある。なお，その後は，２，３回，筆者も診察に同行して施設内での本人の様子を伝えることによって，服薬調整をしてもらった結果，利用者の表情も穏やかになり，暴力や暴言が消失したことがあった。

施設長等は，家族等も本人の暴力や暴言等の事実を受け入れることに心理的に抵抗があることを理解した上で，この受入れに要する期間をも考慮して，家族等に対する対応を早期に検討すべきであろう。

なお，利用者に対しても事実の受入過程は重要である。筆者が補助人を担当している被補助人である本人が，夜間1時間に10回以上ケアコールを押して職員が駆けつけると「眠れない」などと言うだけであり，同時間帯に複数の利用者がケアコールを押すと他の利用者を優先し遅れて訪室すると「私のことを無視する」などと怒り出すということが連日数時間にわたって繰り返されているので，施設から筆者に対して精神科病院への入院を検討してほしいと言われたことがある。本人に説明するために，ケアコールによって訪室した時間，訪室したときの本人の言動等を1週間訪室記録に記載してもらうように施設にお願いし，その間，本人を除いたサービス担当者会議を開催し，精神科医からも説明を受けた上で，筆者の方から訪室記録に基づいて事実関係を説明して，本人が事実を受け入れてから精神科病院に入院してもらい，退院後再入居してからは上記のようなことはなくなっている。

また，利用者本人のストレスは，支援内容に起因することがあるので，支援内容の改善も検討した。すなわち，施設側の本人に対する支援上の留意点やサービス内容として，施設が本人の同意を得て糖尿病があるため食事量を減らしていたが，食べることが好きな本人にとってはそのことが苦痛であることがわかったので，内科医とも相談して食事量を他の利用者と同じ量にするように改善してもらった。

㈦　条件面について

7月22日の会議では，Aの暴行，暴言，及びセクハラが，BPSDである可能性をも考慮して，施設等の精神科医に診察してもらうこと，精神科医の意見も踏まえてAに対する支援内容を提供したとしても，Aの暴行，暴言，及びセクハラが改善される見込みがない場合には，「特別養護老人ホームは，入所予定者が入院治療を必要とする場合その他入所予定者に対し自ら適切な便宜を提供することが困難である場合は，適切な病院若しくは診療所又は介護老人保健施設若しくは介護医療院を紹介する等の適切な措置を速やかに講じなければならない」（老福基準省令12条の２）ことを説明して，精神科病院，老人保健福祉施設等の他の施設へ移ってもらうことも説明しておくべきであろう。精神科病院等で服薬調整をも含めたＡに対する適切な支援方法が見つかり，Ａの暴行，暴言，及びセクハラがほぼ消失した場合には，再度，施設に戻ることができることを説明しておくとよい。もちろん，薬物療法のみを絶対視しているわけではなく，施設としても環境整備も含めた支援計画を見直して適切に支援していくことを強調することは忘れてはならない。

⑵　対応期の対応方針の検討

ア　現状把握

初動期の支援の結果，次のような変化が見られた。

【表13】

	当初	初動期の支援の結果
ⅰ	７月21日午前１時，Ａが他の女性利用者Ｋに対して大声で「殺すぞ。」と言う。	Ａと女性利用者の距離を離していても，日中，５，６メートル離れている女性利用者に対して，「殺すぞ」という言葉はなくなったが，大声で「デブ。」「ブス。」などと言う。
ⅱ	同日午前９時，他の女性利用者Ｌの車いすを右足で蹴る。	女性利用者に対する左の暴行は，日中，１週間に１回程度発生している。
ⅲ	同日午前４時，両手で女性職員甲の首を絞める（他の職員が駆けつけ救出）。	女性職員に対する暴行はなくなったが，主に夜間，身体介護をしている男性職員に対して「なんや！」などと言って右手の拳を振り上げて殴りかかろうとする。
ⅳ	同日午後８時，更衣時に，女性職員乙の胸を右手で服の上から触る。	主に夜間，廊下を歩いている女性職員に抱きつくなど，依然として，これらの行為が繰り返されている。
ⅴ その他	夜間帯は活動的であり，日中はほとんど寝ていた。	夜間は，長いときは２時間程度であるが，眠れるようになってきたが，夜間に４，５回起きる。 夜間，男性・女性利用者の部屋に入って放尿することが週に２回程度あった。

しかしながら，依然として，Ａの暴行，暴言，及びセクハラが続いていること，現在の支援は，職員の負担が大きく今後も継続していくことは困難であることから，８月22日にモニタリング会議を行った。

介護主任乙の説明は，【事例１】記載のとおりである。乙は，続けて，日中の活動量を増やすためにリビング等の共用スペースで過ごす時間を増やす必要があること，常時職員が１対１対応することができないことから，女性利用者に対するＡの暴行，暴言を減らすことは困難であること，夜間，男性・女性利用者の部屋に入って放尿することは，部屋の利用者からすると，突如自室に男性が入ってきて立ったままズボンを下ろして放尿するということであり，特に女性利用者が非常に怖がっていること，夜勤者は法定人員のみで対応しているので，これを防ぐのは人員的に困難であること，職員に対する暴行やセクハラは，ナイトケア時の更衣介助等の身体介護を男性職員が行うようにシフトを組んでいるが，このシフトを継続することは女性職員が多いＹ施設では人員体制上困難であること，昼夜逆転解消のために，この間，無理して１対１で散歩等を行っているが，これも継続することは困難であること，女性職員が夜勤をするのがしんどくなってきていること，などの説明があった。

看護師Ｑからは，担当精神科医の意見に関する説明があった。Ａの暴行，暴言，及びセクハラの全てが認知症によるものかどうかはわからないが，多くは認知症によるものと考えられること，職員からＡの症状を聴きながら投薬治療を行っているにもかかわらず，改善されていないことを踏まえると，薬の内容を変更する必要あるが，認知症の原因となる疾患がわからないことから，今後の治療を行うには，入院をして査定・検査・診断・薬の調整等を行う必要があると思われる。入院加療をすれば，症状が改善する見込みがあるにもかかわらず，それを行わないのはネグレクトの可能性がある。身体的攻撃，不穏，不眠に対する対応は困難であるので，特養の支援にも限界がある。

イ　対応方針の検討

(ア)　7項目の検討

対応期の対応方針の検討にあたっては，①利用者又はその家族等の非違行為の内容・頻度，②利用者又はその家族等の非違行為による結果（職員・他の利用者の権利侵害の内容・程度），③①に至った事情（利用者又はその家族等が非違行為に至った要因を含む。），④事業者側の利用者又はその家族に対する対応，⑤①が改善される見込み，⑥契約解除による利用者の不利益の内容・程度，配慮，⑦解除に至る手続の適切性を参考に，各項目について検討した上で，判断する方がよいと思われる。

上記①利用者の非違行為の内容・頻度は，初動期の支援の結果（【表13】）のとおりである。

②利用者の非違行為による結果（職員・他の利用者の権利侵害の内容・程度）は，ⅰ女性利用者に対して，大声で「デブ」「ブス」などと言うことは，女性利用者に対する暴言（侮辱的発言）であり，精神的苦痛により，精神的に不安定になっている女性利用者がいる。ⅱ女性利用者に対する暴行は，日中，1週間に1回程度発生しているところ，幸いにもけがを負った利用者はいないが，痛みは強く，被害者となった女性利用者はAのことを怖がっており，Aから離れるために行動範囲が狭くなっている。ⅲ夜間，75歳と利用者の中では若く，身長180cm・体重90kgと体格もよいことから，男性職員であっても，「なんや！」などと言って右手の拳を振り上げて殴りかかられるのは怖いので，男性職員もできれば夜勤をしたくないと言っている。ⅳ夜間，廊下を歩いている女性職員に抱きつくなど，依然として，これらの行為が繰り返されているため，女性職員は男性職員以上に恐怖心を抱いており，女性職員の夜勤は困難であること，ⅴ夜間，男性・女性利用者の部屋に入って放尿することが週に2回程度あるので，男性・女性利用者とも急に大柄な男性Aが入ってきて，ズボンを下して排尿するので，いつ襲われるかと思うと怖くて仕方がない状況であり，入眠に時間を要し，入眠中に覚醒する等の入眠障害が出ている利用者もい

る。

施設としては，このように，他の利用者に身体的・精神的被害が発生し，日常生活にも影響が生じているので，他の利用者に対する被害は重大である。職員に対しても身体的暴力やセクハラがあり，被害は重大である。

③①に至った事情（利用者が非違行為に至った要因を含む。）は，【事例１】の「当初の暴力行為」を踏まえて，「その後の支援内容」記載の点などに留意して支援を行ってきたにもかかわらず，「初動期の支援の結果」のような状況が続いていることから，嘱託の精神科医によると，多くは認知症によるものと考えられるとのことである。

④事業者側の利用者又はその家族に対する対応については，まず，利用者Ａに対しては，【事例１】の「当初の暴力行為」を踏まえて行った「その後の支援内容」や「モニタリング会議（対応期）」記載の支援を行った。

次に，家族Ｂに対しては，７月22日に話し合う機会を持ち，Ａの暴行，暴言，及びセクハラの内容を説明した上で，【事例１】の「その後の支援内容」を説明，Ａのこれらの行為がBPSDである可能性をも考慮して施設の嘱託医である精神科医に診察してもらうことを説明し同意を得る，これらを実施したとしても，Ａの暴行，暴言，及びセクハラが改善される見込みがない場合には，精神科病院，老人保健福祉施設等の他の施設へ移ってもらうことも説明した。

⑤①が改善される見込みについては，【事例１】の「その後の支援内容」や「モニタリング会議（対応期）」記載の支援を行うとともに，職員からＡの症状を聞きながら投薬治療を行っているにもかかわらず，Ａの暴行，暴言，及びセクハラが改善されていないことから，改善の見込みは低いといえる。また，上記「現状把握」のとおり，現在の支援は，職員の負担が大きく今後も継続していくことは困難であり，現状以上の支援を行うことはできないことからも，施設内サービスのみで改善していくことは困難である。

⑥契約解除による利用者の不利益の内容・程度，配慮については，確かに，Ａの施設サービスを受ける機会が奪われることにより，Ａが日常生活を維持することができないという不利益が考えられる。しかし，自宅でも介護保険法上のサービス等を受ける機会は確保できること，施設が適切にサービスを提供しても，施設入居時からＡの暴行，暴言，及びセクハラが続いており，Ａの意思としては，施設での生活を望んでおらず，自宅での生活を望んでいることもありうること，仮に，自宅での生活維持のためのサービス提供が困難で自宅での生活が困難であったとしても，ＡにとってＹ施設が適合しているとまでいえないことから，ＡがＹ施設を退去することが，Ａにとって不利益が大きいとまではいえないと思われる。もっとも，Ａの次の住まいとして自宅や他の施設等に移るには，時間を要するので，次の受入先確保のための配慮は必要であろう。

⑦解除に至る手続の適切性については，最終手段である契約解除に至る前に，解除を回避するための他の手段を検討することになるが，施設の嘱託医から，入院をして査定・検査・診断・薬の調整等を行うことにより，症状が改善する見込みがあるとの意見があったことから，契約解除の前に精神科病院入院を検討することになる。これらに加えて，入院せずに施設での生活を継続するのであれば，少なくとも主に夜間にＡの暴行，暴言，及びセクハラが発生しているので，夜間帯にＡの居室に外鍵をして身体拘束を行うこともありうる。

㈠　対応方針の決定

上記のような検討を経て，施設としては，家族Ｂに対して精神科病院への入院を提案してＡに入院してもらうこと，ＢがＡの入院に同意しないときは，夜間帯にＡの居室に外鍵をして身体拘束を行うこと，これらをＢが拒否する場合には，解除を回避するための他の手段がないので，１か月の猶予期間を与えて契約を解除することにした。解除の通知は，前掲東京地判平成27年８月６日（229～230頁）参照。

これらについてＢに説明する際には，嘱託医にも参加してもらうことにした。

⑶　対応策の実施・終結

その後，施設側は，施設長，嘱託医，及び看護師Ｑが参加して，Ｂに対して，これまでの経過や決定した対応方針について次のように説明した。まず，看護師Ｑはこれまでの支援内容やＡの経過について，嘱託医は現在の服薬状況，経過，精神科病院入院の必要性，及び身体拘束の必要性等について，施設長は決定した対応方針について，Ｂに対して説明した。Ｂは，Ａの現状についてようやく理解し，精神科病院に入院した方が症状が緩和してＡにとってもよいと思うこと，Ａを自宅で生活するのは無理であり，Ｙ施設以外に受入場所がないと考えているので，症状が安定すれば，Ｙ施設に再び入居したいということであった。

その後，施設長，嘱託医，及び看護師Ｑは，Ａに精神科病院入院の説明を行い，Ａは同意した。Ａは精神科病院に任意入院した。３か月後，Ａの症状が安定したので，Ｙ施設の戻り入居生活を再開した。Ａによるこれまでのようなハラスメント行為等がなくなったので，苦情解決責任者Ｏは終結と判断した。なお，Ｘ法人としてはＡが引き続き安心して入居生活を送ることができるように公表はしなかった。

２　【事例２】家族による職員等に対する悪質クレーム・ハラスメントについて

⑴　初動期の対応方針の検討

【事例２】では，９月30日，現場職員から当初の悪質クレーム・ハラスメントの報告があり，施設内で対応方針を検討して，対応を行ったサービス担当者会議の開催までを初動期とする。

乙又はＲに，当初の悪質クレーム・ハラスメントに関する報告をするまでに，１か月間かかっている。介護現場では，このようにすぐに管理職に報告せずに，現場で我慢しながら対応をしてしまう傾向があるので，悪質クレーム・ハラスメントがあれば，すぐ管理職に報告できるように，報告しやすい職場環境にしていく必要がある（147～148頁・⑵）。

【事例２】では，９月30日に報告を受けた施設長が翌日に悪質クレーム・ハラスメント対応を検討しており，この例のように，施設長等が迅速に対応することが求められる。施設長等が静観し，報告を放置すれば，現場職員は，上長に報告をしても何ら動いてもらえないという失望感が生じ，組織に対する信頼を失うからである。

ア　悪質クレーム・ハラスメントの評価

㋐　クレーム等の内容

施設長等としては，まず，現場職員の話を傾聴する。次に，その後の対応を適切かつ迅速に行うために，現場職員から聴取した内容を適切に評価していくことが重要である。そこで，Ｚは次のように評価した。Ｚは，評価の検討にあたっては，本書155～187頁・３を参考に検討した。

【事例２】ⅰのうち，「私が食事介助をやれば母は全量食べてくれるのに，あなたたちがやると半分程度しか食べさせられない。全量食べさせてほしい。」とのクレームに対しては，次の理由により，不適切なサービス内容を求める要求に該当する（135頁）と評価した。乙によると，Ｃはむせ込みがひどいことから，Ｃがしんどくなってはいけないので，Ｃの状況を見ながら，食事介助をどの程度行うかを調整している。しかし，ＤはＣがむせ込んでも「お母さん，食べないとダメ。」と言って，Ｃが嫌がっているのに無理に口を開けさせて食事介助を続けており，このような危険な介助を職員に求め，嫌がるＣの口を無理に開け食物を食べさせるのは身体的虐待に該当する可能性があるからである。

次に，ⅰのうち，「私が施設に来たときに部屋を見ると，髪の毛が１本落ちていた，母はきれい好きなのに酷い。髪の毛１本落ちていないように掃除してほしい。」とのクレームについては，サービスの質の低さを問題にして逸脱したサービス内容を求める要求（質的過剰）に該当する（135頁）と評価した。

ⅲのうち，「今度からは，37℃以上の熱が出たら，１時間に１回検温してその結果を私のスマホにメールしてください。」とのクレームについては，過剰なサービス量を求める要求（量的過剰）に該当する（135～136頁）と評価した。

(イ)　方法

ｉのうち，「１年間あなたたちの仕事ぶりを見てきましたが，あなたたちは無能，介護をする資格がない。」，ⅲのうち，「あなた看護師なのに，風邪薬を介護職員に服薬させるように指示もしないの。病院ではすぐに服薬してくれるのに，あなた本当に看護師なの。」などとＤが言ったことに対しては，暴言型に該当する（137頁）と評価した。

ⅱのＤの仕事が終わった後の午後６時に来所して，自らＣに対して食事介助を行い，職員甲を隣に座らせて「食事介助はこうやるの。あなたたちは未熟だから私が教えてあげる。」と言って，食事が終わった後も含めて１時間程度ずっと拘束される，他には，午後７時に，職員乙が居室に来るようにＤに言われて行くと，「掃除はこうやるの！」と言って，埃を払い，掃除機かけ，拭き掃除を，１時間程度一緒にずっとやらされた。これらについては，長時間拘束型に該当する（138頁）と評価した。

イ　対応方針の検討

Ｚは，対応方針の検討にあたっては，本書192～244頁・５を参考に方針を検討した。

内容面に関しては，サービス担当者会議を開催して，食事，掃除，健康チェックについて，施設で提供できる内容を説明するとともに，これらの内容を施設サービス計画書に記載して，Ｄに署名・押印してもらう（195～196頁）。Ｄが署名・押印を拒否した場合には，キーパーソンを次女Ｅに変更してもらう（197～199頁）。

方法面に関して，サービス担当者会議の中で，Ｄが，施設の説明を受け入れて上記ｉ～ⅲの悪質クレーム・ハラスメントを繰り返さないことを言明しない場合には，キーパーソンの変更だけではなく，Ｄの立入禁止を求める（199頁）。Ｚは，これらの警告を行うことにとどめることも考えたが（196～197頁），既に１か月経過していることから，これらを実施することを提案した。

Ｑ，乙の職員から，Ｃの入居後１年間は，厳しいことを言われたこともあったが，Ｄとはそれなりにやってきていたので，Ｄには何とかこの１か月の対応を改めてもらい，これまでどおりにＣとの面会を続けてもらうようにしてほしいとの意見も出された。

そこで，サービス担当者会議で，Ｄに対してどのような点に配慮して，何を説明するかについて検討した。乙からは，Ｄは施設に入るまでは，ずっと自宅でＣの介護をしてきたこと，施設入居後も頻繁に面会に来所しており，Ｄには，Ｃに少しでも長生きをしてほしいという強い思いがあることが，今回のような言動につながっていると思うとの説明があった。ケアマネジャーＰからは，次女Ｅは，月に２回程度来所されており，ＤとＥとは折り合いが悪く，Ｅは基本的にはＤに任せたいとの話であったが，事情を説明すれば，Ｅはキーパーソンになることを承諾してくれると思うとの説明があった。

Ｏは，これまでの話合いを踏まえて，まず，Ｄの思いを確認して，ＤのＣに少しでも長生きをしてほしいという強い思いを尊重することを説明するとともに（191頁），施設としても週間計画表などに基づき，１週間24時間どのようなサービスを提供しているのかを詳細に説明する（193～194頁）。その後，このように職員も一所懸命に支援を行っているにもかかわらずこの１か月のＤの言動により，職員は精神的にしんどくなってきており，Ｄと会うのが怖くなっている職員もいることを説明して，問題のある言動であることを自覚してもらう（188頁）。

方針としては，Ｚの方針をそのまま採用し，サービス担当者会議の進め方としては，Ｏの提案を採用した。

以上のような方針に基づきサービス担当者会議を開催することになった。

ウ　サービス担当者会議

㋐　会議冒頭の説明について

Ｄが医療面に関する不安を抱いていることから，担当の医師にも施設での診察の後にサービス担当者会議の途中から参加してもらうことにした。家族等は医師と直接会う機会が少ないので，医療面に対して家族等が不信を抱いているような場合には，医師から家族等に直接説明があると安心する場合が多いと思われる。参加者は，Z，ケアマネジャーP，看護師Q，課長R，介護主任乙，栄養士であった。司会はケアマネジャーPとした。

まず，Zが，Dから様々な要望が出ているので，Cに対するサービス内容を確定したい旨のサービス担当者会議の目的について説明した。その後，ZがDのCに対する思いを聴き取り，Dのこれまでの頑張りに敬意を表し，労をねぎらうとともに，法人や施設の理念・運営方針について説明した。その上で，看護・介護について，1週間24時間どのようなサービスを提供しているのかを，Q及び乙から各自説明をDに行った。

Dは，施設でのサービス全体及びサービス提供の際に留意している点について説明を受けたのが初めてであったようで，自分が知らない多くのことを，Cの個別事情に配慮して施設がサービス提供していることを理解できたようであった。Dは，Cも「この施設で最期までお世話になりたい。」と言っているので，「引き続き，お願いしたい。」とのことであった。

(イ)　サービス内容について

次に，Zが，施設で対応ができないことについて，次のとおり説明した。

Cが嫌がっているのに無理に口を開けさせて食事介助を続けることについては，嫌がるCの口を無理に開け食物を食べさせるのは身体的虐待に該当する可能性があるのでできないこと，掃除については，他の利用者と同様，Cの居室の掃除は週2回実施しており，埃等を払い，掃除機かけ，拭き掃除は行っており，髪の毛1本落ちていないというレベルの徹底した掃除までは，他の利用者に対するサービス提供に支障が生じるのでできないこと，発熱時の検温の報告についても，

37℃以上の熱が出た場合に，医師と相談しながら必要に応じて検温は行うが，必ず，「今度からは，37℃以上の熱が出たら，１時間に１回検温してその結果を私のスマホにメールしてくだい。」との対応は，他の利用者に対するサービス提供に支障が生じるのでできないことについて説明した。ＤがＣのことを大切に思うように，他の家族も利用者のことを大切に思っていること，施設としても全ての利用者のことを大切に思っているので，全員に対して，適切なサービス提供をしていくことが重要であることを理解してもらうように説明した。

そして，途中から参加した医師から，食事介助については，Ｃが嫌がっている場合にはＣが食べることに集中できておらず，誤嚥性肺炎のリスクが高まるので，栄養の不足分は，時間をおいて栄養補助食品等で補うこと，発熱時については施設看護師から医師に適宜報告があり必要に応じて指示を出しているので，安心してもらいたい旨の説明があった。

よって，施設としては，食事介助については，Ｃの意思や心身の状況を考慮して食事介助を行うこと，拒否が認められた場合には食事介助を中止し，午後３時のおやつのときだけではなく，午前10時等に，栄養補助食品やＤが購入してきたＣの好きな物の食事介助を行う，居室の掃除については，埃等を払い，掃除機かけ，拭き掃除を行うこと，もっとも，髪の毛１本落ちていないというレベルの徹底した掃除まで求めるものではないこと，発熱時には，看護師等が医師に報告して，医師の指示に基づき必要な頻度で検温を行い，その結果を医師に報告して指示を仰いで看護師等が対応すること，Ｄに対する報告は，Ｃに37.5℃以上の熱がある場合に１時間ごとに検温することを施設サービス計画書（ケアプラン）に盛り込んで，Ｄに署名・押印してもらった。

㈲　ハラスメント等について

次に，Ｚから，施設職員がＤの言動について，次のように受け止めている旨の説明を行った。ここでは，○○型や○○罪に当たるという評価を述べる必要はない。もっとも，Ｄが全く理解しようとしない等の場合には，施設の評価を伝えることもありうる。

職員は，Ｄに「１年間あなたたちの仕事ぶりを見てきましたが，あなたたちは無能，介護をする資格がない。」「あなた看護師なのに，風邪薬を介護職員に服薬させるように指示もしないの。病院ではすぐに服薬してくれるのに，あなた本当に看護師なの。」などと言われたことや，Ｄがある日の午後６時に来所して，自らＣに対して食事介助を行い，職員を隣に座らせて「食事介助はこうやるの。あなたたちは未熟だから私が教えてあげる。」と言って，食事が終わった後も含めて１時間程度ずっとＤと一緒にいたり，ある日の午後７時に，職員が居室に来るようにＤに言われて行くと，「掃除はこうやるの！」と言って，埃を払い，掃除機かけ，拭き掃除を，１時間程度一緒にしたことがあった。施設での職員に対する指導・教育・研修は施設が適切に行っていること，これらのＤによる言動や教育は，結果として，職員に対する精神的ショックが大きくしんどくなっていることを説明した。これらを聴いていたＤは，Ｃの状態をよくしたいという思いと，施設の職員に未熟な点があるので資質向上のためによかれと思って行っていたので，職員が精神的にしんどくなっていることは知らなかったとのことであった。Ｄは「母のことをずっと看てきているので，私は他の人よりも母に対する敬愛の心が深い，そのため，他の家族よりもいろいろなことに気付いて，母のためと思い，厳しく言っていたかもしれない。これから気を付けます。」などと言った。

Ｚからは，大声を出して職員を責めることはもちろん，直接職員に対して要望を伝え，教育するのは控えてほしいこと，施設職員に至らない点があれば，今後は，ＲやＺに伝えてほしいことを提案したところ，Ｄは全て承諾した。

最後に，施設長Ｚが，施設としては，この会議で決めたとおりにＣに対して支援を行っていくこと，Ｄが今後，今回約束したことを守らない場合には，キーパーソンを次女Ｅに変更してもらうこと，Ｄの立入禁止を求めること，Ｃとの契約を解除することもありうることを説明した。

⑵　対応期の対応方針の検討

ア　報告（事実の把握）

上記ⅰ～ⅲのような状況は，サービス担当者会議後の２週間は収まっていたが，次の２週間は，下記のとおりサービス担当者会議前のような状況に戻ってしまっていること，職員が疲弊してきていることから，11月７日にモニタリング会議を行った。

まず，介護主任乙及び看護師Ｑから，次のような報告があった。

サービス担当者会議後の２週間は，Ｄが直接現場の職員に言うことはなく，ＲやＺに伝えており，現場職員は安心していた。この２週間はＣも安定していたと考えられる。その後の２週間は，食事量が少ない日や37℃の熱が出たこともあった。Ｄの言動として次のようなことがあった。

上記ⅰⅱに関する食事面については，１時間程度拘束することはなくなった。しかし，ⅳＤ（ほぼ毎日来所）の来所した日の朝食・昼食の食事量が半分程度と少ないときは（おおむね８割程度），「食事介助はどの職員が担当だったの！」「なぜもっと食べさせてくれないの！」「Ｃの命を軽視している！」「やる気のない職員がいる！」「この施設は職員に甘い！」などと大声で現場職員に言う。ⅴ夕食全量摂取後，ＤがＣを部屋に連れていき，その後，Ｄが「Ｃが嘔吐したから着替えをさせて！」と職員に言いにきたので，同職員が対応した後，同職員がなぜ嘔吐したのかを聞くと，Ｄが「今日の朝食と昼食の食事量が少ないからヨーグルトを食べさせたら，吐いた」ということもあった。また，夕食全量摂取した日の午後７時30分頃に，Ｃの部屋から「お母さん，ちゃんと口を開けて食べなさい！」と大きな声がするので，Ｃの部屋を職員が確認すると，ＤがＣにＤの手作りの食事を食べさせていたところであった。

上記ⅲに関する健康面については，ⅵＤの来所時に，今日の夕方から37℃の熱があることを職員が伝えると，Ｄから風邪薬を服用したか聞かれたので，「看護師が担当医師に報告しましたところ，医師から一晩様子を見るようにとのことでしたので，風邪薬は服用させていただいておりません。」と伝えたところ，「今すぐ風邪薬を飲ませてください！」「今すぐ医師と看護師に電話しなさい！」などと大声で言った。翌日の土曜日にもＤが午前９時に来所したときに，前日も出勤していた看護師Ｑが当日の朝は平熱に下がっていることを伝えると，ＤはＱに，「あなたは昨日出勤してたんでしょ。なぜ，昨日の夕方に風邪薬を飲ませるように介護職員に指示をしなかったの！」などと大声で言った。なお，掃除については特になし。

イ　評価

上記ⅳ及びⅵは，暴言型に該当する（137頁），上記ⅴは，ＤによるＣに対する身体的虐待に該当する可能性が高い（松宮30頁）と評価した。

ウ　対応方針の検討

㈠　７項目の検討

対応期の対応方針の検討にあたっては，【事例１】と同様，①～⑦の各項目について検討した上で，判断する方がよいと思われる。

①　Ｄの非違行為の内容・頻度については，内容は上記アのとおりであり，頻度は，上記食事面のうち職員に対するハラスメントは週に２，３回，Ｃに対する食事の強要は週に１回，上記健康面に関するハラスメントは週に１，２回であった。

②　家族Ｄの非違行為による結果（職員・他の利用者の権利侵害の内容・程度）については，ＤがＣの食事面や健康面について自らの思いと異なることがあると，大声で職員を非難することから，職員は怖くなっており，数人の職員が精神的に不安定になっている。また，Ｃも最近元気がなくなってきている。

③　①に至った事情（利用者又はその家族等が非違行為に至った要因を含む。）については，Ｄの性格的な点によるものと考えられる。

④　事業者側の家族に対する対応については，Ｄに対して，10月７日にサービス担当者会議を開いて説明した。その後，Ｄから相

談窓口をＲやＺのみに絞り，ＲやＺはＤから受けた内容については，看護・介護職員に伝えて，その都度対応したことについて回答していた。なお，Ｃは食事量のムラはあるものの，心身ともに比較的安定している。

⑤　①が改善される見込みについては，サービス担当者会議で約束したことをＤが守らない場合には，施設としては，キーパーソンを次女Ｅに変更してもらうこと，Ｄの立入禁止を求めること，Ｃとの契約を解除することもありうるという内容の警告を行うとともに，上記④のとおり対応してきたにもかかわらず，上記①のとおりＤのハラスメント等が続いていること，上記①に至っているのは，Ｄの性格的な点によるものと考えられることから，職員に対するハラスメント等が改善される見込みは低いと判断した。

⑥　契約解除による利用者の不利益の内容・程度，配慮については，Ｃは入居してから１年以上が経過しており，Ｃは心身ともに比較的安定していること，施設のアクティビティにも積極的に参加して笑顔も多く見られること，普段から最期は施設で看取ってほしいと言っていることなどから，施設で生活することは最期まで安心して自分らしく生活するという観点からも重要であるので，契約を解除することの不利益は大きいといえる。

⑦　解除に至る手続の適切性について，施設が困っているのは，Ｄによるハラスメント等であるので，キーパーソンを次女Ｅに変更してもらうこと，Ｄの立入禁止を求めることで，Ｃとの契約解除を回避することが可能である。

(イ)　対応方針の決定

上記のような検討を経て，施設としては，キーパーソンを次女Ｅに変更してもらうこと，Ｄの立入禁止を求めることにした。

(3)　対応策の実施・終結

その後，施設側は，施設長，ケアマネジャーＰ，看護師Ｑ及び介護主任乙が参加して，Ｄに対して，これまでの経過や決定した対応方針について次のように説明した。まず，ケアマネジャーＰは，Ｃに対するサービス計画について，介護主任乙及び看護師Ｑはこれまでの支援内容やＣの言動について，施設長は決定した対応方針について，Ｄに対して説明した。Ｄは，自らの言動に対して言い訳をするばかりで，改善の見込みがないことから，施設長は，Ｄに対して，キーパーソンをＥに変更すること，Ｙ施設への立入禁止を伝えた。

その後，Ｙ施設にＤが立ち入ることがなくなり，３か月間Ｃによるこれまでのようなハラスメント行為等がなくなったので，苦情解決責任者Ｏは終結と判断した。なお，Ｘ法人としてはＣが引き続き安心して入居生活を送ることができるように公表はしなかった。

【資料１】認知症高齢者の日常生活自立度判定基準

ランク	判断基準	見られる症状・行動の例	判断に当たっての留意事項及び提供されるサービスの例
Ⅰ	何らかの認知症を有するが，日常生活は家庭内及び社会的にほぼ自立している。		在宅生活が基本であり，一人暮らしも可能である。 相談，指導等を実施することにより，症状の改善や進行の阻止を図る。
Ⅱ	日常生活に支障を来たすような症状・行動や意思疎通の困難さが多少見られても，誰かが注意していれば自立できる。		在宅生活が基本であるが，一人暮らしは困難な場合もあるので，日中の居宅サービスを利用することにより，在宅生活の支援と症状の改善及び進行の阻止を図る。
Ⅱa	家庭外で上記Ⅱの状態が見られる。	たびたび道に迷うとか，買い物や事務，金銭管理等それまでにできたことにミスが目立つ等	
Ⅱb	家庭内でも上記Ⅱの状態が見られる。	服薬管理ができない，電話の対応や訪問者との対応等一人で留守番ができない等	
Ⅲ	日常生活に支障を来たすような症状・行動や意思疎通の困難さが見られ，介護を必要とする。		日常生活に支障を来たすような行為や意思疎通の困難さがランクⅡより重度となり，介護が必要となる状態である。「ときどき」とはどれくらいの頻度を指すかについては，症状・行動の種類等により異なるので一概には決められないが，一時も目を離せない状態ではない。 在宅生活が基本であるが，一人暮らしは困難であるので，訪問指導や，夜間の利用も含めた居宅サービスを利用し，これらのサービスを組み合わせることによる在宅での対応を図る。
Ⅲa	日中を中心として上記Ⅲの状態が見られる。	着替え，食事，排便，排尿が上手にできない，時間がかかる。 やたらに物を口に入れる，物を拾い集める，徘徊，失禁，大声，奇声をあげる，火の不始末，不潔行為，性的異常行為等	
Ⅲb	夜間を中心として上記Ⅲの状態が見られる。	ランクⅢaと同じ	
Ⅳ	日常生活に支障を来たすような症状・行動や意思疎通の困難さが頻繁に見られ，常に介護を必要とする。	ランクⅢと同じ	常に目を離すことができない状態である。症状・行動はランクⅢと同じであるが，頻度の違いにより区分される。 家族の介護力等の在宅基盤の強弱により居宅サービスを利用しながら在宅サービスを続けるか，または特別養護老人ホーム・老人保健施設等の施設サービスを利用するかを選択する。施設サービスを選択する場合には，施設の特徴を踏まえた選択を行う。
M	著しい精神症状や周辺症状あるいは重篤な身体疾患が見られ，専門医療を必要とする。	せん妄，妄想，興奮，自傷・他害等の精神症状や精神症状に起因する周辺症状が継続する状態等	ランクⅠ～Ⅳと判定されていた高齢者が，精神病院や認知症専門病棟を有する老人保健施設等での治療が必要になったり，重篤な身体疾患が見られ老人病院等での治療が必要となった状態である。専門医療機関を受診するよう勧める必要がある。

出典：平成5年10月26日老健第135号厚生省老人保健福祉局長通知「「認知症高齢者の日常生活自立度判定基準」の活用について」（改正：平成18年4月3日老発第0403003号）

【資料２】障害高齢者の日常生活自立度（寝たきり度）

生活自立	ランクＪ	何らかの障害等を有するが，日常生活はほぼ自立しており独力で外出する １．交通機関等を利用して外出する ２．隣近所へなら外出する
準寝たきり	ランクＡ	屋内での生活は概ね自立しているが，介助なしには外出しない １．介助により外出し，日中はほとんどベッドから離れて生活する ２．外出の頻度が少なく，日中も寝たり起きたりの生活をしている
寝たきり	ランクＢ	屋内での生活は何らかの介助を要し，日中もベッド上での生活が主体であるが，座位を保つ １．車いすに移乗し，食事，排泄はベッドから離れて行う ２．介助により車いすに移乗する
	ランクＣ	１日中ベッド上で過ごし，排泄，食事，着替において介助を要する １．自力で寝返りをうつ ２．自力では寝返りもうてない

※判定に当たっては，補装具や自助具等の器具を使用した状態であっても差し支えない。

出典：平成 21 年 9 月 30 日老老発 0930 第２号厚生労働省老健局老人保健課長通知「要介護認定における「認定調査票記入の手引き」，「主治医意見書記入の手引き」及び「特定疾病にかかる診断基準」について」

事項索引

【ま行】

【や行】

【ら行】

著 者 略 歴

松宮　良典（まつみや　よしのり）

ふくろう法律事務所（大阪府高槻市）。弁護士。介護支援専門員。

大阪弁護士会，高齢者・障害者総合支援センター「ひまわり」運営委員，高齢者・障がい者施設の顧問・第三者委員などを務める。

ホームヘルパー（訪問介護）の相談員，デイサービス（通所介護）の相談員，ケアマネジャー，総合高齢者福祉施設副施設長を経て，弁護士となる。

主な著書に『事例詳解　介護現場における虐待・事故の予防と対応』（日本加除出版，2019年）がある。

事例詳解　介護現場における
苦情・ハラスメント対応の実務

2021年5月26日　初版発行

著　者　松宮良典
発行者　和田　裕

発行所　日本加除出版株式会社

本　社　郵便番号171－8516
東京都豊島区南長崎3丁目16番6号
TEL　(03)3953-5757(代表)
(03)3952-5759(編集)
FAX　(03)3953-5772
URL　www.kajo.co.jp

営業部　郵便番号171－8516
東京都豊島区南長崎3丁目16番6号
TEL　(03)3953-5642
FAX　(03)3953-2061

組版・印刷　㈱亨有堂印刷所　／　製本　藤田製本㈱

落丁本・乱丁本は本社でお取替えいたします。
★定価はカバー等に表示してあります。

Printed in Japan
ISBN978-4-8178-4728-7